NomosStudium

Urs Kindhäuser | Kay H. Schumann | Sebastian Lubig

Klausurtraining Strafrecht

Fälle und Lösungen

Prof. Dr. Dres. h.c. Urs Kindhäuser, Rheinische Friedrich-Wilhelms-Universität Bonn | **Dr. Kay H. Schumann**, Rheinische Friedrich-Wilhelms-Universität Bonn | **Dr. Sebastian Lubig, Richter**, Verwaltungsgericht Koblenz

Die Deutsche Nationalbibliothek verzeichnet diese Publikation in der Deutschen Nationalbibliografie; detaillierte bibliografische Daten sind im Internet über http://dnb.d-nb.de abrufbar.

ISBN 978-3-8329-4952-5

1. Auflage 2011

Vorwort

Das vorliegende "Klausurtraining Strafrecht" verfolgt zwei Ziele: Zum einen will es dabei behilflich sein, sich schnell mit den praktischen Problemen, die bei einer strafrechtlichen Prüfungsarbeit zu bewältigen sind, auseinandersetzen zu können. Zum anderen soll anhand von Beispielsfällen die Gesetzesanwendung im Gutachten illustriert werden. Da das Fallbuch die Darstellung des Strafrechts in den Kurzlehrbüchern ergänzen soll, wird mit allgemeinen Literaturnachweisen in den Gutachten gespart und lediglich jeweils auf die entsprechenden Stellen in den Lehrbüchern verwiesen.

Die präsentierten Lösungen sollen praktische Beispiele für eine aus unserer Sicht gute Bearbeitung liefern; aus diesem Grunde sollten sie, was den materiellen Gehalt angeht, in Hausarbeiten selbst nicht zitiert werden. Die vorgestellten Lösungswege folgen vielmehr allein didaktischen Erwägungen und verstehen sich nicht als wissenschaftliche Stellungnahmen der Autoren.

Die didaktische Linie des Buches bildete sich in der täglichen Arbeit in Arbeitsgemeinschaften und Übungen heraus, in denen wir gesehen haben, dass es für die meisten Bearbeiter weder problematisch ist, die rechtlichen Probleme zu lernen und zu verstehen, noch sich einzelne Aufbauvorgaben zu merken. Wir meinen, dass vielmehr die eigentliche Herausforderung darin liegt, beides in der konkreten Klausursituation zu verbinden. Deshalb haben wir uns dafür entschieden, die Lösungsvorschläge tabellarisch darzustellen, indem wir jeweils an Ort und Stelle handwerkliche und auch klausurtaktische Erwägungen aufzeigen.

Für ihre Hilfe bei den Korrekturen danken wir herzlich den wissenschaftlichen und studentischen Mitarbeitern des strafrechtlichen Instituts, namentlich den Damen und Herren Samira Akbarian, Sonja Fischer, Thomas Grosse-Wilde, Alexandra Kießling, Marcel Lottermoser, Lena Mertins, Michael Mühlfeld, Christian Muders, Birgit Preus, Stephan Schuck, Alexandra Schwarz, Nino Steck, Julia Stinner, Verena Wendt, Nora Wierichs und Lisa Wüstefeld. Für die vorzügliche Organisation von Sekretariat und Bibliothek sind wir Frau Jacqueline Götsche verbunden.

Bonn, im Sommer 2010 *Urs Kindhäuser, Kay H. Schumann, Sebastian Lubig*

Inhalt

Abkürzungs- und Literaturverzeichnis 21

1. TEIL: GRUNDLAGEN

§ 1 Die Aufgabenstellung 23
I. Der Sachverhalt 23
1. Der Sachverhalt ist feststehend 23
2. Der Sachverhalt ist vollständig 24
3. Der Sachverhalt ist lebensnah auszulegen 24
4. Rechtliche Wertungen oder Begriffe im Sachverhalt 25
5. Ergänzende Hinweise 25
II. Die Fallfrage 26
1. Sachliche Reichweite der Fallfrage 26
a) Straftaten 26
b) Strafzumessung und Regelbeispiele 27
c) Prozessvoraussetzungen / Prozesshindernisse 27
d) Ordnungswidrigkeiten 28
2. Persönliche Reichweite der Fallfrage 28
3. Ergänzende Hinweise 28

§ 2 Das Gutachten 30
I. Aufbau des Gutachtens 30
1. Die gedankliche Vorprüfung 30
2. Der Prüfungsaufbau 32
a) Die Arbeit mit Tatkomplexen 32
aa) Die Bildung von Tatkomplexen 32
bb) Reihenfolge der Tatkomplexe 33
cc) Innerhalb der Tatkomplexe 33
b) Prüfungsreihenfolge der Delikte 33
c) Allgemeiner Deliktsaufbau 35
aa) Der dreistufige Deliktsaufbau 36
bb) Der zweistufige Deliktsaufbau 36
II. Der Gutachtenstil 37
1. Das Gutachten als logisches Verfahren 37
a) Der („führende“) Obersatz 38
b) Der Untersatz: Ein viergliedriger Syllogismus! 39
c) Das Ergebnis 40
2. Der problematische Grundsatz der Ökonomie 41
III. Die Bearbeitung von Meinungsstreitigkeiten 43
1. Vorbemerkungen 43
2. Der für den konkreten Fall bedeutungslose Meinungsstreit 43
3. Der entscheidungserhebliche Meinungsstreit 44
a) Die Darstellung der Meinungen 44
aa) Auswahl und Benennung der Meinungen 45
aaa) Auswahl 45
bbb) Benennung 45

bb) Anwendung der Meinungen 46
b) Der Streitentscheid 47
aa) Auslegung 47
bb) Darstellungsmöglichkeiten 50
cc) Juristische Argumentationstechniken (Überblick) 51
dd) Vollständige Prüfung im Beispielsfall 52
c) Die sogenannte „direkte Methode" 54
4. „Atypische" Meinungsstreitigkeiten 55
5. Der Umgang mit unbekannten Problemen 55

§ 3 Die prozessuale Zusatzfrage 56
I. Die Aufgabenstellung 56
II. Das Gutachten 56

§ 4 Die Formalia für Klausur und Hausarbeit 57
I. Die Formalia der Klausur 57
1. Deckblatt 57
2. Gutachten 57
II. Die Formalia der Hausarbeit 58
1. Apparat 58
a) Deckblatt 58
b) Aufgabenstellung 58
c) Gliederung 58
d) Literaturverzeichnis 59
aa) Grundsätze 59
bb) Lehrbücher und Monographien 60
cc) Kommentare 60
dd) Beiträge in Zeitschriften, Festschriften und Sammelwerken 60
ee) Entscheidungsanmerkungen 61
ff) Praktische Hinweise 61
e) Abkürzungsverzeichnis 61
2. Gutachten 61
a) Textformat 61
b) Zitate 62

2. TEIL: FÄLLE

Fall 1: Der Versuch 64

A. Strafbarkeit des A wegen versuchten Totschlags 66
I. Vorprüfung 66
II. Tatbestand 67
1. Subjektiver Tatbestand 67
2. Objektiver Tatbestand 68
III. Rechtswidrigkeit 68
IV. Schuld 68
V. Persönliche Strafaufhebungsgründe: Rücktritt vom Versuch 68
1. Kein Fehlschlag 69
a) „Tatplantheorie" 69

b) „Gesamtbetrachtungslehre" 69
c) „Einzelaktstheorie" 70
d) Streitentscheidung 70
e) Ergebnis 71
2. Aufgeben der Tat 71
3. Freiwilligkeit 72
VI. Ergebnis 72
B. Strafbarkeit des A wegen Körperverletzung 72
I. Tatbestand 73
1. Objektiver Tatbestand 73
2. Subjektiver Tatbestand 73
II./III. Rechtswidrigkeit und Schuld 73
IV. Ergebnis 73
C. Strafbarkeit des A wegen gefährlicher Körperverletzung 74
I. Tatbestand 74
1. Grundtatbestand 74
2. Objektiver Qualifikationstatbestand 74
3. Subjektiver Qualifikationstatbestand 74
II./III. Rechtswidrigkeit und Schuld 75
IV. Ergebnis 75
D. Strafbarkeit des A wegen Hausfriedensbruchs 75
I. Objektiver Tatbestand 75
II. Ergebnis 76
E. Gesamtergebnis 76

StPO-Zusatzfrage 76
I. Zulässigkeit 76
1. Ablehnungsbefugnis 76
2. Zeitpunkt 76
3. Notwendiger Inhalt 77
4. Keine Verschleppung oder verfahrensfremden Zwecke 77
5. Zuständiges Gericht 77
II. Begründetheit 77
1. Ausschlussgründe 77
2. Besorgnis der Befangenheit 78
III. Ergebnis 78

Fall 2: Das Fahrlässigkeitsdelikt 79

A. Strafbarkeit des S wegen fahrlässiger Tötung 82
I. Tatbestand 83
1. Sorgfaltspflichtverletzung 83
2. Objektive Vorhersehbarkeit des erfolgsverursachenden Kausalverlaufs 83
3. Objektive Vermeidbarkeit (Pflichtwidrigkeitszusammenhang) 84
II. Rechtswidrigkeit 84
III. Schuld 84
1. Individuelle Vorhersehbarkeit des erfolgsverursachenden Kausalverlaufs 84
2. Individuelle Vermeidbarkeit des Erfolgseintritts 85
3. Zumutbarkeit 85

IV. Ergebnis 85
B. Strafbarkeit des S wegen Herbeiführens einer Sprengstoffexplosion 85
I. Tatbestand 85
1. Objektiver Tatbestand 85
2. Subjektiver Tatbestand 86
II. Rechtswidrigkeit 86
III. Schuld 86
IV. Ergebnis 87
C. Strafbarkeit des S wegen fahrlässiger Körperverletzung des B durch Unterlassen 87
I. Tatbestand 87
II. Rechtswidrigkeit 88
III. Schuld 88
IV. Ergebnis 88
D. Strafbarkeit des S wegen fahrlässigen Herbeiführens einer Sprengstoffexplosion durch Unterlassen 88
I. Tatbestand 88
1. Sorgfaltswidriges Unterlassen 88
2. Fahrlässiges Herbeiführen der Gefahr 88
II. Rechtswidrigkeit 89
III. Schuld 89
IV. Ergebnis 89
E. Gesamtergebnis/Konkurrenzen 89

StPO-Zusatzfrage 89
I. Formelle Rechtmäßigkeit 90
1. Anordnungsbefugnis 90
2. Adressat der Maßnahme 90
3. Durchführung 91
II. Materielle Rechtmäßigkeit 91
1. Untersuchungszweck 91
2. Verhältnismäßigkeit 92
III. Beweisverwertungsverbot 92

Fall 3: Unterlassungsdelikte 94

A. Strafbarkeit des A 97
I. Strafbarkeit des A wegen versuchten Totschlags durch Unterlassen 97
1. Vorprüfung 98
2. Tatbestand 98
a) Subjektiver Tatbestand 98
aa) Erfolg 98
bb) Bestimmte, geeignete Handlung 98
cc) Möglichkeit der Handlung 99
dd) Garantenstellung 99
b) Objektiver Tatbestand 100
3. Rechtswidrigkeit 101
4. Schuld 101
5. Ergebnis 102
II. Strafbarkeit des A wegen versuchten Mordes durch Unterlassen 102
1. Vorprüfung 102

2. Tatbestand 102
a) Grundtatbestand 102
b) Subjektiver Qualifikationstatbestand 102
3. Ergebnis 103
III. Strafbarkeit des A wegen Körperverletzung durch Unterlassen 103
1. Tatbestand 103
a) Objektiver Tatbestand 103
aa) Körperliche Misshandlung 103
bb) Gesundheitsschädigung 104
cc) Sonstige objektive Merkmale 104
b) Subjektiver Tatbestand 104
2. Rechtswidrigkeit 104
3. Schuld 104
4. Ergebnis 104
IV. Strafbarkeit des A wegen gefährlicher Körperverletzung durch Unterlassen 105
1. Tatbestand 105
a) Grundtatbestand 105
b) Objektiver Qualifikationstatbestand 105
c) Subjektiver Qualifikationstatbestand 105
2. Rechtswidrigkeit 105
3. Schuld 105
4. Ergebnis 105
V. Konkurrenzen 106
VI. Zwischenergebnis 106
B. Strafbarkeit des C wegen unterlassener Hilfeleistung 106
I. Tatbestand 106
1. Objektiver Tatbestand 106
a) Unglücksfall 106
b) Erforderliche Hilfeleistung 106
c) Zumutbarkeit der Hilfeleistung 107
2. Subjektiver Tatbestand 107
II. Rechtswidrigkeit 107
III. Schuld 107
IV. Ergebnis 107
C. Gesamtergebnis 107

StPO-Zusatzfrage 107
I. Vernehmung 108
II. Zeugnisverweigerungsrecht der Zeugin 108
III. Verwertungsverbot 108
1. Reichsgericht 108
2. BGH 108
3. Literatur 109
4. Stellungnahme 109

Fall 4: Mittäterschaft 110

1. Tatabschnitt: Die Tat gegen E 112

A. Strafbarkeit von A, B und C wegen gemeinschaftlichen Raubes 112
I. Tatbestand 113
1. Objektiver Tatbestand 113
a) Fremde bewegliche Sache 113
b) Gewalt gegen eine Person 113
c) Wegnahme 114
d) Kausalzusammenhang 114
e) Gemeinschaftliches Handeln 114
2. Subjektiver Tatbestand 114
a) Vorsatz 114
b) Gemeinsamer Tatplan 115
c) Finalzusammenhang 115
d) Zueignungsabsicht 115
II. Rechtswidrigkeit 116
III. Schuld 116
IV. Ergebnis 116
B. Strafbarkeit von A, B und C wegen gemeinschaftlichen schweren Raubes 116
I. Tatbestand 116
1. Grundtatbestand 116
2. Objektiver Qualifikationstatbestand 116
a) Waffe 116
b) Beisichführen 117
3. Subjektiver Qualifikationstatbestand 117
II. Rechtswidrigkeit 117
III. Schuld 117
IV. Ergebnis 117
V. Konkurrenzen 117

2. Tatabschnitt: Der Schuss auf C 117

A. Strafbarkeit des B wegen versuchten Totschlags 117
I. Vorprüfung 118
II. Tatbestand 118
1. Subjektiver Tatbestand 118
2. Objektiver Tatbestand 119
III. Rechtswidrigkeit 119
IV. Schuld 119
V. Ergebnis 119
B. Strafbarkeit des B wegen versuchten Mordes 119
I. Vorprüfung 119
II. Tatbestand 119
1. Grundtatbestand 119
2. Subjektiver Qualifikationstatbestand 120
III. Rechtswidrigkeit 120
IV. Schuld 120
V. Ergebnis 120
VI. Konkurrenzen 120

C. Strafbarkeit des B wegen Körperverletzung 120
I. Tatbestand 120
1. Objektiver Tatbestand 120
a) Körperliche Misshandlung 120
b) Gesundheitsschädigung 121
2. Subjektiver Tatbestand 121
II. Rechtswidrigkeit 121
III. Schuld 121
IV. Ergebnis 121
D. Strafbarkeit des B wegen gefährlicher Körperverletzung 121
I. Tatbestand 122
1. Grundtatbestand 122
2. Objektiver Qualifikationstatbestand 122
a) Waffe 122
b) Mit einem anderen Beteiligten 122
c) Lebensgefährdende Behandlung 122
3. Subjektiver Qualifikationstatbestand 123
II. Rechtswidrigkeit 123
III. Schuld 123
IV. Ergebnis 123
V. Konkurrenzen 123
E. Strafbarkeit des A wegen gemeinschaftlichen versuchten Mordes 123
I. Vorprüfung 124
II. Tatbestand 124
1. Subjektiver Tatbestand 124
a) Gemeinsamer Tatentschluss 124
b) Verdeckungsabsicht 125
2. Objektiver Tatbestand 126
III. Rechtswidrigkeit 126
IV. Schuld 126
V. Ergebnis 126
F. Strafbarkeit des A wegen gemeinschaftlicher Körperverletzung 127
I. Tatbestand 127
1. Objektiver Tatbestand 127
2. Subjektiver Tatbestand 127
II. Rechtswidrigkeit 127
III. Schuld 127
IV. Ergebnis 127
G. Strafbarkeit des C wegen gemeinschaftlichen versuchten Mordes 127
I. Vorprüfung 128
II. Tatbestand 128
1. Subjektiver Tatbestand 128
a) Täterqualität 128
b) Gemeinsamer Tatentschluss 129
2. Objektiver Tatbestand 129
a) Tatbeitrag 129
b) Tatherrschaft 129
III. Rechtswidrigkeit 129

IV. Schuld 129
V. Ergebnis 129
H. Strafbarkeit des C wegen gemeinschaftlicher gefährlicher Körperverletzung 130
I. Objektiver Tatbestand 130
II. Ergebnis 130
I. Strafbarkeit des C wegen versuchter gemeinschaftlicher gefährlicher Körperverletzung 130
I. Vorprüfung 131
II. Tatbestand 131
1. Subjektiver Tatbestand 131
2. Objektiver Tatbestand 131
III. Rechtswidrigkeit 131
IV. Schuld 131
V. Ergebnis 131
J. Gesamtergebnis 131

StPO-Zusatzfrage 131
I. Der formelle Mitbeschuldigtenbegriff 132
II. Der materielle Mitbeschuldigtenbegriff 132
III. Der formell-materielle Mitbeschuldigtenbegriff 132
IV. Streitentscheidung 133

Fall 5: Mittelbare Täterschaft 134

1. Tatabschnitt: Das Geschäft mit K 137

A. Strafbarkeit des A wegen Betrugs in einem besonders schweren Fall 137
I. Tatbestand 138
1. Objektiver Tatbestand 138
a) Täuschung über Tatsachen 138
b) Irrtum 138
c) Vermögensverfügung 138
d) Vermögensschaden 139
2. Subjektiver Tatbestand 139
a) Vorsatz 139
b) Bereicherungsabsicht 139
II. Rechtswidrigkeit 140
III. Schuld 140
IV. Besonders schwerer Fall 140
V. Ergebnis 142
B. Strafbarkeit des U wegen Betrugs in mittelbarer Täterschaft 142
I. Tatbestand 142
Objektiver Tatbestand 142
II. Ergebnis 144
C. Strafbarkeit des U wegen versuchten Betrugs in mittelbarer Täterschaft 144
I. Vorprüfung 144
II. Tatbestand 144
1. Subjektiver Tatbestand 144
a) Täuschung über Tatsachen 144
b) Irrtum 146

c) Vermögensverfügung 146
d) Vermögensschaden 146
e) Bereicherungsabsicht 146
2. Objektiver Tatbestand 146
III. Rechtswidrigkeit 147
IV. Schuld 147
V. Ergebnis 147
D. Strafbarkeit des U wegen Anstiftung zum Betrug 147
I. Tatbestand 147
1. Objektiver Tatbestand 147
a) Haupttat 147
b) Bestimmen 147
2. Subjektiver Tatbestand 148
II. Ergebnis 149
E. Strafbarkeit des A wegen Diebstahls in mittelbarer Täterschaft 149
I. Tatbestand 149
1. Objektiver Tatbestand 149
a) Fremde bewegliche Sache 149
b) Wegnahme 150
2. Subjektiver Tatbestand 150
a) Vorsatz 150
b) Zueignungsabsicht 150
II. Rechtswidrigkeit 150
III. Schuld 150
IV. Ergebnis 150

2. Tatabschnitt: Das Geschehen in der Nebenstraße 151

A. Strafbarkeit des A wegen versuchten Betrugs 151
I. Vorprüfung 151
II. Tatbestand 151
1. Subjektiver Tatbestand 151
a) Täuschung über Tatsachen 151
b) Irrtum 151
c) Vermögensverfügung 152
d) Vermögensschaden 152
e) Bereicherungsabsicht 152
2. Objektiver Tatbestand 152
III. Ergebnis 152
B. Strafbarkeit des A wegen versuchten Diebstahls in mittelbarer Täterschaft 153
I. Vorprüfung 153
II. Tatbestand 153
1. Subjektiver Tatbestand 153
a) Fremde bewegliche Sache 153
b) Wegnahme 153
2. Objektiver Tatbestand 154
III. Ergebnis 155
IV. Konkurrenzen 155
C. Gesamtergebnis 155

StPO-Zusatzfrage 155
I. Tatbestand 156
1. Objektiver Tatbestand 156
a) Vortat eines anderen 156
b) Vereitelung 156
aa) Organtheorie 157
bb) Interessenvertretertheorie 157
cc) Verfassungsrechtlich-prozessuale Theorie 157
dd) Streitentscheidung 157
2. Subjektiver Tatbestand 158
II. Rechtswidrigkeit 158
III. Schuld 158
IV. Ergebnis 159

Fall 6: Die Teilnahme 160

A. Strafbarkeit des A wegen Anstiftung zum Totschlag 162
I. Tatbestand 163
1. Objektiver Tatbestand 163
a) Teilnahmefähige Haupttat 163
b) Bestimmen 163
2. Subjektiver Tatbestand 164
a) Vorsatz hinsichtlich der Haupttat 164
b) Vorsatz hinsichtlich des Bestimmens 164
II. Rechtswidrigkeit 164
III. Schuld 164
IV. Ergebnis 165
B. Strafbarkeit des A wegen Anstiftung zum Mord 165
I. Tatbestand 165
1. Objektiver Tatbestand 165
a) Teilnahmefähige Haupttat 165
b) Bestimmen 165
2. Subjektiver Tatbestand 165
a) Vorsatz hinsichtlich der Haupttat 165
b) Vorsatz hinsichtlich des Bestimmens 166
c) Habgier 166
aa) Literatur 166
bb) Rechtsprechung 166
cc) Streitentscheidung 167
d) Verdeckungsabsicht 167
II. Rechtswidrigkeit 168
III. Schuld 168
IV. Ergebnis 168
C. Strafbarkeit des A wegen Anstiftung zum Totschlag 168
I. Tatbestand 168
1. Objektiver Tatbestand 168
a) Teilnahmefähige Haupttat 168
b) Bestimmen 169

2. Subjektiver Tatbestand 169
Vorsatz hinsichtlich der Haupttat 169
II. Ergebnis 169
D. Strafbarkeit des F wegen Beihilfe zum Totschlag 169
I. Tatbestand 169
1. Objektiver Tatbestand 169
a) Teilnahmefähige Haupttat 170
b) Hilfeleisten 170
aa) Kausalität 170
bb) Zurechenbarkeit bei alltäglichen Handlungen 170
2. Subjektiver Tatbestand 173
II. Rechtswidrigkeit 173
III. Schuld 173
IV. Ergebnis 173
E. Strafbarkeit des F wegen Beihilfe zum Mord 173
F. Strafbarkeit des F wegen Beihilfe zum Totschlag (zum Nachteil des Taxifahrers) 174
I. Tatbestand 174
1. Teilnahmefähige Haupttat 174
2. Hilfeleisten 174
3. Vorsatz 174
II. Ergebnis 174

StPO-Zusatzfrage 175
I. Formelle Rechtmäßigkeit 175
Anordnungsbefugnis 175
II. Materielle Rechtmäßigkeit 175
1. Dringender Tatverdacht 175
2. Haftgrund 175
3. Verhältnismäßigkeit 175
III. Ergebnis 176

Fall 7: Der Versuch der Beteiligung 177

A. Strafbarkeit des A wegen versuchter Anstiftung zur Aussageerpressung 180
I. Tatbestand 180
1. Subjektiver Tatbestand 180
a) Vorsatz bezüglich der Haupttat 180
b) Verbrechenscharakter der Haupttat 181
aa) Person des Anzustiftenden 181
bb) Person des Anstifters 181
cc) Differenzierende Ansicht 182
dd) Streitentscheidung 182
c) Vorsatz bezüglich der Anstiftungshandlung 182
aa) Geistiger Kontakt 183
bb) Gerichteter Kommunikationsakt 183
cc) Planherrschaft, Unrechtspakt 183
dd) Intellektuelle Beeinflussung 183
ee) Streitentscheidung 184
2. Objektiver Tatbestand 184
II. Rechtswidrigkeit 185

III. Schuld 185
IV. Ergebnis 185
B. Strafbarkeit des P wegen versuchter Beteiligung an einem Totschlag 185
I. Tatbestand 185
1. Objektiver Tatbestand 185
a) Sich-Bereit-Erklären 186
b) Verbrechenscharakter der Haupttat 186
2. Subjektiver Tatbestand 186
II. Rechtswidrigkeit 186
III. Schuld 186
IV. Ergebnis 186
C. Strafbarkeit des A wegen des Versuchs der Beteiligung an einem Totschlag zu Lasten des D 186
I. Tatbestand 187
1. Objektiver Tatbestand 187
a) Annahme des Erbietens 187
b) Verbrechenscharakter der Haupttat 187
2. Subjektiver Tatbestand 187
II. Rechtswidrigkeit 187
III. Schuld 187
IV. Strafaufhebungsgründe 187
1. Objektiver Rücktrittstatbestand 188
2. Subjektiver Rücktrittstatbestand 188
V. Ergebnis 188

StPO-Zusatzfrage 188
I. Möglichkeiten der Verfahrensbeendigung 188
1. Schlussentscheidungen 189
2. Einstellungen nach dem Opportunitätsprinzip 189
II. Wahrscheinlicher Verfahrensgang 190

Fall 8: Die actio libera in causa 191

A. Strafbarkeit des A wegen Körperverletzung 193
I. Tatbestand 193
1. Objektiver Tatbestand 193
a) Körperliche Misshandlung 194
b) Gesundheitsschädigung 194
2. Subjektiver Tatbestand 194
II. Rechtswidrigkeit 194
III. Schuld 195
1. Ausnahmemodell 195
2. Gegenansichten 195
3. Streitentscheidung 195
IV. Ergebnis 196
B. Strafbarkeit des A wegen Körperverletzung, actio libera in causa (Tatbestandsmodell) 196
I. Tatbestand 196
Körperliche Misshandlung / Gesundheitsschädigung 196
1. Tatbestandsmodell 197

2. Gegenansicht 197
3. Streitentscheidung 197
II. Ergebnis 198
C. Strafbarkeit des A wegen Vollrauschs 199
I. Tatbestand 199
1. Objektiver Tatbestand 199
2. Subjektiver Tatbestand 199
II. Objektive Bedingung der Strafbarkeit 199
III. Rechtswidrigkeit 199
IV. Schuld 200
V. Ergebnis 200

StPO-Zusatzfrage 200
I. Statthaftigkeit 200
II. Anfechtungsberechtigung 200
III. Beschwer 200
IV. Zuständigkeit 201
V. Frist 201
VI. Ergebnis 201

Fall 9: Irrtümer 202

1. Tatabschnitt: Der Autohändler 205

A. Strafbarkeit von A und B wegen gemeinschaftlicher Freiheitsberaubung 205
I. Tatbestand 205
1. Objektiver Tatbestand 205
a) Opfer 205
b) Einsperren 205
2. Subjektiver Tatbestand 206
II. Ergebnis 206
B. Strafbarkeit des C wegen Hausfriedensbruchs 206
I. Tatbestand 206
1. Objektiver Tatbestand 206
a) Befriedetes Besitztum 206
b) Eindringen 207
2. Subjektiver Tatbestand 207
II. Rechtswidrigkeit 207
III. Schuld 207
IV. Ergebnis 207

2. Tatabschnitt: Der Verkehrsunfall 208

Strafbarkeit von A und B wegen gemeinschaftlicher Freiheitsberaubung 208

A. Tatbestand 208
I. Objektiver Tatbestand 208
1. Opfer 208
2. Freiheitsberaubung 208
II. Subjektiver Tatbestand 208
B. Rechtswidrigkeit 208
I. Rechtfertigung nach dem Festnahmerecht des § 127 Abs. 1 StPO 208

II. Rechtfertigung nach dem Festnahmerecht des § 127 Abs. 2 StPO 209
C. Schuld 209
I. Verbotsirrtum 209
II. Vermeidbarkeit des Verbotsirrtums 209
D. Ergebnis 210

3. Tatabschnitt: Der Stadtpark 210

A. Strafbarkeit des A wegen Körperverletzung 210
I. Tatbestand 211
1. Objektiver Tatbestand 211
a) Körperliche Misshandlung 211
b) Gesundheitsschädigung 211
2. Subjektiver Tatbestand 211
II. Rechtswidrigkeit 212
1. Objektiver Rechtfertigungstatbestand 212
2. Subjektiver Rechtfertigungstatbestand 213
a) Voraussetzungen des Erlaubnistatbestandsirrtums 213
aa) Nothilfelage 213
bb) Nothilfehandlung 214
cc) Verteidigungswille 215
b) Folgen des Erlaubnistatbestandsirrtums 215
aa) Eingeschränkte Schuldtheorie 215
bb) Lehre vom Gesamtunrechtstatbestand/von den negativen Tatbestandsmerkmalen 215
cc) Strenge und rechtsfolgenverweisende Schuldtheorien 216
dd) Strenge und modifizierte Vorsatztheorien 216
ee) Streitentscheidung 216
c) Folgerung 218
III. Ergebnis 218
B. Strafbarkeit des A wegen fahrlässiger Körperverletzung 218
I. Tatbestand 218
1. Verursachung des Erfolgs 218
2. Verletzung einer objektiven Sorgfaltspflicht 218
II. Ergebnis 219
Gesamtergebnis 219

Abkürzungs- und Literaturverzeichnis

Alt.	Alternative
Arzt	Arzt, Die Strafrechtsklausur, 7. Auflage 2006
Baumann/Weber/Mitsch	Baumann/Weber/Mitsch, Strafrecht Allgemeiner Teil, 11. Auflage 2003
BGH	Bundesgerichtshof
Bydlinski	Bydlinski, Grundzüge der juristischen Methodenlehre, 2005
ca.	circa
f.	folgende (Seite)
ff.	folgende (Seiten)
ggf.	gegebenenfalls
HS	Halbsatz
Kindhäuser AT	Kindhäuser, Strafrecht Allgemeiner Teil, 4. Auflage 2009
Kindhäuser BT I	Kindhäuser, Strafrecht Besonderer Teil I, Straftaten gegen Persönlichkeitsrechte, Staat und Gesellschaft, 4. Auflage 2009
Kindhäuser BT II	Kindhäuser, Strafrecht Besonderer Teil II, Straftaten gegen Vermögensrechte, 5. Auflage 2008
Kindhäuser StPR	Kindhäuser, Strafprozessrecht, 2. Auflage 2010
Larenz/Canaris	Larenz/Canaris, Methodenlehre der Rechtswissenschaft, 4. Auflage 2006
Pawlowski	Pawlowski, Methodenlehre für Juristen, 3. Auflage 1999
Puppe	Puppe, Kleine Schule des juristischen Denkens, 2008
Putzke	Putzke, Juristische Arbeiten erfolgreich schreiben: Klausuren, Hausarbeiten, Seminare, Bachelor- und Masterarbeiten, 2010
Röhl	Röhl, Allgemeine Rechtslehre, 2. Auflage 2001
Rüthers	Rüthers, Rechtstheorie, 2. Auflage 2004
StGB	Strafgesetzbuch
StPO	Strafprozeßordnung
usw.	und so weiter
Var.	Variante
Vogel	Vogel, Juristische Methodik, 1998
Wank	Wank, Die Auslegung von Gesetzen, 3. Auflage 2005
Zippelius	Zippelius, Juristische Methodenlehre, 10. Auflage 2006

Hinsichtlich der allgemein gebräuchlichen Abkürzungen wird verwiesen auf: *Butz/Kirchner*, Abkürzungsverzeichnis der Rechtssprache, 5. Auflage 2003.

1. Teil: Grundlagen

§ 1 Die Aufgabenstellung

Die **Aufgabenstellung** einer strafrechtlichen Klausur oder Hausarbeit setzt sich aus dem **Sachverhalt** und einer anschließenden **Fallfrage** zusammen. Die Fallfrage ist nach einer rechtlichen Untersuchung des Sachverhalts zu beantworten. Sie steckt das Ziel und damit den Umfang dieser rechtlichen Beurteilung ab.

Beschäftigen wir uns zunächst mit dem nachfolgenden **Beispielsfall:**

▶ A und B wollen in die Türsteherszene einsteigen. Als aussichtsreichen Arbeitsvermittler kennt man dort den C. Dieser hat in dem Geschäft mittlerweile einen so guten Stand, dass er in Bezug auf Mitarbeiter wählerisch geworden ist. A und B machen ihm einen unzuverlässigen Eindruck; eine Zusammenarbeit lehnt C daher ab. Während sich A nach einem anderen Vermittler umsieht, will B die Sache nicht auf sich beruhen lassen. Er lauert dem C daher des Nachts hinter einer Hausecke auf. Als dieser vorbeigegangen ist, sticht ihm B mit bedingtem Tötungsvorsatz ein Bajonett von hinten in den Rücken. Dabei wird eine Niere so schwer verletzt, dass sie versagt.
Dem C sind im Krankenhaus „die Hände gebunden". Seinem Mitarbeiter M gibt er daher den Auftrag, die Gefahr, die von A und B ausgeht, zu beseitigen: er soll sie töten. M sucht daraufhin A und B an ihrem Wohnsitz auf. Mit einem kräftigen Tritt verschafft er sich durch die Haustüre Zutritt. Als erstes sieht er A, den er mit einem gezielten Schuss aus seiner Pistole tödlich verletzt. Durch den Schuss wird aber B gewarnt, dem die Flucht gelingt.
B sucht bei einem Bekannten Schutz, den er aus seiner früheren Tätigkeit im Rauschgiftmilieu kennt. Es handelt sich um den D. Im Gegenzug erwartet D aber einen Gefallen von B: Dieser soll mit seinem Bajonett die Autoreifen eines Konkurrenten aufstechen. Wenig später sind alle vier Reifen des Wagens platt.
Wie haben sich B und M gemäß StGB strafbar gemacht?
Eventuell erforderliche Strafanträge sind gestellt. ◀

I. Der Sachverhalt

Die Fallfrage bezieht sich auf einen Sachverhalt. Dieser ist die schlichte Mitteilung eines Geschehens und bildet die **Arbeitsgrundlage** einer Klausur oder Hausarbeit. Für den Sachverhalt und die Arbeit mit ihm gelten mehrere **Grundsätze:**

1. Der Sachverhalt ist feststehend

Was im Sachverhalt steht, muss als **tatsächliches Geschehen** hingenommen werden. Dies bedeutet zunächst, dass der Sachverhalt nicht angezweifelt werden darf, etwa weil Ihnen einzelne Sachverhaltsbestandteile nicht glaubhaft erscheinen. Dies bedeutet aber auch, dass Sachverhaltselemente nicht umgedeutet werden dürfen, um einzelne Aspekte der rechtlichen Beurteilung vermeintlich „klausurtaktisch" zu lenken. Vielmehr muss sich die rechtliche Lösung nach dem Sachverhalt richten, nicht der Sachverhalt nach der gewünschten rechtlichen Lösung. Letzteres wird landläufig „Sachverhaltsquetsche" genannt und stellt einen schweren Fehler dar.

Der Sachverhalt entspricht also prozessual einer gerichtlichen Feststellung nach vollständiger Beweisaufnahme und Beweiswürdigung (vergleiche §§ 244 ff., 261 StPO), an die sich nur noch die juristische Beurteilung anschließt. Nur letzteres wird von Ihnen im Studium und ersten Staatsexamen erwartet.

2. Der Sachverhalt ist vollständig

Der Sachverhalt enthält **grundsätzlich alle Angaben**, die erforderlich sind, um eine vollständige Lösung zu erarbeiten. Daraus folgt als Bearbeitungsgrundsatz: Vermisst man vermeintlich wichtige Angaben im Sachverhalt für den eigenen Lösungsweg, dann sollte man ihn noch einmal gut überdenken. Auch der umgekehrte Fall ist ein hilfreiches Alarmsignal, nämlich wenn Sachverhaltsangaben, die erkennbar kein „schmückendes Beiwerk" sind, für die Fallbearbeitung dennoch bedeutungslos erscheinen.

▶ So ist im **Beispielsfall** etwa der Hinweis auf die verletzte Niere des C bedeutsam. Wer mit dieser Sachverhaltsangabe nichts anfangen kann, hat § 226 Abs. 1 Nr. 2 StGB übersehen.[1] ◀

In aller Regel gilt, dass gute Lösungen den Sachverhalt ausschöpfen, ohne aber weitere Angaben zu benötigen. Auch hier kann man wiederum eine prozessuale Parallele ziehen: Der Sachverhalt wird vom Strafgericht soweit – und nur soweit! – aufgeklärt, wie es für die rechtliche Beurteilung erforderlich ist (§ 244 Abs. 2 StPO).

Über das erforderliche Maß hinaus enthält der Sachverhalt gewöhnlich nur noch solche Angaben, die das Geschehen plausibel machen sollen, also sozusagen die für die Lösung wichtigen Angaben zu einer „Geschichte" verbinden.

▶ Das gilt im **Beispielsfall** zum Beispiel für die Angaben, dass A und B mit C in der Türsteherszene zusammenarbeiten wollen, der C aber Geschäfte ablehnt, weil ihm A und B unzuverlässig erscheinen. Das sind Hintergrundinformationen, die keine Relevanz für das Gutachten haben ◀

3. Der Sachverhalt ist lebensnah auszulegen

Trotz der gerade dargelegten Grundsätze kann es ausnahmsweise der Fall sein, dass der Sachverhalt tatsächlich unvollständig oder stellenweise aus sprachlichen Gründen mehrdeutig ist. Bei Mehrdeutigkeiten muss der Sachverhalt **lebensnah** verstanden werden. „Lebensnah" bedeutet, dass man diejenige Deutungsvariante zugrunde legt, die einem typischen Geschehensverlauf entspricht. Gehen Sie also immer davon aus, dass alles für ein Geschehen Atypische ausdrücklich im Sachverhalt genannt ist. Auf die gleiche Weise schließt man Sachverhaltslücken. Bezüglich der Sachverhaltslücken sei noch einmal besonders darauf hingewiesen: Der Sachverhalt enthält grundsätzlich alle für Ihre gutachterliche Lösung notwendigen Angaben. Bevor man lebensnah ergänzt, muss man sich daher **wirklich sicher** sein, dass der Sachverhalt tatsächlich **unvollständig** ist.

▶ So ist im **Beispielsfall** nicht explizit angegeben, dass B die Reifen mit seinem Bajonett aufschlitzt. Nach der eindeutigen Bitte des D an B, die Reifen aufzuschlitzen, und dem nachfolgenden Hinweis auf die wenig später platten Reifen lässt sich aus dem Sachverhalt schließen, dass B wunschgemäß gehandelt hat. Alles andere wäre atypisch und deshalb im Sachverhalt angegeben worden. ◀

Ferner müssen Sie bei der lebensnahen Sachverhaltsauslegung und -ergänzung der Versuchung widerstehen, den Sachverhalt an die favorisierte rechtliche Lösung anzupassen. Denn es geht bei der Auslegung und Ergänzung um die Festlegung des Sachverhalts und

1 Siehe dazu auch *Kindhäuser* BT I § 10/23 ff.

nicht der Lösung. Die Lösung baut vielmehr erst auf dem Sachverhalt auf. Gibt es hingegen gewisse Spielräume bei der lebensnahen Auslegung eines Sachverhalts und steuert die Aufgabe eindeutig erkennbar auf eine bestimmte rechtliche Problemkonstellation zu, so kann es ausnahmsweise angezeigt sein, den Sachverhalt „problemfreundlich" auf diese Konstellation hin auszulegen. Dies muss aber zweifelsfrei sein, da die Grenze zur unzulässigen „Sachverhaltsquetsche" fließend verläuft.

Besondere Bedeutung hat die lebensnahe Sachverhaltsauslegung im Bereich der **Feststellung subjektiver Tatsachen**, in erster Linie also des Vorsatzes. Hierzu schweigt der Sachverhalt oft. Sie müssen dann vom äußeren Geschehen plausibel auf die Täterpsyche schließen, wie es auch in der strafrechtlichen Praxis erforderlich ist.

▶ So hat M im **Beispielsfall** einen Tötungsauftrag von seinem „Chef" C erhalten, woraufhin er A und B aufgesucht hat. Den A hat er mit einem gezielten Pistolenschuss getötet. Vor dem Hintergrund dieser Umstände wäre es lebensfremd anzunehmen, dass M den A nur erschrecken oder verwunden und nicht töten wollte. Vielmehr ist Tötungsvorsatz anzunehmen, obwohl der Sachverhalt dazu keine direkten Angaben enthält. ◀

Erst in den sehr seltenen Fällen, in denen auch die lebensnahe Sachverhaltsauslegung zu keinem eindeutigen Ergebnis mehr führt, ist Raum für die Anwendung des Grundsatzes in dubio pro reo oder eine Wahlfeststellung.[2]

4. Rechtliche Wertungen oder Begriffe im Sachverhalt

Im Sachverhalt können auch rechtliche Wertungen oder Begriffe vorkommen. Sofern sie vom Aufgabensteller benutzt werden, sind sie verbindlich.

▶ So erübrigt der Sachverhaltshinweis im **Beispielsfall**, dass B den C mit bedingtem Tötungsvorsatz verletzte, eine eigenständige Vorsatzprüfung des Bearbeiters. ◀

Sind sie aber den Sachverhaltsbeteiligten „in den Mund gelegt", sind Sie nicht daran gebunden. Ärgert sich also der A über den B, dass er von ihm „betrogen" worden sei, dann wird dadurch keine Betrugsprüfung vorweggenommen.

5. Ergänzende Hinweise

Da der Sachverhalt die Grundlage der rechtlichen Lösung ist und sein Inhalt ausgeschöpft werden muss, ist es nicht damit getan, den Sachverhalt zu Beginn der Arbeit einmal zu lesen. Oft genug enthält ein Sachverhalt wesentliche Details, auf die es erst nach mehrstündiger Klausurarbeit ankommt und die dann leicht in Vergessenheit geraten sein können. Sie sollten sich den Sachverhalt daher gut verinnerlichen. Das kann durch mehrmaliges Lesen, Markieren wichtiger Textstellen, Anfertigen einer Sachverhaltsskizze oder beliebige Kombinationen solcher Techniken geschehen. Während der Arbeit sollten Sie den Sachverhalt nicht zugunsten von Konzeptpapieren, Schreibblock und Gesetzestexten beiseite legen, weil Sie ihn vermeintlich gut verinnerlicht haben, sondern immer neben dem Schreibpapier liegen lassen, um die relevanten Sachverhaltspassagen häufig abgleichen zu können.

2 Vgl. auch *Kindhäuser* AT § 48/1 ff. und StPR § 23/65 ff.

II. Die Fallfrage

Die **Fallfrage** einer materiell-strafrechtlichen Prüfungsarbeit fragt nach der **Strafbarkeit von Personen** des Sachverhalts, zum Beispiel:

▶ Haben sich B und M gemäß StGB strafbar gemacht? ◀

Als Antwort auf die Fallfrage wird natürlich nicht ein schlichtes „Ja!" oder „Nein!" erwartet, sondern ein regelrechter „Schuldspruch" unter Angabe der einschlägigen Delikte bzw. ein „Freispruch", mit dem die Straflosigkeit festgestellt wird.

1. Sachliche Reichweite der Fallfrage

a) Straftaten

Eine Person hat sich **strafbar** gemacht, wenn sie einen **Straftatbestand** rechtswidrig und schuldhaft verwirklicht hat und keine Gründe eingreifen, die die Strafbarkeit entfallen lassen.

Ist ganz allgemein nach der Strafbarkeit gefragt, dann müssen Sie bei der Lösung nicht nur das **Kernstrafrecht** – StGB – berücksichtigen, sondern auch das **Nebenstrafrecht** im Blick behalten, zum Beispiel Strafvorschriften des StVG oder des WaffG. In der Regel ist die Fallfrage aber ohnehin eingeschränkt, etwa auf die „Strafbarkeit gemäß StGB". **Ordnungswidrigkeiten** werden nicht erörtert, wenn sie nicht ausnahmsweise ausdrücklich in die Aufgabenstellung einbezogen wurden. Des Weiteren werden oft einzelne Abschnitte des StGB oder Einzelvorschriften von der Aufgabenstellung ausgenommen oder die Aufgabe wird von vornherein auf einzelne StGB-Abschnitte oder Vorschriften beschränkt.

Ferner kann es auch vorkommen, dass nur nach der Strafbarkeit eines bestimmten Verhaltens aus dem Sachverhalt gefragt ist.

▶ Im **Beispielsfall** ist nach der Strafbarkeit „gemäß StGB" gefragt, so dass Nebenstrafrecht ausgeblendet werden muss. Die in dem Fall möglicherweise verwirklichten Delikte des WaffG spielen daher keine Rolle. ◀

Bezüglich eines zu erörternden Delikts müssen Sie stets alle Voraussetzungen, die die **Strafbarkeit positiv begründen**, im Gutachten **ausdrücklich** prüfen:

- Objektive und subjektive Tatbestandsmerkmale
- Objektive Bedingungen der Strafbarkeit (zum Beispiel § 283 Abs. 6 StGB)

Merkmale hingegen, die die **Strafbarkeit entfallen lassen**, sprechen Sie im Gutachten nur an, wenn sie für den zu lösenden Fall in Betracht kommen. Dabei geht es um:

- Rechtfertigung (zum Beispiel Notwehr gemäß § 32 StGB)
- Entschuldigungs- (zum Beispiel Entschuldigender Notstand gemäß § 35 StGB) oder Schuldausschließungsgründe (zum Beispiel Verbotsirrtum gemäß § 17 oder die Regeln der §§ 19 f.)

Anderenfalls stellen Sie lediglich ihr Nichtvorliegen fest, exemplarisch: „B handelte rechtswidrig" oder „B handelte schuldhaft".

Sonstige Strafbarkeitsvoraussetzungen werden ebenfalls nur dann erwähnt, wenn der konkrete Fall entsprechende tatsächliche Anhaltspunkte enthält. Solche Voraussetzungen sind das Nichtvorliegen von **persönlichen Strafausschließungs- und Strafaufhebungsgründen**.

- Persönliche Strafausschließungsgründe:
  - Indemnität von Abgeordneten (Art. 46 GG; § 36 StGB)
  - Altersprivileg (zum Beispiel § 173 Abs. 3 StGB)
  - Straffreiheit für Schwangere im Falle von § 218 Abs. 4 S. 2 StGB
  - Beteiligung an der Vortat bei Begünstigung und Strafvereitelung (§§ 257 Abs. 3, 258 Abs. 5 StGB)
  - Angehörigenprivileg (§ 258 Abs. 6 StGB)
  - Nichtverfolgbarkeit Exterritorialer (§§ 18, 19 GVG)
- Persönliche Strafaufhebungsgründe:
  - Rücktritt vom Versuch (§ 24 StGB)
  - Bestimmte Fälle der tätigen Reue (z.B. §§ 306e Abs. 2, 314a Abs. 4, 320 Abs. 3 StGB)
  - Straferlass (§ 56g StGB)
  - Begnadigung und Amnestie

Persönliche Strafeinschränkungsgründe, z.B. bestimmte Fälle der tätigen Reue (§§ 306e Abs. 1, 314a Abs. 1 und Abs. 2 StGB), sind **nicht zu prüfen.** Sie beseitigen nicht die Strafbarkeit, sondern schränken sie lediglich ein.

b) Strafzumessung und Regelbeispiele

Strafzumessung bleibt im Gutachten **ganz außer Betracht.** Das Gutachten konzentriert sich auf die Feststellung der Strafbarkeit.[3] Für die darauf aufbauende Strafzumessung enthält eine Prüfungsaufgabe nicht die erforderlichen Angaben (vgl. § 46 StGB). Strafzumessung setzt vielmehr vor allem auch einen persönlichen Eindruck vom Täter voraus. Auf Strafmilderungen, die z.B. durch Verweis auf § 49 Abs. 1 StGB ausgedrückt werden (vergleiche §§ 23 Abs. 2, 27 Abs. 2 S. 2, 35 Abs. 1 S. 2 HS 2 StGB), braucht gewöhnlich ebenfalls nicht eingegangen zu werden.

Lediglich die sogenannten **Regelbeispiele** werden als besonders schwere Fälle eines Delikts **geprüft**, obwohl sie nach herrschender Meinung Strafzumessungsregeln sind (vgl. §§ 243, 263 Abs. 3, 292 Abs. 2 StGB).[4] Sie sind wie Tatbestandsmerkmale zu prüfen.

c) Prozessvoraussetzungen / Prozesshindernisse

Die Strafbarkeit einer Person ist eine materiell-rechtliche Frage. Streng genommen überschreitet es daher die Aufgabenstellung, über die Strafbarkeit hinaus auch prozessuale Fragen zu erörtern, solange diese Fragen nicht explizit gestellt sind. Es wird jedoch nicht als Selbstzweck angesehen, die Strafbarkeit einer Person zu prüfen. Bedeutsam wird die Strafbarkeit nämlich erst vor dem Hintergrund ihrer prozessualen Verfolgbarkeit. Deshalb ist es üblich, bestimmte Prozessvoraussetzungen oder Prozesshindernisse im Gutachten anzusprechen, sofern der Sachverhalt die entsprechenden Angaben enthält.

3 Wobei freilich auch die Bestimmung des für die Entscheidung maßgeblichen Strafrahmens erforderlich sein kann, etwa im Rahmen von § 28 Abs. 1 und 2 StGB (vgl. dazu *Kindhäuser* AT § 38/22 ff.) oder bei den Konkurrenzen (vgl. *Kindhäuser* AT § 44/1 ff.).

4 Näher dazu *Kindhäuser* BT II § 3/4, 60 ff.

Zu beachten ist insoweit neben Verjährung, Strafklageverbrauch (ne bis in idem) und Immunität (Art. 46 Abs. 2, 4 GG) vor allem der **Strafantrag.** [5] An die Fallfrage schließt sich regelmäßig ein entsprechender Hinweis an, vgl. **Beispielsfall:**

▶ Eventuell erforderliche Strafanträge sind gestellt. ◀

Für bestimmte Delikte wird gesetzlich ausdrücklich angeordnet, dass sie nur auf Antrag verfolgbar sind. Hier können Sie nach Feststellung der Schuld kurz auf den bereits gestellten oder noch zu stellenden Strafantrag hinweisen; dies ist durchaus üblich:

▶ „Der nach § 230 Abs. 1 S. 1 StGB erforderliche Strafantrag ist gestellt." ◀

Ein fehlender Strafantrag bedeutet in der Praxis die Einstellung des Strafverfahrens.

Unseres Erachtens ist die Gepflogenheit, Prozessvoraussetzungen/Prozesshindernisse (also auch Strafanträge) im Gutachten bei entsprechenden Anhaltspunkten zu erörtern, kritikwürdig. Es ist ein Grundsatz der Gutachtentechnik und überhaupt des juristischen Arbeitens, dass nur solche Fragen zu beantworten sind, die gestellt sind. Wenn also nur nach der Strafbarkeit einer Person gefragt wird, dann ist nur ihre Strafbarkeit zu prüfen und daraufhin zu bejahen oder zu verneinen. Die prozessuale Verfolgbarkeit ist von der materiellen Frage der Strafbarkeit verschieden. Der **Strafantrag** aber **lässt** die **Strafbarkeit unberührt**, da er nach h.M. nur eine Verfolgungsvoraussetzung ist. Gleichwohl empfehlen wir Ihnen, sich **bei** Ihrem **Übungsleiter** zu **erkundigen**, ob und wie er Antragsdelikte im Gutachten berücksichtigt haben möchte.

d) Ordnungswidrigkeiten

▶ In die Fallfrage im **Beispielsfall** sind Ordnungswidrigkeiten nicht explizit einbezogen. Ordnungswidrigkeiten dürfen daher schon allein deswegen nicht erörtert werden. Darüber hinaus ist die Fallfrage auf die Strafbarkeit gemäß StGB beschränkt, welches keine Bußgeldtatbestände enthält. ◀

2. Persönliche Reichweite der Fallfrage

In persönlicher Hinsicht sind alle Beteiligten eines Sachverhalts auf ihre Strafbarkeit zu prüfen, wenn die Fallfrage keine weiteren Eingrenzungen enthält. Eine Ausnahme gilt für verstorbene Personen, wenn nicht ausdrücklich nach deren Strafbarkeit gefragt ist. Oft ist die Fallfrage aber begrenzt, z.B. auf die „Strafbarkeit von A und B".

▶ Eine solche Einschränkung ist auch im **Beispielsfall** zu beachten: Nur nach der Strafbarkeit von B und M ist gefragt. Die möglichen Beteiligungsdelikte von C und D bleiben deswegen außer Betracht. ◀

3. Ergänzende Hinweise

Diese vorgenannten Einschränkungen der Fallfrage in sachlicher und persönlicher Hinsicht macht der Aufgabensteller in aller Regel, um die Prüfungsarbeit der zur Verfügung stehenden Zeit oder dem Anforderungsgrad des jeweiligen Semesters anzupassen. Wer sich also nicht an diese Einschränkungen hält, bringt sich zunächst einmal selbst in zeitliche oder fachliche Schwierigkeiten. Darüber hinaus ist es ein gravierender Fehler, juristische Begutachtungen jenseits der Aufgabenstellung anzustellen. Solche Fehler haben in aller Regel ihre Ursache darin, dass Klausurbearbeiter aus vermeintlicher Zeitnot

5 Vgl. *Kindhäuser* StPR § 4/4 ff.

Hektik entwickeln, die Einschränkungen der Fallfrage deswegen nicht hinreichend verinnerlichen und während der Lösung vergessen. Man sollte es sich daher zur Gewohnheit machen, auch noch während der Lösung wesentliche Bearbeitungsschritte mit der Fallfrage abzugleichen.

Übrigens sind auch die Strafgerichte in ihrer Beurteilungsfreiheit gebunden: an den angeklagten „Sachverhalt" (sogenannte prozessuale Tat, § 264 Abs. 1 StPO) und die angeklagten Personen.[6] Sowenig ein Strafgericht die Anklage übersteigen darf, sowenig darf sich ein Klausur- oder Hausarbeitsbearbeiter über die Fallfrage hinwegsetzen.

6 Vgl. *Kindhäuser* StPR § 25/1 ff.

§ 2 Das Gutachten

Ist der Sachverhalt hinreichend verinnerlicht und die Fallfrage erfasst, geht es an deren Lösung. Bei einer Fallfrage wie beispielsweise „Hat A sich strafbar gemacht?" oder „Wie haben sich die Beteiligten strafbar gemacht?" scheint zweifelsohne der Versuch durchaus verlockend zu sein, die Aufgabe mit einem einfachen „Ja!" oder „Nach §§ 223, 22, 23!" zu lösen. Dass diese (im Ergebnis gegebenenfalls sogar zutreffende) Antwort auf die Frage nicht die ist, die von Ihnen verlangt wird, versteht sich von selbst.[1]

In Klausuren und Hausarbeiten wird von Ihnen erwartet darzulegen, dass Sie den richtigen Weg zur Lösung eines juristischen Problems beschreiten. Das handwerkliche Mittel zur Darlegung der Lösung einer juristischen Fragestellung findet sich in dem **juristischen Gutachten**. Im Rahmen dessen überprüfen Sie Ihre **Vermutung**, dass eine bestimmte Norm auf den Sachverhalt anwendbar sein könnte. Am Ende dieser Überlegungen, die wiederum in einem bestimmten Schema gegliedert werden, steht das Ergebnis.

I. Aufbau des Gutachtens

Sie als Gutachter werden Ihre Überlegungen zunächst gedanklich ordnen, um die Prüfung der Strafbarkeit der einzelnen Beteiligten **logisch wie ökonomisch sinnvoll** und nicht zuletzt auch für den Leser **einfach nachvollziehbar** zu präsentieren.

1. Die gedankliche Vorprüfung

Um überhaupt eine nachvollziehbare schriftliche Lösung anbieten zu können, muss auf die **gedankliche Vorprüfung** des Falls besonderes Gewicht gelegt werden. Viel zu häufig stellt man leider in Aufsichtsarbeiten fest, dass der Bearbeiter zwar zu Beginn seines Gutachtens seine Gedanken noch wohlgeordnet zu Papier bringt, im Laufe des Gutachtens aber immer schwammiger und sprunghafter formuliert, Seiten nachträglich einfügt und die Bearbeitung aus offenkundig zu Tage tretendem Zeitmangel dann abrupt beendet. Dies ist unseres Erachtens darauf zurückzuführen, dass viele Bearbeiter aus Angst, im Rahmen der knapp bemessenen Bearbeitungszeit ihr Gutachten nicht vollständig niederschreiben zu können, erst in der Reinschrift der Arbeit die Falllösung entwickeln. Dies ist ein fataler Fehler, da auf diese Weise sowohl die richtige Gewichtung der einzelnen Prüfungspunkte als auch deren Notwendigkeit innerhalb des Gutachtens nicht oder erst viel zu spät abgeschätzt werden können.

Die rechtliche Beurteilung des Falls sollten Sie sich zunächst rein überblicksartig erarbeiten. Den einzelnen Beteiligten werden dabei die möglicherweise von ihnen erfüllten Tatbestände zugeordnet. Es reicht hierfür aus, offenkundig nicht einschlägige Delikte auszuschließen und die möglicherweise verwirklichten Delikte auf einem Arbeitsblatt niederzuschreiben. Dies betrifft freilich nicht nur das Auffinden der Normen des Besonderen Teils, sondern auch die bereits auftretenden Probleme des Allgemeinen Teils. Juristische Akkuratesse ist im Rahmen dieser Vorarbeit noch nicht notwendig. Gerade die methodische Überprüfung der Vermutung der Tatbestandsverwirklichung bildet den Kern des Gutachtens!

---

1 Obwohl viele Aufgabensteller, um die Gefahr solch lapidarer „Fallbearbeitungen" auszuschließen, die Fallfrage häufig als Forderung wie „Prüfen Sie die Strafbarkeit der Beteiligten nach dem StGB!" formulieren, wie auch wir in unseren **Fall 1**.

▶ Wenden Sie sich im **Beispielsfall** zunächst dem B zu, so kommt als deliktisches Verhalten primär der nächtliche Angriff auf C in Betracht.
Dass hier nur Tötungs- und Körperverletzungsdelikte in Frage kommen, liegt auf der Hand. C ist nicht tot, so dass hinsichtlich einer Tötung nur Versuch geprüft werden müsste. Ferner könnten sowohl das Mordmerkmal der Heimtücke (da B dem C dazu nachts auflauert) als auch das Merkmal der „niedrigen Beweggründe" (da B aufgrund des Ärgers über die abgelehnte Geschäftsbeziehung handelt) erfüllt sein.
Arbeitshypothese: Strafbarkeit gemäß §§ 212, 211 Abs. 1 und 2 Gruppe 2 Var. 4 (Heimtücke) und Gruppe 1 Var. 5 (niedrige Beweggründe), 22, 23 StGB

Bei den Körperverletzungsdelikten[2] kommen neben dem Grundtatbestand Alternativen der Gefährlichen Körperverletzung in Betracht. B „lauert des Nachts" C auf, so dass an einen hinterlistigen Überfall gedacht werden könnte; er nutzt ein Bajonett, welches als Waffe oder zumindest als gefährliches Werkzeug qualifiziert werden könnte; durch den tiefen Stich in die Niere des C könnte auch eine lebensgefährdende Behandlung vorliegen.
Arbeitshypothese: Strafbarkeit gemäß §§ 223, 224 Abs. 1 Nr. 2 (Waffe oder Werkzeug), 3 (hinterlistiger Überfall) und 5 (lebensgefährdende Behandlung) StGB

Dabei hat C eine Niere verloren und musste stationär behandelt werden. Gegebenfalls lässt sich mit dieser Folge auch eine Schwere Körperverletzung, insbesondere der Verlust eines Glieds oder Verfallen ins Siechtum begründen.
Arbeitshypothese: Strafbarkeit gemäß §§ 223, 226 Abs. 1 Nr. 1 Var. 1 (Glied), Nr. 3 Var. 2 (Siechtum) StGB

Weitere Delikte sind im Rahmen dieses Überfallgeschehens nicht aus dem Sachverhalt zu erkennen. (Zwar kann angenommen werden, dass C im Rahmen des Geschehens bekleidet war und seine Kleidung entsprechend durch den Angriff in Mitleidenschaft gezogen wurde. Da der Sachverhalt hierzu jedoch nicht die geringsten Angaben enthält, sollte auf eine Prüfung der Sachbeschädigung gemäß § 303 verzichtet werden). Bezüglich des B finden Sie im letzten Sachverhaltsabschnitt ein weiteres eventuell strafwürdiges Verhalten, das Zerstechen der Reifen. Hier kommt letztlich nur die Sachbeschädigung in Frage.
Arbeitshypothese: Strafbarkeit gemäß § 303 Abs. 1 StGB

M handelte nur im zweiten Abschnitt des Sachverhalts. Er verschafft sich mit einem kräftigen Tritt Zugang zu dem Haus von A und B. Die Tür wird dabei (lebensnahe Auslegung des Sachverhaltes) zu Bruch gegangen sein. Gleichzeitig dürfte der ungebetene Gast einen Hausfriedensbruch begangen haben.
Arbeitshypothese: Strafbarkeit gemäß §§ 123 Abs. 1; 303 Abs. 1 StGB

Mit gezieltem Schuss streckt er A nieder, der tödlich verletzt wird. Auftragsmord aus Habgier? Heimtücke?
Dabei Gefährliche Körperverletzung durch Verwendung einer Pistole als Waffe?
Arbeitshypothese: Strafbarkeit gemäß §§ 212, 211 Abs. 1 und 2 Gruppe 2 Var. 3 und 4; §§ 223, 224 Abs. 1 Nr. 2 StGB

A ist zwar tot, jedoch wollte M auch B töten. Dieser konnte aber fliehen. Mordversuch?
Arbeitshypothese: Strafbarkeit gemäß §§ 212, 211 Abs. 1 und 2 Gruppe 2 Var. 3 und 4, 22, 23 StGB ◀

2 Siehe auch *Kindhäuser* BT I §§ 7 ff.

2. Der Prüfungsaufbau

Diese gedankliche Ordnung des Prüfungsganges bildet zugleich den „Fahrplan“ des Gutachtens selbst. Sie haben hierdurch bereits festgelegt, auf welche Delikte sich Ihr Gutachten beschränken wird, so dass Sie im weiteren Verlauf der Prüfung auch nur noch diese Delikte beachten sollten. Nun gilt es, eine **Prüfungsreihenfolge** zu finden, die sowohl **logisch** ist als auch bei aller notwendigen **Nachvollziehbarkeit** für Sie (und den Leser!) den **geringsten Arbeitsaufwand** bedeutet. Hierzu bieten sich drei Methoden an:

- Der rein **chronologische Aufbau**, also die Prüfung der Ereignisse in ihrer zeitlichen Abfolge, kann gewählt werden, wenn der Sachverhalt einfach gestaltet ist, vor allem wenn nur wenige Beteiligte zu prüfen sind, deren Verhaltensweisen sich eindeutig nicht ergänzen.
- Der Aufbau nach **Personen** ist grundsätzlich dann vorzugswürdig, wenn die Beteiligungsformen bereits erkennbar im Sachverhalt so dargestellt sind, dass eine von vornherein getrennte Darstellung nach den einzelnen Personen sinnvoll erscheint.
- Der Aufbau nach **Tatkomplexen** schließlich ist in den Fällen vorzugswürdig, in denen die verschiedenen Handlungsabschnitte klar voneinander getrennt werden können und einen Teil des Gesamtgeschehens gänzlich beinhalten.

In den allermeisten Fällen wird eine der drei Aufbauformen zur groben Gliederung gewählt und durch die beiden anderen Aufbauvarianten ausgefüllt werden müssen. Es macht gliederungstechnisch wenig Sinn, zunächst nach Tatkomplexen zu gliedern und innerhalb dieser Tatkomplexe dann völlig ungeordnet zu prüfen.

a) Die Arbeit mit Tatkomplexen

▶ Wie in den praktisch meisten Fällen so kann auch in unserem **Beispielsfall** eine Gliederung nach Tatkomplexen gewählt werden. Der Sachverhalt ist klar in drei Abschnitte aufgeteilt, die bis auf die rein erzählerische Verknüpfung nicht aufeinander verweisen (B und M arbeiten nicht arbeitsteilig, keine Handlung eines Beteiligten baut auf der des anderen auf). Aus diesem Grunde ist die Wahl dieser Aufbauform allerdings eher eine Geschmacksfrage, da hier ebenso gut nach Personen oder chronologisch gegliedert werden könnte. ◀

aa) Die Bildung von Tatkomplexen

Bei der Bildung von Tatkomplexen können die im Sachverhalt erzählten Handlungsstränge, soweit sie zeitlich und sozial sinnhafte Einheiten bilden, als Richtschnur dienen.

Wie ein Tatkomplex zu bilden ist, kann positiv nicht beantwortet werden, da die Menge der möglichen Fallkonstellationen einfach zu groß ist.

Was bei der Bildung von Tatkomplexen allerdings unbedingt **vermieden** werden **sollte**, lässt sich einfacher zusammenfassen:

- Ist im Sachverhalt die Verwirklichung eines Delikts in all seinen Durchgangsstadien bis hin zur Beendigung dargestellt, so muss nur das letzte Stadium betrachtet werden. Die Aufspaltung des Gesamtgeschehens in Vorbereitung, Versuch und schließlich Vollendung macht in den meisten Fällen keinen Sinn.

- Weder natürliche[3] noch juristische[4] Handlungseinheiten sollten durch die Bildung von Tatkomplexen künstlich getrennt werden.

bb) Reihenfolge der Tatkomplexe

In der Regel können die Tatkomplexe im Gutachten in ihrer Reihenfolge aus der Geschichtserzählung des Sachverhalts, also **chronologisch** „heruntergeprüft" werden. Ausnahmen ergeben sich dann, wenn im Sachverhalt zunächst Handlungen der Teilnehmer dargestellt werden und erst im späteren Verlauf der Haupttäter ins Spiel gebracht wird. Ansonsten müsste bei historischer Anordnung der Tatkomplexe zunächst die Beteiligtenstrafbarkeit geprüft werden, wobei diese eine inzidente Prüfung der Strafbarkeit des Haupttäters beinhalten müsste, um den gutachterlich **schweren Fehler** der Verweisung **nach unten** auszuschließen.

cc) Innerhalb der Tatkomplexe

Zur weiteren Unterteilung bietet es sich in der Regel an, nach den einzelnen Beteiligten chronologisch vorzugehen. Zu beachten ist hierbei jedoch unbedingt, dass sich bereits aus dem materiellen Recht (Akzessorietät der Teilnahme)[5] **zwingend** ergibt, dass **täterschaftliches Begehen vor** in Frage kommenden **Teilnahmeformen** (Anstiftung und/oder Beihilfe) zu prüfen ist.

Bei **Mittäterschaft** und besonders auch bei Konstellationen **mittelbarer Täterschaft** sollte ebenfalls der Versuchung widerstanden werden, die Beteiligten gemeinsam zu prüfen. Dies kann bei Mittätern unseres Erachtens nur dann in Betracht gezogen werden, wenn sie bereits im Sachverhalt nicht nach ihren Tatbeiträgen unterschieden werden. Schädlich ist eine gemeinsame Prüfung in der Sache zwar nur selten, jedoch birgt sie erhebliches Fehlerpotential.

▶ In unserem **Beispielsfall** könnte durchaus ein **Aufbau nach Tatkomplexen**, der Einteilung des Sachverhalts in seine Abschnitte folgend, gewählt werden. Der erste Tatkomplex könnte mit „Der nächtliche Überfall", der zweite mit „Das Geschehen im Haus" und der dritte mit „Der Geländewagen" überschrieben werden. Hier wird dem Leser unmittelbar klar, welche Sachverhaltsabschnitte jeweils geprüft werden. Da innerhalb dieser so gefundenen Tatkomplexe jeweils nur eine zu prüfende Person handelt, erübrigt sich eine weitere Unterteilung nach Beteiligten von selbst.
Bei dem im **Beispielsfall** gegebenen Sachverhalt wird gleichzeitig deutlich, dass sich die verschiedenen Aufbauvarianten nicht nur ergänzen, sondern sich sogar entsprechen können. Da je Handlungsabschnitt nur eine Person handelt, sind die Tatkomplexe (wie in den meisten Fällen) gleichzeitig schon chronologisch vorgeordnet. ◀

b) Prüfungsreihenfolge der Delikte

Ist der Sachverhalt einmal so weit aufgearbeitet und kann ein angemessener grober Aufbau, also nach Tatkomplexen, Beteiligten oder zeitlichem Ablauf gewählt werden, stellt sich im Anschluss daran die Frage, in welcher Reihenfolge die einzelnen Deliktstatbestände geprüft werden sollten. Diese Frage ergibt sich freilich nur dann, wenn innerhalb eines Aufbauabschnitts mehrere Delikte in Frage kommen.

---

3 *Kindhäuser* AT § 45/6 ff.
4 *Kindhäuser* AT § 45/16 f.
5 *Kindhäuser* AT § 38/19 ff.

Hier sollten **Zweckmäßigkeitsgesichtspunkte** die Entscheidungsfindung beherrschen. Auch wenn in der Regel angeraten wird, mit dem schwersten Delikt zu beginnen, gibt es doch genug Konstellationen, in denen eine solche Abstufung von dem schwersten zum weniger schweren Delikt (gemessen an der Strafdrohung) prüfungsstrategisch wenig sinnvoll ist. Kommt beispielsweise ein Mord zur Ermöglichung oder Verdeckung einer Straftat in Frage, empfiehlt es sich, zunächst diese Bezugstat „als Straftat" zu prüfen, sofern diese bereits versucht oder gar vollendet wurde. Auch kann das Erfordernis der angemessenen Gewichtung der Arbeit dafür sprechen, die eindeutig problematischen Tatbestände zuerst abzuhandeln. Gleiches gilt, wenn ein Beteiligter an dem schwereren Delikt mitgewirkt hat, die weniger schweren Tatbestände der Haupttäter jedoch allein verwirklicht hat. In diesen Fällen dürfte es die Lesbarkeit des Gutachtens beträchtlich erhöhen, wenn erst am Ende der Prüfung der Strafbarkeit des Haupttäters das schwerere Delikt steht, um sodann in der Darstellung nahtlos zur Teilnahmestrafbarkeit des weiteren Beteiligten überleiten zu können.

Auch die **Lehre von den Konkurrenzen** sollte bei der Wahl der Deliktsreihenfolge unbedingt fruchtbar gemacht werden.

So sollten Sie sich bei der Reihenfolge der Delikte stets die Frage stellen, wie konkurrenztechnisch eindeutige Fälle im Gutachten zu behandeln sind.[6]

- Bereits aus Beachtung der Konkurrenzen empfiehlt es sich, dass **das spezielle** Delikt **vor dem allgemeinen** zu prüfen ist. Dies aus dem einfachen Grunde, dass das speziellere Delikt das allgemeine regelmäßig verdrängt.
- Zur Behandlung von **Qualifikationen (und Privilegierungen)** wird häufig vorgeschlagen, je danach, ob der Problemschwerpunkt beim Grundtatbestand, Rechtswidrigkeit und Schuld oder bei den qualifizierenden Merkmalen liegt, die Prüfung mit dem Grundtatbestand oder direkt mit der Qualifikation zu beginnen.
  Da aber auch ein unproblematischer Grundtatbestand als Teil des Qualifikationstatbestands ohnehin (zumindest kurz) geprüft werden muss, ist die Wahl des jeweiligen Aufbaus eher eine Stilfrage. Es stellt in der Regel weder eine Arbeitserleichterung und schon gar keine Notwendigkeit dar, in dem einen Fall so, in dem anderen Fall so die Prüfung eines Qualifikationstatbestands zu gestalten. Generell empfehlen wir daher, stets zunächst den Grundtatbestand und danach die Qualifikation zu behandeln.
- Auch kann es sich anbieten, Delikte, die **tateinheitlich** verwirklicht werden, hintereinander zu prüfen, da so gegebenenfalls ohne Unterbrechung des Leseflusses hinsichtlich der Handlungsbeschreibung nach oben verwiesen werden kann.

Letztlich wird hierzu keine verbindliche Forderung an den Aufbau formuliert werden können. Die Gewichtung des Gutachtens sollte auch hier die Reihenfolge der Delikte im Gang der Prüfung bestimmen. Es hat wenig Sinn, zunächst eine ganze Reihe schwerer Delikte, die unproblematisch sind, abzuklappern, um erst gegen Ende unter großem Zeitdruck auf den eigentlichen Problemschwerpunkt der Arbeit einzugehen.

Hier wird wieder deutlich, welcher entscheidende Wert der ausführlichen gedanklichen Ordnung der Prüfung zukommt. Die Zweckmäßigkeit mit Blick auf Problemschwerpunkte und Gewichtung der Arbeit sollte auch bei der Deliktsreihenfolge leitend sein. Dies bedeutet jedoch keine Arbeitsreduzierung für Sie! Selbstverständlich sind alle in Frage kommenden Delikte, insbesondere diejenigen, deren Verwirklichung offenkundig

6 *Kindhäuser* AT §§ 44 ff.

ist, im Gutachten namhaft zu machen und zu prüfen. Dies ergibt sich in der Praxis auch aus den Grundsätzen der Strafzumessung und der **Gesamtstrafenbildung** nach § 54 StGB.[7]

▶ Im **Beispielsfall** kann nach den oben dargestellten Maßstäben somit wie folgt vorgegangen werden:

- „Der nächtliche Überfall" hat das Verhalten des B zum Gegenstand. Hierfür kommt das Einstechen auf C als einzig maßgebliches Verhalten in Betracht. Als möglicherweise verwirklichte Delikte hatten wir bereits den Totschlags- und Mordversuch sowie die qualifizierte Körperverletzung bei der ersten Sichtung herausgearbeitet. Ein mögliches Tötungsdelikt wäre ohnehin nur versucht und die Körperverletzung durch die Benutzung eines Bajonetts und der Schädigung der Niere wohl problematischer. Zudem wird das unmittelbare Ansetzen zum Versuch der Tötung durch die vollständige vorherige Prüfung des Körperverletzungsdelikts sehr knapp und einfach darzustellen sein. Es kann daher wie folgt aufgebaut werden:
  1. § 223 Abs. 1 StGB
  2. §§ 223 Abs. 1, 224 Abs. 1 Nr. 2, 3 und 5 StGB
  3. §§ 223 Abs. 1, 226 Abs. 1 Nr. 2 und 3 StGB
  4. § 212 Abs. 1, 22, 23 StGB
  5. §§ 212 Abs. 1, 211 Abs. 1 und 2 Gruppe 1 Var. 5, Gruppe 2 Var. 1, 22, 23 StGB
- „Das Geschehen im Haus" hat die Strafbarkeit des M zum Gegenstand. Eine vollendete Tötung, eine versuchte Tötung, ein Hausfriedensbruch und eine Sachbeschädigung stehen zur Prüfung an. Hier dürfte kein Delikt besondere Schwierigkeiten machen, so dass entweder gestuft nach Schwere der Tat oder chronologisch geprüft werden könnte. Mit Blick auf einen in der Praxis zu erarbeitenden Schuldspruch im Urteil liegt es bei derartig radikalen Unrechtsgefällen (Mord zu Hausfriedensbruch) nahe, nach der Schwere des Vorwurfs zu prüfen:
  1. § 212 Abs. 1 StGB
  2. §§ 212 Abs. 1, 211 Abs. 1 und 2 Gruppe 1 Var. 5, Gruppe 2 Var. 1 StGB
  3. §§ 212 Abs. 1, 22, 23 StGB
  4. §§ 212 Abs. 1, 211 Abs. 1 und 2 Gruppe 1 Var. 5, Gruppe 2 Var. 1, 22, 23 StGB
  5. § 303 Abs. 1 StGB
  6. § 123 Abs. 1 StGB
- „Der Geländewagen" beinhaltet nur ein mögliches Delikt, die Sachbeschädigung gemäß § 303 Abs. 1 StGB, so dass sich dazu keine weiteren Aufbaufragen ergeben. ◀

c) Allgemeiner Deliktsaufbau

Ist ein Delikt zur weiteren Prüfung gefunden, wird von Ihnen eine weitere entscheidende Weichenstellung erwartet. Gemeint ist die Wahl des **drei- oder des zweistufigen Deliktsaufbaus.**

Während in der Strafrechtswissenschaft kein Streit darüber besteht, dass Unrecht und Schuld verschiedene Wertungsstufen einer Straftat sind, ist noch immer umstritten, ob die Rechtswidrigkeit des Verhaltens eine eigene Wertungsstufe bildet.[8]

---

7 *Kindhäuser* AT § 47/32 ff.

8 *Kindhäuser* AT § 6/8 ff.

aa) Der dreistufige Deliktsaufbau

Der sogenannte dreistufige Deliktsaufbau wurzelt in der Überlegung, dass in dem Deliktstatbestand lediglich die neutrale Verhaltensbeschreibung zu erkennen ist und die strafrechtliche Bewertung des so beschriebenen Verhaltens erst auf der Ebene der Rechtswidrigkeit erfolgt. Danach ergibt sich nach dieser (herrschenden) Lehre folgender Aufbau:

1. Stufe: Tatbestand	1. Objektiver Deliktstatbestand
	2. Subjektiver Deliktstatbestand
2. Stufe: Rechtswidrigkeit	3. Objektiver Rechtfertigungstatbestand
	4. Subjektiver Rechtfertigungstatbestand
3. Stufe: Schuld	5. Schuld

bb) Der zweistufige Deliktsaufbau

Nach einer anderen Lehre ist lediglich zwischen Unrecht und Schuld zu unterscheiden. Die Voraussetzungen des Deliktstatbestands stellen die **positiven Merkmale** des Unrechtstatbestands, die Voraussetzungen des Rechtfertigungstatbestands die **„negativen" Merkmale** des Unrechtstatbestands dar (daher auch „Lehre vom Gesamtunrechtstatbestand" oder „Lehre von den negativen Tatbestandsmerkmalen").

Unter Zugrundelegung dieser Lehre ist das Vorsatzdelikt wie folgt zu prüfen:

1. Stufe: Tatbestand	1. Objektiver Deliktstatbestand
	2. Objektiver Rechtfertigungstatbestand
	3. Subjektiver Deliktstatbestand
	4. Subjektiver Rechtfertigungstatbestand
2. Stufe: Schuld	5. Schuld

Für welchen Deliktsaufbau man sich letztlich entscheidet ist ausschließlich eine Frage des dogmatischen Standpunkts, der mit der Wahl des Aufbaus deutlich gemacht wird. Wählen Sie beispielsweise den zweistufigen Aufbau, so teilt bereits der Gang des Gutachtens Ihre Auffassung über den zutreffenden Deliktsaufbau mit. Eine besondere Begründung, warum der eine und nicht der andere Deliktsaufbau gewählt wurde, ist im Gutachten gänzlich fehl am Platze. Hier wie auch sonst gilt die eisern einzuhaltende **Regel, dass der Aufbau nicht erklärt werden darf.**

Ungeachtet dessen, welche der beiden Aufbauvarianten gewählt wird, ist streng darauf zu achten, dass Sie damit Ihre dogmatische Grundposition für den weiteren Verlauf des Gutachtens festgelegt haben. Der Unterschied zwischen den beiden Modellen spielt (derzeit) nur noch in dem Punkt eine Rolle, ob der Irrtum über einen Erlaubnis- (Rechtfertigungs-)Tatbestand den Vorsatz ausschließt oder nicht. Der Nutzer des zweistufigen Aufbaus ist daher gehalten, das Problem des Erlaubnistatbestandsirrtums über die direkte Anwendung des § 16 StGB zu lösen, während dieser Weg dem Verwender des dreistufigen Aufbaus verwehrt ist.

Im weiteren Verlauf werden wir uns – ohne eine Aussage über unseren dogmatischen Standpunkt treffen zu wollen – an dem dreistufigen Modell der herrschenden Lehre orientieren.

II. Der Gutachtenstil

Das juristische **Gutachten** dient allein der Beurteilung der Frage, ob ein bestimmtes Verhalten als strafbares Verhalten qualifiziert werden kann. Es soll für den Leser verständlich den Weg von der Vermutung einer Strafbarkeit bis zum begründeten Ergebnis nachzeichnen. Diese Vorgehensweise wird nicht nur von Ihnen als Kandidaten in wissenschaftlichen Prüfungen verlangt, sondern ist tägliche Arbeit fast aller Juristen in der Praxis. Die Begutachtung eines Falls ist wesentlicher Teil der richterlichen Entscheidungsfindung, der staatsanwaltlichen Arbeit sowohl bei der Leitung der Ermittlungen als auch bei Vorbereitung der Anklage, der anwaltlichen Arbeit bei der Prüfung der Rechtsposition des Mandanten und der Überprüfung gerichtlicher oder behördlicher Entscheidungen.

Im Gegensatz dazu dient das **Urteil** der Darstellung und Rechtfertigung eines bereits gefundenen Ergebnisses. Der dazu verwendete Urteilsstil führt daher zunächst die Behauptung des jeweiligen Ergebnisses auf und gibt anschließend eine deduzierende Begründung für dessen Richtigkeit.

Aus dieser unterschiedlichen Technik erklärt sich auch, warum ein Gutachten alle relevanten Prüfungsschritte enthalten muss, das Urteil im Vergleich hierzu jedoch zumeist erheblich kürzer sein kann. Der Gutachter wird, um zu einem Ergebnis kommen zu können, bei der Überprüfung seiner Hypothese jedes Tatbestandsmerkmal eines Tatbestands prüfen bis zu dem Punkt, an dem die Prüfung eines Merkmals negativ ausfällt oder er Tatbestandsmäßigkeit, Rechtwidrigkeit und Schuld insgesamt bejahen kann. Erst an dieser Stelle kann er das Ergebnis seiner Prüfung feststellen. Der Urteilsverfasser soll seinen Leser im Falle der Nichteinschlägigkeit einer Norm nicht mit der vollständigen Prüfung belasten, sondern soll sich in seiner Begründung darauf beschränken zu erörtern, an welchem Tatbestandsmerkmal die Anwendbarkeit der jeweiligen Norm im konkreten Fall scheitert.

1. Das Gutachten als logisches Verfahren

In einem juristischen Gutachten werden also alle Tatbestandsmerkmale der Norm nach einem **ökonomischen und logisch strukturierten Schema** einzeln durchgeprüft, um am Ende der Untersuchung als Ergebnis die Anwendbarkeit der Norm bejahen oder verneinen zu können.

Im Folgenden werden Sie erfahren, wie die logische Struktur eines Gutachtens aussieht. **Um** hierbei **Missverständnissen vorzubeugen:**

In einer Prüfungsarbeit werden Sie aufgefordert, gutachterlich das strafrechtlich relevante Geschehen eines Sachverhalts zu würdigen. Dabei kann es sich freilich um die Strafbarkeit mehrerer Personen handeln, die wiederum in der Regel nicht nur einen, sondern eine Vielzahl von Delikten verwirklicht haben. Ihre gesamte Arbeit steht zwar unter der Überschrift „Gutachten", jedoch beinhaltet Ihre Arbeit eine **Vielzahl von Einzelgutachten,** nämlich jeweils die Überprüfung einzelner Straftatbestände zu verschiedenen Sachverhaltselementen. Wenn wir also nun in den nächsten Abschnitten von „dem

Gutachten“ sprechen, so ist damit stets nur die Überprüfung eines einzelnen Deliktstatbestands gemeint!

Der **Gang des Gutachtens** folgt zunächst dem „**klassischen dreigliedrigen Syllogismus**“;[9] dieser besteht aus:

1. **Obersatz** („Alle Menschen sind sterblich.“)
2. **Untersatz** („A ist ein Mensch.“)
3. **Ergebnis** („Also ist A sterblich.“)

Die Prüfung der **Tatbestandsmerkmale** sowie der **Rechtswidrigkeit** und der **Schuld** sind im Gutachten in ihrer Gesamtheit **als Untersatz** im System des dreigliedrigen Syllogismus **anzusehen**. Nach diesem Schema gestaltet sich ein Gutachten zunächst (!) wie folgt:

Gang des Gutachtens I

(klassischer dreigliedriger Syllogismus)

1. Obersatz
   („A könnte sich gem. § X strafbar gemacht haben.“)
2. Untersatz
   („A erfüllt alle Voraussetzungen von § X.“)
3. Ergebnis
   („A hat sich gem. § X strafbar gemacht.“)

a) Der („führende“) Obersatz

Am Beginn steht die Hypothese der Strafbarkeit durch ein **bestimmtes Verhalten** gemäß eines **bestimmten Tatbestands.** Hier müssen **die zu prüfenden gesetzlichen Vorschriften so genau wie möglich zitiert** werden. Geht es also zum Beispiel um eine körperliche Misshandlung im Rahmen einer Körperverletzungsprüfung, dann wird nicht global „§ 223 StGB“ zitiert, sondern exakter § 223 Abs. 1 Alt. 1 StGB.

Für Normen gibt es zwei übliche Zitierweisen. Man kann sich für eine von beiden entscheiden, sollte sie dann aber durchgängig verwenden:

§ 243 I 2 Nr. 1 StGB oder

§ 243 Abs. 1 S. 2 Nr. 1 StGB

(hat die Norm nur einen Absatz, muss der zu prüfende Satz zur Vermeidung von Unklarheiten natürlich als solcher bezeichnet sein, z.B. § 34 S. 2 StGB).

Betreffend die Gesetzesbezeichnung ist es üblich, an die erste zitierte Vorschrift eine Fußnote mit dem Hinweis „Paragrafen ohne Gesetzesangabe sind solche des Strafgesetzbuchs“ zu setzen. Man erspart sich dann, hinter jede StGB-Vorschrift „StGB“ zu schreiben, was anderenfalls nötig wäre.

Weiterhin haben Sie in den Obersatz neben dem zu prüfenden Tatbestand **das im Sachverhalt beschriebene Verhalten**, welches ja überhaupt der Anlass einer strafrechtlichen

9 Als Syllogismus (aus dem Griechischen für Aufzählung, Zusammenzählung) werden logische Schlüsse unterschiedlichster Art bezeichnet.

Überprüfung ist, mit aufzunehmen (exemplarisch: „A könnte sich dadurch, dass er dem B eine kräftige Ohrfeige verpasste, wegen Körperverletzung gemäß § 223 Abs. 1 StGB strafbar gemacht haben.")

b) Der Untersatz: Ein viergliedriger Syllogismus!

Es folgt die Überprüfung, ob der Sachverhalt mit dem Gesetz übereinstimmt. Zu einer diesbezüglichen juristischen Überzeugungsbildung reicht das Gutachtenschema des dreigliedrigen Syllogismus allein freilich nicht aus. Vielmehr müssen an dieser Stelle **alle Tatbestandsmerkmale einzeln überprüft werden** (ein Angeklagter will schließlich wissen, warum er denn einen bestimmten Tatbestand verwirklicht hat und dafür bestraft wird).

Diese Prüfung der Tatbestandsmerkmale folgt dem sogenannten **juristischen Subsumtionsschema.**

Dieses ist ein **viergliedriger Syllogismus:**

- An erster Stelle steht auch hier der **Obersatz.**
  Der Obersatz enthält die zu klärende Frage oder vielmehr die Formulierung der zu überprüfenden Hypothese, dass **ein bestimmtes Element eines Lebenssachverhalts** einem **bestimmten Tatbestandsmerkmal** unterfällt. Daher sind im Obersatz sowohl die gesetzlichen Voraussetzungen als auch das Sachverhaltselement zu nennen, das Sie unter den Tatbestand subsumieren wollen.
- Im **ersten Untersatz, der Definition,** wird das Tatbestandsmerkmal in der Regel zunächst näher bestimmt, also in deskriptive Merkmale „übersetzt".
  Die Definition eines Tatbestandsmerkmals soll dessen Auslegung erleichtern,[10] indem es dem sprachlich zwangsläufig nur ungenau gefassten Tatbestandsmerkmal eine weitere, ausführlichere Bedeutungsumschreibung gegenüberstellt.
  Definitionen sind in den meisten Fällen jedoch nicht vom Gesetzgeber vorgegebene, sogenannte „Legaldefinitionen" (wie z.B. § 11 StGB), sondern zusammenfassende Substrate der wissenschaftlichen Diskussion um die Auslegung des Tatbestandsmerkmals.
- Der **zweite Untersatz, die eigentliche Subsumtion** des Sachverhalts unter das Tatbestandsmerkmal, stellt den **entscheidenden Teil der Arbeit** dar. Der Schritt dient der Überprüfung, ob Sachverhalt und Definition deckungsgleich sind (denn nur in diesem Falle ist das Tatbestandsmerkmal erfüllt). Bei der Lektüre von Prüfungsarbeiten gelangt man allerdings leider häufig zu der Erkenntnis, dass von den Kandidaten die eigentliche Arbeit in der ausführlichen Definitionswidergabe gesehen und der Subsumtion weniger Aufmerksamkeit geschenkt wird. Die Definition kann die Subsumtion keinesfalls ersetzen. Sie bietet durch die Aufspaltung des Tatbestandsmerkmals in deskriptive Merkmale lediglich einen „Untertatbestand", dessen Vereinbarkeit mit dem Sachverhalt es zu überprüfen gilt.
- Der **Ergebnissatz** (die **Konklusion**) stellt dann die Erfüllung oder Nichterfüllung des jeweils oben geprüften Tatbestandsmerkmals fest.

10 Ob dies immer gelingt, darüber lässt sich freilich ausgiebig diskutieren, ohne den „Definitionsklassiker" der Definition der Eisenbahn des Reichsgerichtes weiter bemühen zu müssen (dessen Lektüre sich freilich dennoch lohnt, RGZ 1, 247, 252).

c) Das Ergebnis

Bei der **abschließenden Feststellung des Ergebnisses** ist zu kontrollieren, ob es mit dem Obersatz sachlich übereinstimmt. Exemplarisch: Beginnt die Prüfung in Ihrem Obersatz mit der Hypothese einer Strafbarkeit wegen Betrugs zu Lasten des B, darf das Ergebnis nicht auf einen Betrug zu Lasten des C lauten. Ein solches Ergebnis mag in der Sache zwar zutreffend sein, kann sich aber nur daraus ergeben, dass im Laufe der Prüfung, z.B. wegen Feststellung eines Dreiecksbetrugs, ein Betrug zu Lasten des B hätte abgelehnt werden müssen.

Die Prüfung eines gesetzlichen Tatbestands lässt sich bildlich also wie folgt darstellen:

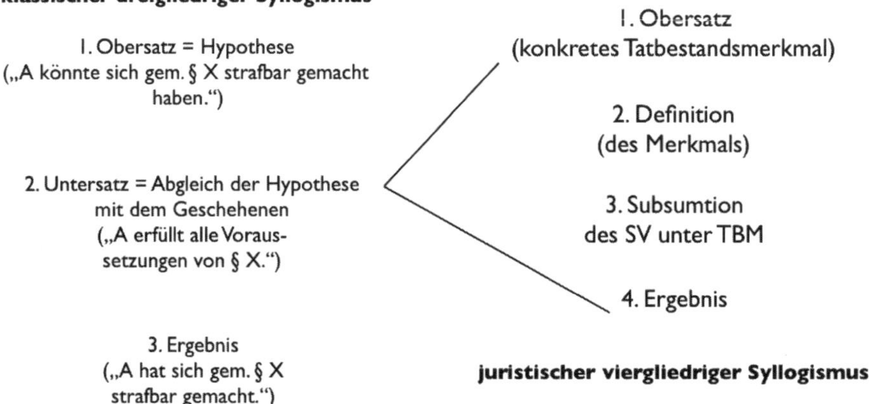
Gang des Gutachtens
klassischer dreigliedriger Syllogismus
1. Obersatz = Hypothese („A könnte sich gem. § X strafbar gemacht haben.")
2. Untersatz = Abgleich der Hypothese mit dem Geschehenen („A erfüllt alle Voraussetzungen von § X.")
3. Ergebnis („A hat sich gem. § X strafbar gemacht.")
1. Obersatz (konkretes Tatbestandsmerkmal)
2. Definition (des Merkmals)
3. Subsumtion des SV unter TBM
4. Ergebnis
juristischer viergliedriger Syllogismus

Es ist peinlich genau darauf zu achten, dass das Gutachten ausschließlich Ausführungen enthält, die in das konkrete Subsumtionsschema eingegliedert sind. Abstrakte, lehrbuchartige Exkurse zur weiteren Erklärung des Gangs der Untersuchung oder sogar die Ausbreitung weiteren eigenen Wissens sind fehl am Platze; sie werden sogar als schwerer Fehler bei der Bewertung der Arbeit behandelt.

▶ Gelangen Sie zur Subsumtion der einzelnen Tatbestände, ist es zur Reinschrift des Gutachtens nicht mehr weit. Um die Probleme des Falls und ihre Bedeutung für seine Lösung richtig beurteilen zu können, sollten Sie die einzelnen Subsumtionsschritte ebenfalls bei jedem Tatbestand auf Ihrem Konzeptpapier vermerken.

Machen wir uns die Subsumtionstechnik am **Beispielsfall** deutlich:

Wir hatten bereits herausgearbeitet, dass B mit dem Stich seines Bajonetts sehr wahrscheinlich eine Körperverletzung, auch sogar eine Gefährliche Körperverletzung zum Nachteil des C begangen hat. Beginnen wir also mit der Prüfung des § 223 StGB als Grunddelikt.
Der objektive Tatbestand des § 223 Abs. 1 StGB nennt als Voraussetzungen, dass der Täter eine andere Person körperlich misshandelt oder an der Gesundheit schädigt. Bei exakter Subsumtion sähe die Prüfung z.B. des objektiven Tatbestands folgendermaßen aus:

(„führender" Obersatz)
I. Durch den Stich mit dem Bajonett, durch den C seine Niere verlor, könnte sich B wegen Körperverletzung gemäß § 223 Abs. 1 StGB strafbar gemacht haben.
(Untersatz)
1) Das Opfer der Tat müsste eine andere Person sein. (**Obersatz**)
Eine andere Person ist jeder Mensch mit Ausnahme des Täters selbst. (**Definition**)
C ist ein anderer Mensch. (**Subsumtion**)
C ist eine andere Person. (**Konklusion/Ergebnis**)
2) Diese müsste B durch den Stich mit dem Bajonett körperlich misshandelt haben. (**Obersatz**)
Eine körperliche Misshandlung ist jede üble und unangemessene Behandlung, die das körperliche Wohlbefinden oder die körperliche Unversehrtheit nicht unerheblich beeinträchtigt. (**Definition**)
B hat dem C sein Bajonett in den Körper gerammt und dessen Niere schwer beschädigt, was nicht nur die Körperfunktionen des C stark eingeschränkt, sondern ihm auch Schmerzen bereitet hat. (**Subsumtion**)
B hat also C durch den Stich mit dem Bajonett körperlich misshandelt. (**Konklusion**)
3) Weiterhin könnte B dadurch die Gesundheit des C beschädigt haben. (**Obersatz**)
Eine Schädigung der Gesundheit ist das Hervorrufen oder Steigern eines pathologischen Zustands. (**Definition**)
Durch den Stich mit dem Bajonett hat C seine Niere verloren und musste stationär behandelt werden. (**Subsumtion**)
Eine Gesundheitsschädigung durch den Stich mit dem Bajonett ist ebenfalls gegeben. (**Konklusion**)
...(es folgt die Prüfung des Vorsatzes, unter II. der Rechtswidrigkeit und unter III. der Schuld)
(Endergebnis)
IV. B hat sich dadurch, dass er mit dem Bajonett auf C einstach, wegen Körperverletzung gemäß § 223 Abs. 1 StGB strafbar gemacht. ◀

2. Der problematische Grundsatz der Ökonomie

An dem soeben gegebenen Beispiel fällt auf, dass eine solch kleinschrittige Subsumtion, z.B. was das Merkmal der „anderen Person" angeht, umständlich, wenn nicht sogar lächerlich wirken kann. Es scheint viel dafür zu sprechen, solche Selbstverständlichkeiten überhaupt nicht oder zumindest in knapper Form einfach festzustellen und auf eine vollständige Subsumtion zu verzichten. Das daraus folgende für Sie schwierige Problem ist in dem **Grundsatz** begründet, dass ein Gutachten nicht nur logisch, sondern auch **ökonomisch** niedergeschrieben werden sollte. Dies soll bedeuten, dass das strenge Subsumtionsschema zugunsten des einfachen Urteilsstils verlassen werden kann, wenn ein Tatbestandsmerkmal so evident gegeben oder nicht gegeben ist, dass eine schrittweise und sture vollständige Subsumtion eher gekünstelt als notwendig erscheint. Paradebeispiel sind das Auto als „bewegliche Sache" im Sinne des § 242 StGB oder ein offenkundig fehlender Vorsatz bei unproblematischer Erfüllung des objektiven Tatbestands.

In der Tat sind in vielen Fällen dieser Art gutachterliche Ausführungen anscheinend überflüssig, da bereits dem juristischen Laien völlig klar ist, dass es sich um eine Sachbeschädigung handelt, wenn A mit voller Absicht die teure chinesische Vase des B zerstört.

Auch stellt sich die Frage nach der Notwendigkeit ausführlicher Subsumtion bei Tatbeständen, die auf Konkurrenzebene zurücktreten. Hier wäre an sich eine vertiefte Auseinandersetzung müßig.

Die Crux für Sie als Bearbeiter ist nun die, dass keine festen Richtlinien dafür existieren, wann denn von einer solchen Evidenz auszugehen ist, dass auf eine „ordentliche" Subsumtion verzichtet werden kann. Aufgrund der Tatsache, dass es hierfür keine festen Regeln gibt, liegt der Ratschlag nahe, auf eine ausführliche Subsumtion in keinem Fall zu verzichten. Dies hätte aber gerade in umfangreichen Klausuren zur Folge, dass eine vollständige Bearbeitung aufgrund der knappen Zeit überhaupt nicht erfolgen kann. Gleichzeitig wird mancher Korrektor (zu Recht) längere Ausführungen zu aus seiner Sicht völlig unproblematischen Punkten für überflüssig und damit falsch halten.

Wie also bei der einzelnen Aufgabe zu verfahren ist, kann nicht beantwortet werden. Vielmehr ist es Teil der zu bewertenden Leistung des Bearbeiters, selbst zu ergründen, welche Prüfungspunkte eine weniger ausführliche Ausarbeitung bedürfen. Fest steht jedoch, dass zumindest auf die **Erwähnung** der einzelnen Tatbestandsmerkmale **niemals** gänzlich verzichtet werden kann.

Der Ratschlag, bei „evidenter" Tatbestandsmäßigkeit auf den Urteilsstil zurückzugreifen, ist unseres Erachtens nur scheinbar hilfreich. Mag bei der Frage, ob C eine andere Person ist, dieser Hinweis auf der Hand liegen, darf doch nicht übersehen werden, dass dieses „evidente" Ergebnis lediglich deshalb so unproblematisch scheint, weil wir die Begriffe Person und Mensch in ihrem gesamten Bedeutungsgehalt kennen (auswendig wissen) und deshalb keine bewusste Subsumtion durchführen, was uns bei dem Begriff z.B. der Urkunde oder der Vermögensbetreuungspflicht kaum immer gelingt. Im Grenzbereich liegen die Begriffe, die dem Laien schon Kopfzerbrechen bereiten, dem trainierten Juristen allerdings evident erscheinen.

Wir wollen uns hier verbindlicher Hinweise vorsichtig enthalten. Selbst im eigenen Prüfungsbetrieb herrschen unter Dozenten und auch Korrektoren häufig unterschiedliche Auffassungen über Fragen der Möglichkeit der Verwendung des Urteilsstils oder des „Springens" in Klausuren und Hausarbeiten, die alle gut vertretbar scheinen.

Eine erste Hilfe bei der Beurteilung der gewünschten Gewichtung des Gutachtens mögen aber dennoch folgende Überlegungen geben:

- in **Anfängerarbeiten** mit nur wenigen zu prüfenden Delikten wird in der Regel zu jedem Tatbestand eine **saubere und umfassende Subsumtion** erwartet. Der Bearbeiter soll hier ja gerade zeigen, dass er die Grundlagen des Strafrechts und der Gutachtenerstellung bereits beherrscht;
- in **Vorgerücktenarbeiten**, die keine schwierigen dogmatischen Probleme beinhalten, sondern eine **Vielzahl von weniger häufig zu prüfenden** (z.B. Aussage-, Verkehrs- und Umweltdelikte) oder **kompliziert gestalteten Delikte** (z.B. Geldwäsche, Menschenhandel, etc.), wird ebenfalls in der Regel eine **saubere und vollständige Subsumtion** zur Herausstellung der Fähigkeit, mit unbekannten Normen umgehen zu können, erwartet;
- Delikten, die in den **Konkurrenzen zweifelsfrei** zurücktreten, ist in der Regel (bei durchdachter Aufgabenstellung!) **weniger Aufmerksamkeit** zu schenken;
- in **Vorgerücktenarbeiten** dürfte bei Sachverhalten, die **bereits aus Laiensicht** keine weitere Erläuterung erfordern (z.B. Auto als Sache, erwachsenes Opfer als Mensch),

auch eine nur **verkürzte Subsumtion, eventuell** auch eine Abhandlung im **Urteilsstil** zulässig sein;

- sind einzelne **Tatbestandsmerkmale im Sachverhalt klar benannt** (z.B. „zerstören", „wegnehmen", „in der Absicht, sich zu bereichern"), ist eine reine Benennung des so erfüllten Merkmals im **Urteilsstil** zu erwarten.

III. Die Bearbeitung von Meinungsstreitigkeiten

1. Vorbemerkungen

Der richtige Umgang mit Sachverhalt und Fallfrage, ein sachgemäßer Gutachtenaufbau und ein sauberer Gutachtenstil bilden das Grundgerüst einer gelungenen Klausur oder Hausarbeit. Manchmal wird von Ihnen auch nicht mehr als das verlangt. Regelmäßig aber bilden sogenannte **Meinungsstreite** die Schwerpunkte einer Falllösung. Damit hat es – im Regelfall – folgendes auf sich: Der zweite Schritt des Gutachtenstils, also die Definition eines Tatbestandsmerkmals, ist Ergebnis einer Gesetzesauslegung seitens der Rechtsprechung oder Rechtswissenschaft. In vielen Fällen aber bleiben Tatbestandsmerkmale trotz aller Auslegungsbemühungen mehrdeutig. Daraus bildet sich ein juristischer Meinungsstreit. Man versucht sich gegenseitig von der Richtigkeit der jeweils eigenen Auslegung zu überzeugen. Von diesem Grundfall des Meinungsstreits, also der umstrittenen Definition eines Tatbestandsmerkmals, wird hier zunächst ausgegangen. Sonderfälle werden im Anschluss erörtert.

2. Der für den konkreten Fall bedeutungslose Meinungsstreit

Unterschiedliche juristische Auffassungen betreffen meist nur einzelne Aspekte eines Tatbestandsmerkmals. Das bedeutet, dass sich die Ansichten über einen unumstrittenen „Definitionskern" als gesicherten Anwendungsbereich des Tatbestandsmerkmals einig sind und sich nur um Feinheiten der Abgrenzung streiten. Auf eben diese Abgrenzungsfragen kommt es oft aber gar nicht an. Hier gilt es zwei Möglichkeiten zu unterscheiden: Der Fall kann unproblematisch unter das Tatbestandsmerkmal subsumiert werden, ohne dass es dabei auf nähere Abgrenzungsfragen ankommt (a), oder das Tatbestandsmerkmal ist unzweifelhaft nicht erfüllt, ohne dass Einzelheiten der Abgrenzung bedeutsam wären (b). Der Meinungsstreit wirkt sich in concreto also jeweils nicht aus, so dass es unnötig und daher falsch wäre, näher auf ihn einzugehen.

a) Im ersten Fall subsumieren Sie unter den unumstrittenen „Definitionskern". Ein solches Beispiel findet sich im **Beispielsfall:**

▶ Im ersten Tatkomplex stach B dem C mit bedingtem Tötungsvorsatz ein Bajonett in den Rücken, was C aber überlebte. Zu prüfen ist daher unter anderem ein versuchtes Tötungsdelikt. Im objektiven Tatbestand der Versuchsprüfung ist darauf einzugehen, ob B zur Tatbestandsverwirklichung unmittelbar angesetzt hat, § 22 StGB. Die exakte Abgrenzung von Vorbereitung und Versuch ist umstritten. Vertreten werden im Wesentlichen die „Zwischenaktstheorie", die „Gefährdungstheorie", die „Sphärentheorie" und die „Theorie von der Feuerprobe der kritischen Situation".[11] Einig ist man sich aber darin, dass ein unmittelbares Ansetzen spätestens dann vorliegt, wenn die Tatbestandsausführungshandlung – im **Beispielsfall** der Stich – vom Täter bereits vollzogen wurde.

11 Näher bei *Kindhäuser* AT § 31/10 ff.

Man prüft das unmittelbare Ansetzen daher so:

„B könnte gemäß § 22 StGB unmittelbar zur Tatbestandsverwirklichung angesetzt haben. (**These** oder **Obersatz**)
Die Abgrenzung zwischen Vorbereitungsstadium und unmittelbarem Ansetzen ist umstritten, man ist sich aber darin einig, dass spätestens dann von einem unmittelbaren Ansetzen gesprochen werden kann, wenn der Täter die Tatbestandsausführungshandlung vollzieht. (**Definition**)
Die Tatbestandsausführungshandlung war der Stich in den Rücken des C. Dieser wurde von B vollzogen. (**Subsumtion**)
Demnach hat B im Sinne von § 22 StGB unmittelbar zur Tatbestandsverwirklichung angesetzt. (**Konklusion/Ergebnis**)"

Das unmittelbare Ansetzen ist sogar derart offensichtlich, dass man einen abgekürzten Gutachtenstil verwenden kann:

„Mit dem Stich in den Rücken des C hat B die Tatbestandsausführungshandlung vollzogen und somit, ungeachtet des Streits um die nähere Auslegung von § 22 StGB, unmittelbar zur Tatbestandsverwirklichung angesetzt." ◀

b) Im zweiten Fall, also wenn das Tatbestandsmerkmal trotz Meinungsstreits unzweifelhaft nicht erfüllt ist, verwenden Sie die Definition derjenigen Ansicht, die das Tatbestandsmerkmal am weitesten ausdehnt. Denn wenn schon eine solche weite Definition nicht dazu führt, dass das Tatbestandsmerkmal im konkreten Fall erfüllt ist, zeigt sich daran, dass der Meinungsstreit in concreto irrelevant ist.

▶ So liegt ein unmittelbares Ansetzen gemäß § 22 StGB selbst nach den extensiven Ansichten jedenfalls dann noch nicht vor, wenn das Täterhandeln die Ausführung der später geplanten Tat nur ermöglichen oder erleichtern soll. ◀

3. Der entscheidungserhebliche Meinungsstreit

Wenn sich der Meinungsstreit auf die Falllösung auswirkt, dann müssen Sie zunächst den Meinungsstand aufzeigen und dabei die Meinungen auf den konkreten Fall anwenden. Dass sich der Meinungsstreit auf den konkreten Fall auswirkt, heißt, dass die Meinungen zu unterschiedlichen Ergebnissen kommen. Dann – **und nur dann!** – müssen Sie einen sogenannten **Streitentscheid** führen.

▶ So ist streitig, ob auch innere Organe Glieder im Sinne von § 226 Abs. 1 Nr. 2 StGB sein können.[12] Im **Beispielsfall** geht es um die Verletzung einer Niere durch den Stich des B. Es ist daher erforderlich, den Meinungsstand zu der Streitfrage zu betrachten und gegebenenfalls eine Entscheidung zu treffen. ◀

a) Die Darstellung der Meinungen

Zunächst einmal müssen die vertretenen Meinungen dargelegt und auf den Fall angewendet werden.

12 *Kindhäuser* BT I § 10/23 f.

aa) Auswahl und Benennung der Meinungen

Für die Auswahl und Benennung der Meinungen sollten Sie ein paar Grundsätze beachten:

aaa) Auswahl

Zu einer Problemfrage müssen **grundsätzlich alle Auffassungen** aus Rechtsprechung und Wissenschaft herangezogen werden. Dabei gelten aber folgende **Ausnahmen**:

Manchmal existiert eine Vielzahl von Einzelmeinungen, die mehr oder weniger differenzierend sind. Solche Einzelmeinungen sollte man der Übersicht wegen in **Gruppen** zusammenfassen. Eine Orientierungshilfe dazu bieten die Lehrbücher. Das gilt z.B. für die Frage, wann von einem unmittelbaren Ansetzen im Sinne von § 22 StGB gesprochen werden kann. Die dazu in den Lehrbüchern aufgeführten Theorien sind großenteils Zusammenfassungen mehr oder weniger differenzierter Einzelmeinungen, die allesamt kaum noch überschaubar sind.

Einige Rechtsfragen werden seit vielen Jahrzehnten diskutiert. Das kann dazu führen, dass einzelne ältere Auffassungen von Gesetzesänderungen überholt wurden und daher kaum mehr vertretbar sind. Solche Meinungen braucht man nicht mehr anzuwenden. In den Lehrbüchern wird regelmäßig auf solche Auffassungen hingewiesen. Ein Beispiel findet sich im Meinungsstand zum Verhältnis von Vorsatz und Schuld, der beim Problem des Erlaubnistatbestandsirrtums heranzuziehen ist.[13] Nach der Lehre der strengen Vorsatztheorie gehörte zum Vorsatz neben den Umständen, die den gesetzlichen Tatbestand verwirklichen, auch das Unrechtsbewusstsein. Das entspricht nicht mehr der heutigen gesetzlichen Trennung von vorsatzrelevanter Kenntnis (§ 16 StGB) und schuldrelevantem Unrechtsbewusstsein (§ 17 StGB).[14] Auf diese Theorie kann daher bei der Erörterung des Erlaubnistatbestandsirrtums im Gutachten verzichtet werden.[15]

Sind Sie sich nicht sicher, ob Sie eine Theorie wirklich unberücksichtigt lassen dürfen, dann sind Sie auf der sicheren Seite, wenn Sie die fragliche Theorie in die Meinungsdarstellung einbeziehen. Denn im Streitentscheid können Sie diese Theorie dann immer noch ablehnen, z.B. wegen ihrer Unvereinbarkeit mit dem heutigen Gesetz, die Sie dann aber begründen müssen.

bbb) Benennung

Meinungen brauchen nicht in ein Meinungsspektrum eingeordnet werden; die Sachaussagen stehen ganz im Vordergrund und die Meinungen sind zunächst einmal gleichwertig, bevor ein vollständiger Streitentscheid geführt wurde. Es ist zwar nicht falsch, eine herrschende Meinung als solche im Gutachten vorzustellen oder eine Rechtsprechungsansicht von einer Literaturauffassung abzugrenzen, wenn es denn so stimmt. Die Grenzen sind aber häufig fließend. Zudem besteht bei der großen Anzahl der Probleme, deren Kenntnis von Ihnen erwartet wird, Verwechslungsgefahr hinsichtlich der korrekten Einordnung von Theorien in das Meinungsbild. Diesen Fehlerquellen sollten Sie aus dem Weg gehen, indem Sie die Ansichten neutral bezeichnen.

13 *Kindhäuser* AT § 29/11 ff.
14 *Kindhäuser* AT § 29/14.
15 *Kindhäuser* AT § 29/14.

Man benennt die Ansichten daher als „Ansichten“, „Meinungen“, „Auffassungen“ etc. Um mehrere Meinungen voneinander abzugrenzen, kann man z.B. „Meinung und Gegenmeinung“, „Ansicht und anderer Ansicht“ oder ähnliches schreiben. Gibt es zu gegensätzlichen Meinungen noch weitere, insbesondere differenzierende Auffassungen, so macht man sie als solche kenntlich.

Häufig sind Theorien griffig benannt worden. Beispielhaft sind die „Gesamtbetrachtungslehre“ und die „Einzelaktstheorie“ zum Rücktritt vom Versuch gemäß § 24 StGB oder die „Aktualitätstheorie“, die „Aktualisierbarkeitstheorie“ und die „Potenzialitätstheorie“ zur Freiheitsberaubung (§ 239 Abs. 1 StGB). Solche Benennungen haben sich mehr oder weniger einheitlich durchgesetzt. Man kann sie im Gutachten verwenden, sollte sie aber in Anführungsstriche setzen. Zwingend sind solche Benennungen nicht. Es sollte gelten: „Besser nicht benannt als falsch benannt!“

bb) Anwendung der Meinungen

Wenn Sie die Meinungen ausgewählt haben, geht es an deren Anwendung auf den zu lösenden Fall.

Dazu beginnen Sie die Prüfung des jeweiligen Tatbestandsmerkmals mit der **These** als ersten Schritt des Gutachtenstils.

▶ **Beispielsfall**: „Die Niere des C ist möglicherweise ein Glied im Sinne von § 226 Abs. 1 Nr. 2 StGB.“ ◀

Der zweite Schritt wäre die **Definition** des Tatbestandsmerkmals „Glied“. Eben diese Definition ist aber umstritten. Hier setzt daher die Darstellung der Meinungen an. Die einzelnen Definitionen müssen genannt und jeweils eine Subsumtion unter sie durchgeführt werden, um zu prüfen, zu welchen Ergebnissen die einzelnen Ansichten für den konkreten Fall kommen.

Eine Ansicht wird daher im Gutachten nach folgendem Schema vorgestellt und angewendet:

- Definitionsvorschlag der Meinung
- Subsumtion des Sachverhalts unter den Definitionsvorschlag
- Konklusion: Ergebnis der Meinung für den konkreten Fall

Zu beachten ist hier, dass man sich auf **Definition**, **Subsumtion** und **Konklusion** beschränkt. Die **Argumente** der jeweiligen Meinung spielen **erst dann** eine Rolle, wenn man einen **Streitentscheid** führt. Die Argumente fügen sich also nicht nur schlecht in den Gutachtenstil der Meinungsdarstellung ein, sondern nehmen auch die Argumentation des Streitentscheids vorweg.

▶ Für die Frage, ob die Niere des C ein Glied im Sinne von § 226 Abs. 1 Nr. 2 StGB ist, sieht die Darstellung des Meinungsstands wie folgt aus:
„Nach einer Meinung ist ein Glied im Sinne von § 226 Abs. 1 Nr. 2 StGB jeder Körperteil, der mit einem anderen durch ein Gelenk verbunden ist. (**Definition**)
Die Niere des C ist ein Teil seines Körpers, aber mit dem übrigen Körper nur durch Gefäße verbunden, nicht über Gelenke. (**Subsumtion**)

Auf Grundlage dieser Meinung wäre die Niere des C daher kein Glied im Sinne von § 226 Abs. 1 Nr. 2 StGB. (**Konklusion**)

Eine weitergehende Ansicht versteht unter einem Glied gemäß § 226 Abs. 1 Nr. 2 StGB nicht nur Körperteile, die mit anderen durch Gelenke verbunden sind, sondern darüber hinaus auch sonstige äußere Körperteile. (**Definition**)
Die Niere ist aber ein innerer Körperteil. (**Subsumtion**)
Folglich kommt auch diese Ansicht zu dem Ergebnis, dass die Niere kein Glied im Sinne von § 226 Abs. 1 Nr. 2 StGB ist. (**Konklusion**)
Einer dritten Auffassung nach sind Glieder Körperteile, die eine in sich abgeschlossene Existenz mit besonderer Funktion im Gesamtorganismus haben. (**Definition**)
Die Niere ist ein Körperteil, dem die besondere Funktion zukommt, den Stoffwechselhaushalt des Körpers zu regulieren. Sie wird als eigenständiges Organ angesehen. Sie hat also eine in sich abgeschlossene Existenz mit besonderer Funktion im Gesamtorganismus. (**Subsumtion**)
Die Niere ist daher nach dieser Ansicht ein Glied im Sinne von § 226 Abs. 1 Nr. 2 StGB. (**Konklusion**)" ◀

b) Der Streitentscheid

Ein Streitentscheid setzt **zwingend** voraus, dass die dargestellten Meinungen **für den konkreten Fall zu unterschiedlichen Ergebnissen** kommen. Er wird auch **nur so weit** geführt, wie es **erforderlich** ist. Kommen etwa zwei Auffassungen zum Ergebnis A und eine zum Ergebnis B, dann ist der Streit bereits entschieden, wenn die Auffassung mit dem Ergebnis B abgelehnt wird. Ein Streitentscheid zwischen den verbleibenden Ansichten wäre überflüssig, weil sie ergebnisgleich sind.

▶ Wenn Sie also zu dem gerade dargestellten Meinungsstand zu § 226 Abs. 1 Nr. 2 StGB die dritte Ansicht ablehnen, so wäre der Streit damit entschieden, weil die anderen beiden Ansichten für den **Beispielsfall** ergebnisgleich sind. Andersherum können Sie der dritten Auffassung nur folgen, wenn Sie die anderen beiden ablehnen. ◀

Ein Meinungsstreit wird mit Hilfe von **Auslegung** und **juristischer Argumentationstechnik** geführt. Dabei dient die Auslegung der **Rechtsfindung**, die Argumentationstechnik hingegen der **rhetorischen Darstellung.**

Wenn Sie die Auslegung plausibel durchführen, sind Sie grundsätzlich **frei** darin, welche Meinung Sie bevorzugen. Das muss also nicht die herrschende Meinung sein! Sollten Sie sogar auf ein Argument stoßen, das in Literatur und Rechtsprechung bisher noch gar keine Beachtung gefunden hat, so dürfen (sollten!) Sie dieses freilich zur Stützung Ihrer Stellungnahme anführen; eine gelungene Eigenargumentation wird mit vielen Punkten belohnt. Jedoch ist hier mit Blick auf die zum größten Teil mittlerweile schon unüberschaubare Menge an Literatur große Vorsicht geboten („Eine gute Idee ist häufig nur Resultat mangelnder Literaturkenntnis").

aa) Auslegung

Für die inhaltliche Gestaltung des Streitentscheids müssen Sie sich vor Augen führen, wo die Ursachen der meisten Meinungsstreitigkeiten liegen: in der Auslegung gesetzlicher Begriffe. Die Argumente der Meinungen sind dementsprechend Auslegungsargumente. Grundlage eines Streitentscheids muss daher die Auslegung sein.[16]

16 Weiterführende Literatur zur juristischen Methodenlehre und ihren theoretischen Grundlagen: *Bydlinski*; *Larenz/Canaris*; *Pawlowski*; *Puppe*; *Röhl*; *Rüthers*; *Vogel*; *Zippelius*. Empfehlenswert für Studienanfänger ist *Wank*.

Es geht bei einem Meinungsstreit um **abstrakte Rechtsfragen**. Den Prüfungsfall, den Sie zu lösen haben, kennen die Vertreter der Meinungen nicht. Darauf kommt es ihnen auch nicht an. Da es um abstrakte Rechtsfragen geht, nehmen die Vertreter der Meinungen für sich in Anspruch, dass ihre jeweils favorisierte Definition des Tatbestandsmerkmals allgemeingültig sei. Auf dieser abstrakt-generellen Ebene muss daher auch der Streitentscheid geführt werden. Es geht im Streitentscheid nicht darum, welche Meinung für den Einzelfall vorzugswürdig erscheint, **sondern welche Meinung generell richtig ist**. Daher dürfen Sie im Streitentscheid auch **nur abstrakt-generell** argumentieren und nicht auf den zu lösenden Fall eingehen.

Man unterscheidet verschiedene Auslegungsgesichtspunkte:

- Grammatische Auslegung
- Systematische Auslegung
- Historische Auslegung
- Teleologische Auslegung

Grammatische Auslegung: Ausgangspunkt einer grammatischen oder philologischen Auslegung ist der **Wortlaut** des fraglichen Tatbestandsmerkmals. Im Strafrecht ist der Wortlaut zudem nicht nur der Ausgangspunkt der Auslegung, sondern zieht auch ihre Grenze: Jenseits der weitest möglichen Wortbedeutung darf nicht mehr zu Lasten des Täters ausgelegt werden, Art. 103 Abs. 2 GG und § 1 StGB. Die dargestellten Meinungen müssen also in einem ersten Schritt, jedenfalls gedanklich, darauf überprüft werden, ob sie sich innerhalb der Grenzen befinden, die durch den Wortlaut gezogen werden. Der Verstoß gegen Art. 103 Abs. 2 GG und § 1 StGB ist in der Tat ein häufiger Vorwurf, der einer Meinung von einer anderen gemacht wird.

▶ Dieser Vorwurf wird z.B. der soeben zum **Beispielsfall** dargestellten dritten Ansicht zum Begriff des Glieds in § 226 Abs. 1 Nr. 2 StGB gemacht. Innere Organe als Glieder zu bezeichnen, sei eine Überdehnung der möglichen Wortbedeutung. ◀

Stellt man fest, dass eine der dargestellten Ansichten gegen Art. 103 Abs. 2 GG und § 1 StGB verstößt, so kann und muss man diese Auffassung bereits ablehnen. Die anderen Auslegungsaspekte können einen solchen Verfassungsverstoß nicht mehr heilen. Gab es von vornherein nur zwei Meinungen, so ist der Streit damit entschieden. Anderenfalls muss man sich zwischen den verbleibenden Meinungen entscheiden, wenn diese nicht zum selben Ergebnis für den Fall führen. Innerhalb der durch den Wortlaut gezogenen Auslegungsgrenzen kommt dem „natürlichen Begriffsverständnis" besondere Bedeutung zu. Es stellt ein erstes Indiz für die richtige Auslegung dar, ist aber für sich alleine nie hinreichend.

Mit den folgenden Fragen kann man bereits erste Argumente für den Streitentscheid gewinnen:

- Welche Deutung legt das natürliche Sprachempfinden nahe?
- Welche Deutung lässt der Wortlaut maximal zu?

Nach der Betrachtung des Wortlauts wendet man sich systematischen, teleologischen und historischen Aspekten zu.

Systematische Auslegung: Der Grundgedanke **systematischer** Auslegung ist, dass der Sinn sprachlicher Begriffe von ihrem Textzusammenhang abhängt. Ein gesetzlicher Begriff ist dabei in mehrere systematische Stufen eingebettet, die man der Reihe nach bedenken sollte, um Auslegungsargumente zu gewinnen: Satz, Absatz, Paragraf, Abschnitt, Gesetz, Regelungsbereich, Gesamtrechtsordnung.

▶ Für die systematische Auslegung von § 226 Abs. 1 Nr. 2 StGB kann man auf § 226 Abs. 1 Nr. 1 StGB zurückgreifen. Dort sind als Verletzungsobjekte die Augen, das Gehör, das Sprechvermögen und die Fortpflanzungsfähigkeit genannt. Daraus kann man folgern, dass diese Organe nicht auch Glieder im Sinne von § 226 Abs. 1 Nr. 2 StGB sind, weil § 226 Abs. 1 Nr. 1 StGB ansonsten eine überflüssige Aufzählung enthielte. ◀

Typischerweise trifft der Gesetzgeber Regelungen, die sich vom Allgemeinen zum Besonderen hin bewegen. So findet sich am Anfang eines Gesetzesabschnitts oder eines Paragrafen meist – aber nicht immer! – die allgemeinere Vorschrift, während Besonderheiten nachfolgen.

Regelmäßig sind folgende Fragen hilfreich, um systematische Auslegungsargumente zu erarbeiten:

- Welche Rückschlüsse kann man aus den übrigen Tatbestandsmerkmalen ziehen?
- Welche Rückschlüsse lassen die übrigen Absätze des Paragrafen zu?
- Welche Position nimmt das Delikt im jeweiligen Gesetzesabschnitt ein?
- Worum geht es in dem jeweiligen Gesetzesabschnitt?

Bei der systematischen Auslegung muss man im Strafrecht die Besonderheit beachten, dass das Strafrecht einen „fragmentarischen Charakter" hat, also kein geschlossenes Gesamtsystem darstellt. Der Grund liegt in der langen Gesetzesgeschichte, der strikten Wortlautbindung des Strafrechts und dessen ultima-ratio-Charakter. Der Gesetzgeber kann daher immer nur einzelne, gesetzlich bestimmte Verhaltensweisen mit Strafe bedrohen. Sich überschneidende Tatbestände einerseits und „Strafbarkeitslücken" andererseits sind eine zwangsläufige Folge (und deshalb nicht unbedingt auf fehlerhafte Auslegung zurückzuführen).

Historische Auslegung: Neben Wortlaut und Systematik ist die **Genese** (Entstehungsgeschichte) einer Vorschrift geeignet, Aufschluss über ihren Sinn und Zweck zu geben. Die frühere Rechtslage, die Rechtsänderung und die veröffentlichten Motive des Gesetzgebers sind gute Erkenntnisquellen und liefern oft brauchbare Argumente.

▶ So wurde im Gesetzesentwurf zu § 226 Abs. 1 Nr. 2 StGB zunächst die „Verstümmelung" vorgesehen, was auf die Verletzung von Extremitäten bzw. allgemein äußeren Körperteilen hinweist. Man empfand den Begriff nur als zu unklar und hat stattdessen den Verlust eines wichtigen Glieds des Körpers als Verletzungsfolge normiert. Daraus, dass der Gesetzgeber lediglich mehr Klarheit schaffen wollte, aber in der Sache eine „Verstümmelung" meinte, kann man schließen, dass nur äußere Körperteile von der Vorschrift erfasst sein sollen. ◀

Zu beachten ist dabei, dass die Entstehungsgeschichte einer Norm zeitlich weit zurückliegen kann, unter Umständen sogar in präkonstitutioneller Zeit liegen kann, z.B. dem Kaiserreich oder der NS-Diktatur. Seitdem kann sich viel geändert haben, was bei der Auslegung gegebenenfalls berücksichtigt werden muss.

Unter historischen Gesichtspunkten sollte man sich folgende Fragen stellen:

- Auf welche frühere Rechtslage geht die Vorschrift zurück?
- Weshalb hat man die Rechtslage geändert?
- Wie sollte die Rechtslage nach Angaben des Gesetzgebers geändert werden?
- Wie hat sich der geregelte Lebensbereich seither verändert?

Teleologische Auslegung: Die sogenannte **teleologische** Auslegung (griechisch telos = Ziel) basiert auf Sinn und Zweck einer Vorschrift. Da die Verhaltensnormen des Strafrechts nach ganz herrschender Meinung dem Rechtsgüterschutz dienen,[17] ist das durch die auszulegende Vorschrift geschützte Rechtsgut zu betrachten und die Norm so zu deuten, dass dieser Schutz gewährleistet wird.

▶ Die schwere Körperverletzung ist ein erfolgsqualifiziertes Körperverletzungsdelikt. Sinn und Zweck der Vorschrift ist es daher, besonders schwere Verletzungsfolgen mit einem erhöhten Strafrahmen zu sanktionieren. Für die gegenüber dem Grunddelikt vertiefte Rechtsgutsverletzung macht es aber keinen Unterschied, ob ein äußeres oder ein inneres Körperteil verletzt wurde. Im Gegenteil: Die Verletzung innerer Organe ist für das Opfer regelmäßig gravierender als die äußerer Körperteile. ◀

Bei **kriminalpolitischen Argumentationen**, die hin und wieder ebenfalls empfohlen werden, ist unseres Erachtens **Vorsicht** angezeigt. Soweit es nur darum geht, den legislativ bezweckten Rechtsgüterschutz sicherzustellen, handelt es sich um eine zulässige teleologische Auslegung. Geht die Auslegung aber darüber hinaus und versucht eigenmächtig „Strafbarkeitslücken" zu schließen oder „Strafbedürfnisse" zu befriedigen, dann wird durch eine solche Auslegung in die **politische Kompetenz des Gesetzgebers** eingegriffen.

Die verschiedenen Auslegungsaspekte werden von der herrschenden Meinung als gleichwertig angesehen. Für Klausuren und Hausarbeiten reicht es daher aus, die Auslegungsmethoden in plausibler Weise anzuwenden. Für wissenschaftliches Arbeiten sei darauf verwiesen, dass die Dinge nicht ganz so einfach liegen. So gibt es verschiedene Methodenschulen, die auf Basis ihrer jeweiligen rechtstheoretischen Anschauungen mehr oder weniger unterschiedlich vorgehen.

bb) Darstellungsmöglichkeiten

Wenn Sie eine vollständige Auslegung durchgeführt haben, müssen Sie sich aus dem Auslegungsergebnis eine Überzeugung für und gegen die dargestellten Meinungen bilden. Bei der Reinschrift des Streitentscheids geht es dann nur noch darum, die Argumente der vorangegangenen Auslegung rhetorisch möglichst geschickt zu diskutieren. **Erst am Ende des Streitentscheids darf die Festlegung erfolgen** (Prinzip des Gutachtenstils!).

Hier gibt es mehrere Möglichkeiten:

- Man präsentiert zunächst geschlossen diejenigen Argumente, die für die abzulehnende Ansicht sprechen, und sodann diejenigen, die die eigene Ansicht stützen.
- Man kann im „Ping-Pong"-Verfahren ein Argument der abzulehnenden Ansicht nennen, es dann relativieren oder widerlegen, sodann wiederum ein Argument der abzulehnenden Ansicht nennen, es relativieren oder widerlegen etc.
- Möglich ist es auch, den Gang der Auslegung nachzuvollziehen, also zunächst den Wortlaut der Norm zu diskutieren und sodann auf systematische, teleologische und historische Aspekte einzugehen.

Es handelt sich bei diesen Darstellungsmöglichkeiten um eine **rhetorische Aufbereitung**. Sie müssen versuchen, Ihr Auslegungsergebnis so überzeugend wie möglich zu präsentieren. Allein daran muss sich die Wahl der oben vorgeschlagenen Darstellungsmöglichkeiten orientieren. Es gibt dabei kaum ein „richtig" oder „falsch".

17 *Kindhäuser* AT § 2/6.

cc) Juristische Argumentationstechniken (Überblick)

Die juristische Argumentationstechnik vermittelt logische Denkmuster, die dabei helfen, die Auslegung zu überdenken und eine gefestigte Ansicht überzeugend zu vertreten.[18] Man unterscheidet vor allem diese Argumentationstypen:

- Analogie
- Umkehrschluss
- Erst-recht-Schluss
- Schluss zum Absurden

Die **Analogie** (*argumentum a simile*) ist im Strafrecht zulässig, sofern sie **nicht zum Nachteil** des Täters gereicht, also z.B. Rechtfertigungsgründe betrifft. Das *argumentum a simile* geht von der Annahme aus, dass gleiche Sachverhalte auch gleich behandelt werden müssen. Die Rechtsfolge eines geregelten Sachverhalts könne daher auch für den ungeregelten, aber gleichen, anderen Sachverhalt zur Geltung kommen. Nichtsdestoweniger sind Analogieschlüsse im Strafrecht selten. Sofern sie in Betracht kommen, sind sie regelmäßig umstritten.

Der **Umkehrschluss** ist das *argumentum e contrario*. Er ist das Gegenteil zur Analogie, denn er schließt daraus, dass von zwei gleichartigen Fällen nur einer geregelt ist, dass der andere Fall eben gerade nicht der gleichen Rechtsfolge unterworfen werden sollte. Es zeigt sich damit also deutlich, dass Analogie und Umkehrschluss jeweils nur eine rhetorische Funktion haben, also ein durch Auslegung vorher gewonnenes Ergebnis voraussetzen. Dazu ein Beispiel: § 258 Abs. 6 StGB gewährt demjenigen Straffreiheit, der die Strafvereitelung zugunsten eines Angehörigen begeht. Umstritten ist, ob die Norm *a simile* auf sonstige dem Täter nahe stehende Personen angewendet werden darf (vergleiche § 35 Abs. 1 StGB) oder ob aus dem eindeutigen Wortlaut, der durch die Legaldefinition des § 11 Abs. 1 Nr. 1 StGB bestimmt wird, gefolgert werden muss, dass die Norm Personen, die keine Angehörigen sind, bewusst nicht erfasst.[19]

Der **Erst-recht-Schluss** tritt in drei Variationen auf. Als *argumentum a fortiori* ist er ein Schluss vom Stärkeren auf das Schwächere. Das *argumentum a maiore ad minus* ist ein Schluss vom Mehr auf das Weniger und schließlich das *argumentum a minore ad maius* ein Schluss vom Weniger auf das Mehr. Als ein Exempel kann man § 224 Abs. 1 Nr. 4 StGB heranziehen. Dort findet sich das Qualifikationsmerkmal „mit einem anderen Beteiligten gemeinschaftlich". Eine solche Begehungsweise wird gegenüber dem Grundtatbestand der Körperverletzung (§ 223 StGB) als gefährlicher angesehen. Erst recht, also *a minore ad maius*, muss das gelten, wenn der Täter mit mehreren Beteiligten gemeinschaftlich handelt. Unter § 224 Abs. 1 Nr. 4 StGB muss daher auch eine gemeinschaftliche Begehungsweise von drei oder noch mehr Personen fallen.

Der **Schluss zum Absurden** (*argumentum ad absurdum*) bedenkt die Auswirkungen eines möglichen Ergebnisses. Wenn sich diese Auswirkungen ad absurdum führen lassen, wird daraus ein Gegenargument zu diesem Ergebnis abgeleitet. Exemplarisch für ein *argumentum ad absurdum* ist das sogenannte „Blutbadargument"[20] von Binding zu der Frage, wie sich eine Objektsverwechslung beim Täter für den Anstifter auswirkt. Die (bisher) herrschende Meinung zu dieser Frage hält die Objektsverwechslung des Täters für den

18 Näher hierzu *Puppe* S. 95 ff.
19 *Kindhäuser* BT I § 51/27 mit weiteren Nachweisen.
20 Dazu *Kindhäuser* AT § 41/28.

Anstifter für unbeachtlich. Binding meinte dazu, dass dann auch jeder weitere Versuch des Täters, „den Richtigen zu erwischen", dem Vorsatz des Anstifters zugerechnet werden müsse. Würde der Täter auf diese Weise ein regelrechtes Blutbad anrichten, dann sei auch der Anstifter wegen Anstiftung zu allen diesen Taten zu verurteilen, obgleich allein das Täterhandeln zum Blutbad führte. Mit dem „Blutbadargument" wird also versucht zu zeigen, dass die herrschende Meinung zu absurden Ergebnissen führe und daher abgelehnt werden müsse. Freilich wird dem entgegengehalten, dass ein solches Blutbad als Exzess[21] zu behandeln sei, also nicht zum Vorsatz des Anstifters zugerechnet werden könne. Daran zeigt sich, dass es auch beim Schluss zum Absurden in erster Linie um Rhetorik geht und keine zwingenden rechtlichen Ableitungen ermöglicht werden.

dd) Vollständige Prüfung im Beispielsfall

Eine vollständige Prüfung des Tatbestandsmerkmals „Glied" im Sinne von § 226 Abs. 1 Nr. 2 StGB im **Beispielsfall** sieht wie folgt aus:

▶ „Die Niere des C ist möglicherweise ein Glied im Sinne von § 226 Abs. 1 Nr. 2 StGB. (**These**)
Nach einer Meinung ist ein Glied im Sinne von § 226 Abs. 1 Nr. 2 StGB jeder Körperteil, der mit einem anderen durch ein Gelenk verbunden ist. (**Definition**)
Die Niere des C ist ein Teil seines Körpers, aber mit dem übrigen Körper nur durch Gefäße verbunden, nicht über Gelenke. (**Subsumtion**)
Auf Grundlage dieser Meinung wäre die Niere des C daher kein Glied im Sinne von § 226 Abs. 1 Nr. 2 StGB. (**Konklusion**)

Eine weitergehende Ansicht versteht unter einem Glied gemäß § 226 Abs. 1 Nr. 2 StGB nicht nur Körperteile, die mit anderen durch Gelenke verbunden sind, sondern auch äußere Körperteile, wie z.B. Nase und Ohren. (**Definition**)
Die Niere ist aber ein innerer Körperteil. (**Subsumtion**)
Folglich kommt auch diese Ansicht zu dem Ergebnis, dass die Niere kein Glied im Sinne von § 226 Abs. 1 Nr. 2 StGB ist. (**Konklusion**)

Einer dritten Auffassung nach sind Glieder Körperteile, die eine in sich abgeschlossene Existenz mit besonderer Funktion im Gesamtorganismus haben. (**Definition**)
Die Niere ist ein Körperteil, dem die besondere Funktion zukommt, den Stoffwechselhaushalt des Körpers zu regulieren. Sie wird als eigenständiges Organ angesehen. Sie hat also eine in sich abgeschlossene Existenz mit besonderer Funktion im Gesamtorganismus (**Subsumtion**) und ist daher nach dieser Ansicht ein Glied im Sinne von § 226 Abs. 1 Nr. 2 StGB. (**Konklusion**)

Die Meinung, die auch innere Organe als Glieder im Sinne von § 226 Abs. 1 Nr. 2 StGB betrachtet, berücksichtigt, dass die schwere Körperverletzung ein erfolgsqualifiziertes Delikt gegen die körperliche Unversehrtheit ist. Der Verletzungserfolg gegenüber inneren Organen steht dabei äußeren Verletzungen nicht nach. Im Gegenteil: Verletzungen innerer Organe sind regelmäßig gravierender als solche am äußeren Körper.
Dem ist aber der Wortlaut entgegenzuhalten: § 226 Abs. 1 Nr. 2 StGB bezeichnet das Verletzungsobjekt als „Glied". In der Umgangssprache bezeichnet man mit Gliedern Gliedmaßen, vor allem Arme und Beine. Für Gliedmaßen sind Gelenkverbindungen typisch. Innere Organe werden hingegen nicht als Glieder bezeichnet. Damit stellt sich die Frage, ob durch eine Einbeziehung innerer Organe in den Begriff des Glieds nicht sogar die Wortlautgrenze über-

21 Zum Exzess des Haupttäters bei der Anstiftung siehe *Kindhäuser* AT § 41/23.

schritten und damit Art. 103 Abs. 2 GG und § 1 StGB verletzt werden. Der Begriff „Glied" bezeichnet jedoch nicht nur Extremitäten, sondern kann in einer anderen Wortbedeutung auch einen Teil einer übergeordneten Einheit benennen, also ein „Glied" in einer funktionalen „Kette". So verstanden wäre die Niere ein „Glied" in der „Kette" körperlicher Funktionen. Das mag zwar fast schon überdehnt klingen, zeigt aber, dass die Grenze der maximal möglichen Wortbedeutung noch nicht überschritten sein muss, wenn man die Niere als Glied des Körpers bezeichnet. Freilich indiziert diese sich recht weit vom natürlichen Sprachgebrauch entfernende Argumentation, dass die Niere eher kein Glied ist. Das gilt vor allem auch vor dem Hintergrund des verfassungsrechtlichen Bestimmtheitsgebots. Entsprechend hat der Gesetzgeber eine ausdifferenzierte Regelung geschaffen, die sich über § 226 Abs. 1 Nr. 1, 2 und 3 StGB erstreckt und eine Reihe spezifischer Verletzungsfolgen nennt. Es kommt somit auf bestimmte, näher bezeichnete Verletzungsfolgen an. Dazu würde es nicht passen, den Begriff „Glied" erweiternd auszulegen. Das wird auch durch die Gesetzgebungsgeschichte unterstrichen, wonach der ursprünglich vorgesehene Begriff der „Verstümmelung" als zu unklar empfunden und deswegen ersetzt wurde. Entsprechend würde die ausweitende Deutung des Begriffs „Glied" dazu führen, dass die Nr. 1 von § 226 Abs. 1 StGB obsolet würde: Dort sind als Verletzungsobjekte die Augen, das Gehör, das Sprechvermögen und die Fortpflanzungsfähigkeit genannt. Würde § 226 Abs. 1 Nr. 2 StGB auch innere Organe umfassen, dann wäre § 226 Abs. 1 Nr. 1 StGB überflüssig. Man kann dem Gesetzgeber aber nicht unterstellen, überflüssige Regelungen schaffen zu wollen.

Mithin haben die für die dritte Meinung sprechenden teleologischen Aspekte keinen Niederschlag in Wortlaut, Systematik und Genese von § 226 Abs. 1 Nr. 2 StGB gefunden. Diese Ansicht ist daher abzulehnen.

Folglich ist die Niere des C kein Glied im Sinne von § 226 Abs. 1 Nr. 2 StGB." ◀

In diesem Streitentscheid wurde die oben dargestellte dritte Meinung abgelehnt. Zwischen den beiden übrigen Meinungen braucht nicht entschieden zu werden, da sie für den **Beispielsfall** ergebnisgleich sind. Wichtig ist zu beachten, dass mit dem Streitentscheid lediglich festgelegt wurde, dass das Tatbestandsmerkmal „Glied" in § 226 Abs. 1 Nr. 2 StGB nicht erfüllt ist. Unmittelbar zur Strafbarkeit ist damit noch nichts entschieden. Vielmehr sind etwaige weitere Tatbestandsmerkmale zu prüfen, z.B. das Verfallen in Siechtum durch den Krankenhausaufenthalt des C, § 226 Abs. 1 Nr. 3 Var. 2 StGB, das aber im Ergebnis nicht einschlägig ist. Eine vollständige Prüfung von §§ 223 Abs. 1, 226 StGB im **Beispielsfall** sieht daher im schematischen Überblick so aus:

- Strafbarkeit des B wegen schwerer Körperverletzung gemäß §§ 223 Abs. 1, 226 Abs. 1 Nr. 2, 3 Var. 2 StGB

Obersatz

- Tatbestand
- Verwirklichung des Grundtatbestands: § 223 Abs. 1 StGB (+)
- Objektiver Tatbestand
    - § 226 Abs. 1 Nr. 2

      Tatbestandsmerkmal „Glied"

        These

        Definition?

          Meinung 1

            Definition

            Subsumtion

Konklusion (–)
Meinung 2
Definition
Subsumtion
Konklusion (–)
Meinung 3
Definition
Subsumtion
Konklusion (+)
Streitentscheid (Hier liegt der Schwerpunkt!)
Konklusion (–)
– § 226 Abs. 1 Nr. 3 Var. 2 StGB
Tatbestandsmerkmal „Siechtum“
These
Definition
Subsumtion
Konklusion (–)
Schlusssatz: §§ 223 Abs. 1, 226 Abs. 1 Nr. 2, 3 Var. 2 StGB (–)

c) Die sogenannte „direkte Methode“

Die gerade vorgestellte Methode, mit einem Meinungsstreit umzugehen, ist der Standard in der Ausbildungsliteratur.[22] Von einigen Autoren wird hingegen eine „direkte Methode“ vorgeschlagen. Diese Methode zeichnet sich dadurch aus, dass man auf die Meinungsdarstellung ganz verzichtet. Stattdessen fängt man nach der These „direkt“ an, mit Hilfe der Auslegung und Argumentationstechnik unmittelbar am Sachverhalt zu diskutieren, ob das Tatbestandsmerkmal erfüllt ist. Man trennt daher auch nicht mehr zwischen Definition und Subsumtion, sondern definiert und subsumiert unmittelbar aufeinander bezogen. Die Meinungen behält man dabei im Hinterkopf bzw. zitiert in Hausarbeiten deren Vertreter zu den entsprechenden Auslegungsargumenten in den Fußnoten.

Beispielsfall:

▶ „Die Niere des C ist möglicherweise ein Glied im Sinne von § 226 Abs. 1 Nr. 2 StGB.
Unter Gliedern versteht man Gliedmaßen, also äußere Körperteile, und keine inneren Organe wie die Niere. Gleichwohl lässt sich der Begriff des Glieds auch in einem funktionellen Sinne verstehen, also als Einheit in einer funktionellen Kette. So verstanden wäre die Niere ein Glied in der „Kette“ körperlicher Funktionen. Außerdem steht der Verlust einer Niere dem Verlust einer Extremität in nichts nach. Der Begriff des Glieds würde dann aber in einem übertragenen Sinne verwendet und würde alle inneren Organe umfassen. Es ist zweifelhaft, ob die Grenze einer noch möglichen Wortbedeutung, die gemäß Art. 103 Abs. 2 GG und § 1 StGB zugleich die Auslegungsgrenze markiert, damit noch eingehalten wird. Hinzu kommt, dass eine solche Auslegung zur Folge hätte, dass die in § 226 Abs. 1 Nr. 1 StGB genannten Verletzungsfolgen ebenfalls von § 226 Abs. 1 Nr. 2 StGB erfasst würden und damit § 226 Abs. 1 Nr. 1 StGB überflüssig wäre.
Die Niere des C kann daher nicht als Glied im Sinne von § 226 Abs. 1 Nr. 2 StGB angesehen werden.“ ◀

22 Vgl. *Arzt* S. 53 f.; *Deubner* JuS 1967, 469 (470); *Kerbein* JuS 2002, 353 (354 f.); *Kienapfel* JuS 1967, 408 (414).

Wir empfehlen, grundsätzlich nach der Standardmethode vorzugehen, wie sie oben unter Punkt III./3./b.) vorgestellt wurde. Sie ist verbreiteter und bietet eher Gelegenheit, Detailkenntnisse zum Meinungsstand zu zeigen. Die direkte Methode ist hingegen das Mittel der Wahl, um mit unbekannten Problemen umzugehen (siehe gleich Punkt 5.).

4. „Atypische" Meinungsstreitigkeiten

Bislang wurde der „typische" Meinungsstreit erläutert: Der Streit um die Auslegung der Definition eines Tatbestandsmerkmals. Darüber hinaus gibt es zu verschiedenen Problemen Streitigkeiten, die sich nicht um die Definition eines ausdrücklich in der Norm erwähnten Tatbestandsmerkmals drehen, sondern die Maßgeblichkeit des Tatbestandsmerkmals selbst oder dessen systematische Verortung im Deliktsaufbau betreffen. Beispiele:

Es kann umstritten sein, ob ein Merkmal überhaupt Bestandteil des Tatbestands ist. § 266 Abs. 1 StGB z.B. enthält das Merkmal der Vermögensbetreuungspflicht. Unstreitig ist dieses Merkmal Bestandteil des Treubruchstatbestands (§ 266 Abs. 1 Alt. 2 StGB). Ob es aber auch Bestandteil des Missbrauchstatbestands (§ 266 Abs. 1 Alt. 1 StGB) ist, ist umstritten.[23] Auch hier müssen Sie zunächst prüfen, ob sich der Streit im konkreten Fall überhaupt auswirkt.

Des Weiteren gibt es Rechtsfragen, die mit schwierigen Aufbauproblemen verknüpft sind. Dabei geht es in erster Linie um den Erlaubnistatbestandsirrtum[24] und die actio libera in causa.[25] Zu solchen Problemen und ihrer Behandlung im Gutachten gibt es reichhaltige Literatur, auf die hier verwiesen werden kann. Da es sich um einzelne und zudem sehr spezielle Probleme handelt, muss man sie mitsamt den gutachterlichen Darstellungsmöglichkeiten genau kennen, um sie sachgerecht behandeln zu können (s.u. Fall 8 und 9).

5. Der Umgang mit unbekannten Problemen

Sie werden aus zweierlei Gründen früher oder später bei Fallbearbeitungen auf Rechtsfragen treffen, deren Lösungsmöglichkeiten Ihnen zunächst unbekannt sind. Zum einen kann es sich dabei um eine klassische, streitige Rechtsfrage handeln. Kaum jemand kann sich alle prüfungsrelevanten Rechtsprobleme mitsamt den dazu vertretenen Meinungen exakt merken. Das führt dazu, dass Sie sich in einer Klausur zu einem Tatbestandsmerkmal zwar dunkel an einen Meinungsstreit zu erinnern glauben, sich aber a) nicht ganz sicher sind, ob der Streit wirklich existiert, oder b) zwar bezüglich des Streits sicher sind, aber sich nicht an die einzelnen vertretenen Auffassungen erinnern können. In diesen Fällen empfiehlt es sich, nicht zu raten, sondern einfach nach der direkten Methode vorzugehen, also das Tatbestandsmerkmal zu problematisieren und auszulegen.

Zum zweiten gibt es Transferaufgaben. Die Aufgabe steuert dann auf Rechtsprobleme zu, die außerhalb des klassischen Spektrums liegen, oder auf Rechtsfragen, die wegen einer Gesetzesänderung ganz neu sind. Im ersten Fall werden Sie die Meinungen nicht kennen, im zweiten Fall gibt es dazu höchstwahrscheinlich noch keine Ansichten. In beiden Fällen ist eine direkte Auslegung angezeigt.

23 *Kindhäuser* BT II § 34/3 ff.
24 *Kindhäuser* AT § 29/11 ff.
25 *Kindhäuser* AT § 23/1 ff.

§ 3 Die prozessuale Zusatzfrage

Wenden wir uns abschließend noch kurz der Bearbeitung prozessualer Fragestellungen zu. In Klausuren und Hausarbeiten taucht das Strafprozessrecht seit jeher in Gestalt einer „StPO-Zusatzfrage“ auf.

Gerade die Form der „Zusatzfrage“ scheint Grund für die Ambivalenz zu sein, mit der viele Bearbeiter dem Strafprozessrecht entgegentreten. Zum einen ist die prozessuale Zusatzfrage ein klassischer „Angstgegner“, da die Bearbeitung von prozessualen Gutachten im Pflichtfach häufig nur am Rande behandelt wird. Zum anderen wird gerade diesem Angstgegner nicht mit dem notwendigen Ernst entgegengetreten: Die Bearbeitungen in Klausuren sind häufig nur sehr oberflächlich und flüchtig, so dass gerade hier **wertvolle Punkte verschenkt** werden.

Es ist ein Irrtum, wenn man glaubt, dass die prozessualen Zusatzfragen allein zur Notendifferenzierung „nach oben“ gestellt werden! Eine richtig oder falsch beantwortete StPO-Zusatzfrage kann im Zweifel auch über das Bestehen oder Nichtbestehen einer Arbeit entscheiden.

I. Die Aufgabenstellung

Im Gegensatz zur Aufgabenstellung des materiell-rechtlichen Gutachtens („Hat X sich strafbar gemacht?“) bietet das Prozessrecht eine ganze Reihe von Fragen, die unterschiedliche Anforderungen an eine richtige Beantwortung stellen. So kann nach den Erfolgsaussichten eines Rechtsmittels, der Rechtmäßigkeit einer Ermittlungsmaßnahme, der Verwertbarkeit eines Beweismittels etc. gefragt werden.

II. Das Gutachten

Auch wenn die im Sachverhalt geschilderten Prozesssituationen variieren mögen, so ist die Struktur des prozessrechtlichen Gutachtens fast immer die gleiche: Zu prüfen ist regelmäßig die Zulässigkeit und Begründetheit eines Rechtsmittels oder die Rechtmäßigkeit einer Maßnahme. Die Herangehensweise an eine solche Prüfung entspricht also im Wesentlichen derjenigen, die Ihnen aus verwaltungsrechtlichen Klausuren geläufig ist (oder sehr bald sein wird).

Die Prüfung selbst folgt dann den allgemeinen Maßgaben des juristischen Gutachtens. Dies sollten Sie auch dann beherzigen, wenn die Fragen offen formuliert zu sein scheinen. So ist es nicht ungewöhnlich, dass Sie beispielsweise auf Fragen wie „Wie beurteilen Sie das Vorbringen des Revisionsführers?“ oder „Wie beurteilen Sie die Ansicht des Verteidigers, dass die Aussage des X nicht ins Hauptverfahren eingeführt werden darf?“ treffen. Hier sollten Sie sich nicht dazu hinreißen lassen, in Form eines „Besinnungsaufsatzes“ einfach Ihre Meinung darzulegen, mag sie auch juristisch durchaus begründet sein. Auch bei derartigen Aufgaben fahren Sie am besten damit, einen auf die Fallfrage passenden Obersatz zu finden und nach der erlernten gutachterlichen Methode die im Obersatz gegebene Hypothese zu überprüfen. In der Regel dürfte es sich um eine Ermächtigungsgrundlage aus der StPO handeln, unter die wie gewohnt subsumiert werden kann.

Eine Ausnahme bilden freilich klare Fragen, beispielsweise nach Verstößen gegen nicht konkret gesetzlich festgeschriebene Prozessmaximen, oder Aufforderungen, ein bestimmtes Problem zu diskutieren. Hier verlangt schon die Aufgabenstellung keine Prüfung im Gutachtenstil.

§ 4 Die Formalia für Klausur und Hausarbeit

Im Folgenden werden die üblichen Formalia von Klausur und Hausarbeit dargestellt. **Vorrangig** sind aber die Anforderungen zu erfüllen, die für die betreffende Lehrveranstaltung bekannt gegeben werden bzw. allgemein an der jeweiligen Universität oder dem zuständigen Prüfungsamt gelten.

I. Die Formalia der Klausur

Eine Klausur besteht aus Deckblatt und Gutachten.

1. Deckblatt

Das Deckblatt enthält Angaben zum Bearbeiter und zur Prüfungsarbeit. In persönlicher Hinsicht werden Vor- und Zuname, Anschrift, Matrikelnummer und Fachsemester angegeben. In anonymisierten Prüfungen wird nur die Prüflingskennzahl angegeben. Darüber hinaus werden die Bezeichnung der Prüfung („2. Klausur"), die Lehrveranstaltung („Übungen im Strafrecht"), das Semester („Wintersemester 2010/2011"), der Name des Dozenten („Professor Dr. Torsten Verrel") und das Datum angegeben. Ansonsten enthält das Deckblatt keine Angaben, insbesondere keine Seitenzahl. Es macht einen ordentlichen Eindruck, wenn man das Deckblatt bereits vor der Klausur auf einem PC schreibt und ausdruckt.

2. Gutachten

Das Gutachten wird einseitig auf liniertes DIN A 4 Papier geschrieben. Dabei wird auf der linken Seite ein Drittel freier Rand gelassen (7 cm). Der Rand und gegebenenfalls auch die **unbeschriebene** Rückseite dienen dazu, dem Korrektor genügend Platz für Anmerkungen zu lassen. Die Seiten werden mit arabischen Zahlen nummeriert.

Die Arbeit wird mit der Überschrift „Gutachten" versehen.

Es empfiehlt sich, für jedes Tatbestandsmerkmal einen eigenen Absatz zu verwenden. Prüft man ein Tatbestandsmerkmal ausführlich im Gutachtenstil, kann man für jeden einzelnen Schritt eine neue Zeile beginnen, um die Schrittfolge des Gutachtenstils zu betonen. Auf diese Weise „führen" Sie den Korrektor durch das Gutachten, erhalten ihm den Überblick und steigern damit den positiven Eindruck von Ihrer Arbeit.

Die Gutachtenreinschrift kann mit Gliederungspunkten versehen werden. Wenn dies aber für die jeweilige Prüfung nicht der Üblichkeit entspricht, sollte man auf eine Gliederung verzichten. Sie kostet nicht nur Zeit, sondern gerät in der Zeitnot einer Klausurbearbeitung auch leicht durcheinander. Da der Klausur auch kein Gliederungsverzeichnis vorangestellt wird, ist eine Gliederung auch ohne besonderen Wert.

Während einer Klausur hat man als Hilfsmittel lediglich den Gesetzestext zur Verfügung. In einer Klausur wird daher keine Literatur zitiert, wohl aber die herangezogenen gesetzlichen Vorschriften. Alle Sachaussagen, die gesetzlich fundiert sind, müssen mit einem **präzisen Gesetzesbeleg** versehen sein. Man kann den Beleg unmittelbar im Text nennen, mit einem Komma vom restlichen Satz abtrennen oder in Klammern setzen. Fußnoten werden nicht verwendet.

Das Gutachten schließt mit dem Hinweis „Ende der Bearbeitung" ab und wird unterschrieben, sofern es sich nicht um eine anonymisierte Prüfung handelt.

II. Die Formalia der Hausarbeit

Wesentlich mehr Förmlichkeiten sind bei einer Hausarbeit zu beachten. Eine Hausarbeit besteht aus zwei Teilen: dem sogenannten Apparat und dem Gutachten.

1. Apparat

Der Apparat wird dem Gutachten vorangestellt. Er setzt sich zusammen aus dem Deckblatt, der Aufgabenstellung, der Gliederung und dem Literaturverzeichnis (gegebenenfalls auch einem Abkürzungsverzeichnis). Paginiert wird er mit römischen Zahlen. Dabei wird das Deckblatt zwar mitgezählt, bekommt aber selbst keine Zahl abgedruckt, so dass die Paginierung mit „II“ auf der zweiten Seite beginnt.

a) Deckblatt

Das Deckblatt entspricht dem einer Klausur. Anstelle des Datums wird das Semester der Lehrveranstaltung angegeben.

b) Aufgabenstellung

Auf das Deckblatt folgt die Aufgabenstellung, also Sachverhalt und Fallfrage. Der eigenen Verinnerlichung und der ordentlicheren Optik wegen empfiehlt es sich, die Aufgabenstellung abzuschreiben und zusammen mit dem Rest der Hausarbeit zu drucken.

c) Gliederung

Die Gliederung dient als Inhaltsverzeichnis und soll darüber hinaus den Aufbau und den Gedankengang der Arbeit skizzieren.

Es herrscht Uneinigkeit darüber, ob man die Gliederung vor oder nach dem Literaturverzeichnis platzieren soll. Diesbezüglich sollte man sich nach den örtlichen Gepflogenheiten erkundigen.

Man fertigt die Gliederung an, indem man die Gliederungspunkte mitsamt der Zwischenüberschriften in ihrer Reihenfolge aufschreibt. Die Gliederungsebenen werden durch Einrückungen betont. Zusätzlich wird bei jedem Gliederungspunkt die Seitenzahl als Fundstelle angegeben.

Beispiel:

1. Handlungsabschnitt: Der Messerstich S. 1
  A. Strafbarkeit des B wegen Körperverletzung S. 1
    I. Tatbestand S. 1
      1. Objektiver Tatbestand S. 1
        a) Körperliche Misshandlung S. 1
        b) Gesundheitsschädigung S. 1
      2. Subjektiver Tatbestand S. 2
        – Vorsatz S. 2
    II. Rechtswidrigkeit S. 2
    III. Schuld S. 2
  B. Strafbarkeit des B wegen gefährlicher Körperverletzung S. 3

...

Dabei sind zwei Gliederungssysteme üblich:

1. „Traditionelle Gliederung“: 1. Teil, A., I., 1., a), aa), (1) usw.
2. „Wittgensteingliederung“: 1 (2, 3 usw.), 1.1 (1.2, 1.3 usw.), 1.1.1 (1.1.2, 1.1.3 usw.), 1.1.1.1 (1.1.1.2, 1.1.1.3 usw.).

Wenn es darum geht, ein Gliederungssystem auszuwählen, sollte man sich an der Funktion der Gliederung orientieren, **Übersichtlichkeit** zu gewährleisten: Während die „Wittgensteingliederung“ bei wenigen Gliederungsebenen noch sehr übersichtlich ist, möglicherweise sogar etwas mehr als die traditionelle Gliederung, wird sie bei tieferer Gliederung zur zweiten Wahl.

Möglich sind auch Kombinationen dieser Gliederungssysteme. Unabhängig vom Gliederungssystem ist auch hier zu bedenken, dass die Gliederung die Funktion hat, **Übersichtlichkeit** zu gewährleisten. Eine zu oberflächliche Gliederung ist daher ebenso schädlich wie eine zu tiefe („Zergliederung“).

Gliederungspunkte müssen **immer fortgesetzt** werden: Auf A. muss B. folgen, auf I. ein II., auf 1. ein 2., auf a) ein b), auf 1.1.1 ein 1.1.2. Wo auf einer Gliederungsebene nur ein einziger Punkt abgehandelt wird, setzt man einen Spiegelstrich.

d) Literaturverzeichnis

aa) Grundsätze

Die gesamte im Gutachten zitierte Literatur muss verzeichnet werden. Im Gutachten darf keine Literatur zitiert werden, die sich nicht im Literaturverzeichnis findet; und umgekehrt darf sich im Literaturverzeichnis keine Literatur finden, die nicht auch im Gutachten zitiert ist. **Ausnahmen** sind **Gerichtsentscheidungen**; sie werden **nur im Gutachtentext** zitiert, aber nicht in das Literaturverzeichnis aufgenommen.

Das wirft zunächst die Frage auf, welche Literatur überhaupt zitiert werden darf, mit anderen Worten **„zitierfähig“** ist. Dabei ist es selbstverständlich, dass man alle wissenschaftlichen Lehrbücher zitieren darf. Des Weiteren sind Kommentare, Monographien (auch Dissertationen), Zeitschriftenbeiträge, Festschriftbeiträge, Sammelwerksbeiträge und Entscheidungsanmerkungen zitierfähig. **Nicht zitierfähig** sind „unwissenschaftliche“ Lehrwerke, also vor allem Skripten, Fallrepetitorien und dergleichen. Diese letztgenannte Literaturgruppe, zu der auch dieses Buch gehört, hat rein didaktische Zwecksetzungen.

Zu beachten ist, dass grundsätzlich keine Vorauflagen zitiert werden dürfen. Eine Ausnahme gilt nur für solche Vorauflagen, die z.B. aufgrund des damaligen Bearbeiters und dessen dort vertretener Ansicht nach wie vor von Interesse sind. Man muss an dem Zitat dann aber auch deutlich machen, um welche Auflage es sich handelt.

Die Verfasser- bzw. Herausgebernamen werden nach Familiennamen alphabetisch geordnet. Der Vorname wird im Anschluss genannt. Anreden und Titel werden weggelassen. Beispiel:

Krause, Dieter ...
Schmitz, Peter ...

Für den einzelnen Literatureintrag muss man danach differenzieren, ob es sich um Lehrbücher, Monographien, Beiträge in Zeitschriften, Festschriften und Sammelwerken, Kommentare oder Entscheidungsanmerkungen handelt.

bb) Lehrbücher und Monographien

Der Eintrag eines Lehrbuchs oder einer Monographie muss Vor- und Zunamen, Buchtitel, Auflage (sofern nicht die 1. Auflage), Erscheinungsort und Erscheinungsjahr enthalten. Zudem muss die Zitierweise angegeben werden. Exemplarisch:

Puppe, Ingeborg	Strafrecht Allgemeiner Teil im Spiegel der Rechtsprechung Band 1 – Die Lehre vom Tatbestand, Rechtswidrigkeit, Schuld Baden-Baden, 2002 (zitiert: *Puppe* AT 1)

Die Angabe des Erscheinungsorts ist heutzutage nicht mehr zwingend erforderlich. Bei mehreren Erscheinungsorten reicht es aus, einen Ort zu nennen und mit „u.a." kenntlich zu machen, dass noch weitere Erscheinungsorte existieren.

Bei Dissertationen, die nicht in einem Verlag erschienen sind, wird als Ort der Universitätsort angegeben und als Jahr das Jahr der Promotion. Die Dissertation muss dann auch als Dissertation ausgewiesen werden (z.B. Diss. Bonn, 2005).

cc) Kommentare

Kommentare werden im Grundsatz wie Lehrbücher und Monographien verzeichnet. Beispiel:

Kindhäuser, Urs	Lehr- und Praxiskommentar zum Strafgesetzbuch 4. Auflage, Baden-Baden, 2010 (zitiert: LPK-*Kindhäuser*)

Gibt es über die Autoren hinaus Herausgeber, dann werden nur die Herausgeber genannt. Exemplarisch:

Kindhäuser, Urs Neumann, Ulfrid Paeffgen, Hans-Ullrich (Hrsg.)	Strafgesetzbuch 3. Auflage, Baden-Baden, 2010 (zitiert: NK-*Bearbeiter*)

dd) Beiträge in Zeitschriften, Festschriften und Sammelwerken

Man verzeichnet solche Literatur nach Autorennamen. Angegeben werden der Titel des Beitrags und die Fundstelle.

Beispiel für einen Zeitschriftenbeitrag:

Puppe, Ingeborg	Was ist Anstiftung in: NStZ 2006, 424 ff.

Eines Zitierhinweises („zitiert:") bedarf es bei Zeitschriftenbeiträgen nicht.

Beispiel für einen Festschriftbeitrag:

Böse, Martin	Die Europäisierung der Strafvorschriften gegen Kinderpornografie in: Hoyer, Andreas u.a. (Hrsg.), Festschrift für Friedrich-Christian Schroeder, Heidelberg, 2006, S. 751 ff. (zitiert: *Böse* Schroeder-FS)

Beispiel für einen Sammelwerksbeitrag:

Triffterer, Otto	Betrug in: Ulsamer, Gerhard (Hrsg.), Lexikon des Rechts – Strafrecht, Strafverfahrensrecht, 2. Auflage, Neuwied u.a., 1996, S. 150 ff. (zitiert: *Triffterer* LdR)

ee) Entscheidungsanmerkungen

Es müssen die Entscheidungsart, das Gericht, das Entscheidungsdatum, das Aktenzeichen und die – möglichst amtliche – Fundstelle angegeben werden. Hinzu kommt die Fundstelle der Anmerkung. Beispiel:

Eisenberg, Ulrich Reuther, Christian	Anmerkung zum Urteil des BGH vom 15.12.2005 – 3 StR 281/04 – JR 2006, 343 ff. in: JR 2006, 346 ff.

ff) Praktische Hinweise

Es empfiehlt sich, während einer Hausarbeit jedes Literaturstück, das man zitiert, mit den notwendigen Angaben auf einer Karteikarte zu vermerken oder sogar direkt in das Literaturverzeichnis aufzunehmen. Unabhängig davon, wie oft und wie sehr man den Hausarbeitstext und damit verbunden auch die Fußnoten ändert, hat man somit immer die gesamte Literatur verzeichnet, die man zitiert hat. Am Ende braucht man nur noch mit Hilfe der Suchfunktion des Computers zu überprüfen, ob jedes verzeichnete Literaturwerk auch tatsächlich zitiert wurde. Denn aufgrund von Textkürzungen etc. kann es sein, dass in der Endfassung weniger Literatur zitiert wurde, als sich im Verzeichnis angesammelt hat. Wenn man an dieser Stelle nachlässig ist, setzt man sich leicht dem Vorwurf der „Blenderei“ oder „Schlamperei“ aus.

e) Abkürzungsverzeichnis

Ein Abkürzungsverzeichnis ist entbehrlich, solange man sich an die in der juristischen Fachwelt üblichen Abkürzungen hält. Man kann sie dem Buch von *Butz/Kirchner*, Abkürzungsverzeichnis der Rechtssprache, 5. Auflage 2003, entnehmen. Mancherorts aber mag ein Abkürzungsverzeichnis erwünscht sein, so dass man sich danach erkundigen sollte.

2. Gutachten

a) Textformat

Für das Gutachten gelten zunächst dieselben Grundsätze wie sie schon für die Klausur erörtert wurden. Als Schreibpapier verwendet man allerdings unliniertes DIN A 4 Papier.

Links lässt man wiederum 7 cm Platz für Korrekturen. Die Rückseite bleibt unbeschrieben. Im Text verwendet man 12pt Schrift eines üblichen Typs, z.B. „Times New Roman", „Arial" „Garamond" oder „Courier New". „Times New Roman" und „Garamond" sind platzsparend und daher besonders empfehlenswert. Der Zeilenabstand sollte 1,5 betragen. In den Fußnoten verwendet man 10pt Schrift und einen Zeilenabstand 1.

b) Zitate

Darüber hinaus besteht die Besonderheit der Hausarbeit gegenüber der Klausur darin, dass **Literatur- und Rechtsprechungsbelege** angeführt werden.

Belegt werden müssen alle Sachaussagen, die nicht vom Bearbeiter selbst stammen oder sich unmittelbar dem Gesetz entnehmen lassen. Belegt werden also vor allem die zitierten Definitionen, dargestellten Meinungen sowie deren Argumente im Streitentscheid. Unzulässig sind sogenannte Sekundärzitate, also Zitate, die in der Belegstelle nicht vertreten, sondern nur referiert werden. Man darf eine Belegstelle nur anführen, wenn das, was zitiert wird, dort auch wirklich als eigene Ansicht vertreten wird.

Es muss so exakt wie möglich zitiert werden. Geht die einzelne Belegstelle über eine Randnummer oder Seite hinaus, macht man das durch ein „f." für „folgende" kenntlich. Geht es gleich um mehrere Randnummern oder Seiten, kennzeichnet man dies durch ein „ff.".

Die Belegstellen werden in **Fußnoten** angegeben, die sich auf derselben Seite befinden sollten. Bezieht sich die Belegstelle auf einen Teilsatz oder einen ganzen Satz, dann platziert man die Fußnote unmittelbar nach dem betreffenden Satzzeichen. Ansonsten setzt man sie an das betreffende Wort.

In der Fußnote selbst ist eine bestimmte Zitierreihenfolge einzuhalten, wenn mehrere Belege angegeben werden.

Vorrang kommt dabei der Rechtsprechung zu. Diese wiederum wird in ihrer Rangfolge zitiert, also z.B. das BVerfG vor dem BGH. Man entnimmt die Zitate möglichst aus der jeweiligen amtlichen Entscheidungssammlung (BVerfGE, BGHSt). Beispiel:

„BGHSt 22, 235 (236)" oder „BGHSt 22, 235, 236".

Hier ist eine Entscheidung des BGH aus dem 22. Band der amtlichen Entscheidungssammlung in Strafsachen zitiert. Die Entscheidung ist ab der Seite 235 abgedruckt. Das eigentliche Zitat findet sich auf Seite 236. Fände sich das Zitat schon auf der Anfangsseite, dann würde man „BGHSt 22, 235" zitieren, also keine Seite in Klammern setzen.

Ist eine Entscheidung aber nicht amtlich veröffentlicht, dann greift man auf Zeitschriften zurück. Hier gilt es, vorrangig aus allgemeinen juristischen Zeitschriften (z.B. NJW, JR, JZ) zu zitieren und nur, wenn die Entscheidung auch dort nicht veröffentlicht ist, auf spezifisch strafrechtliche Zeitschriften (NStZ, NStZ-RR, StV) zurückzugreifen. Beispiel:

„BGH NStZ 1988, 361 (362)" oder „BGH NStZ 1988, 361, 362".

Wenn eine Entscheidung (noch) nicht in einer Entscheidungssammlung oder Zeitschrift veröffentlicht ist, ist es üblich, nach Gericht, Entscheidungsart, Datum und Aktenzeichen zu zitieren. Ein Beispiel:

BGH, Beschluss vom 15. Juni 2010 – 3 StR 157/10 –.

Die Literatur wird in der alphabetischen Reihenfolge der kursiv gedruckten Verfassernamen zitiert, und zwar ohne Rücksicht auf die Art des jeweiligen Beitrags.

Die Fußnote schließt mit einem Punkt ab.

Eine exemplarische Fußnote kann so aussehen:

BGHSt 11, 268 (270); 37, 214 (216); Tröndle/*Fischer* § 16 Rn. 5; *Jakobs* 8/82; *Krey* AT 1 Rn. 388; *Roxin* I § 12 Rn. 196.

Es ist in Hausarbeiten nicht üblich (und wird zumeist auch als schwerer handwerklicher Fehler bewertet), über die Belegstellen hinaus noch Erläuterungen zu geben. Es gilt: Was wichtig ist, gehört in den Gutachtentext. Was unwichtig ist, wird ganz weggelassen.

2. Teil: Fälle

Fall 1: Der Versuch

Wenden wir uns zunächst der Prüfung des Versuchs zu. Die Prüfung eines Versuchsdelikts unterscheidet sich von der eines vollendeten Delikts in erster Linie dadurch, dass erst der subjektive Tatbestand und danach der objektive Tatbestand zu prüfen ist. Dies findet seinen Grund darin, dass es beim Versuch mangels Vollendung des objektiven Tatbestands gemäß § 22 StGB entscheidend auf die Tätervorstellung ankommt und in objektiver Hinsicht daher nur noch das unmittelbare Ansetzen zur Tatbestandsverwirklichung geprüft werden muss.

Aufgabe (abgewandelt nach BGHSt 33, 295):

▶ Nach den Feststellungen schoss der Angeklagte A mit einer Pistole P 38, Kaliber 9 mm, die, wie er wusste, mit mehreren Patronen geladen war, auf die rechte Schläfe des Gebrauchtwagenverkäufers K, um ihn dafür zu »bestrafen«, dass dieser ihn »um sein Geld bringen wollte«. Das Projektil durchschlug die linke Hand des K, die dieser zwischen Schläfe und Mündung der Waffe gehalten hat, um den Angeklagten abzuwehren, drang aber nicht in die Schädelhöhle ein. Wegen einer Kopfbewegung des K durchlief es vielmehr die Weichteile oberhalb des rechten Augapfels und unterhalb der rechten Augenbraue und drang neben der Nasenwurzel unterhalb des inneren Endes der rechten Augenbraue wieder aus. Nach dem Schuss drehte K seinen Kopf in die ursprüngliche Position zurück und nahm seine Hände vor das Gesicht. Er sagte zu dem Angeklagten, was dieser für eine »Scheiße« mache. Der Angeklagte, der »nur einen Schuss auf den Zeugen abgeben wollte«, sah das Blut am Kopf von K und stellte fest, dass er diesen »entgegen seiner Erwartung... nicht getötet hatte«. Ihm war bewusst, was er angerichtet hatte und welche Folgen dies für ihn haben werde. Er sagte zu K, dieser solle keine Angaben machen, man werde die Sache schon regeln. Sodann verließ er die Bürobaracke, in welcher der Schuss abgegeben worden war, und sagte den Angestellten des Opfers, P und T, die den Schuss gehört hatten und sich auf dem Weg zur Bürotür befanden, »sie sollten nach ihrem Chef sehen, diesem sei etwas passiert«. Sodann fuhr A davon. P und T liefen in das Büro, wo sie K vorfanden, der heftig blutete und sich ein Taschentuch vor das rechte Auge drückte, um das Blut zu stillen. T forderte fernmündlich einen Krankenwagen an und rief auch die Polizei herbei. Die Verletzungen des K wurden sodann im Klinikum Essen intensivmedizinisch behandelt. Folgeschäden trug K nicht davon.

Prüfen Sie die Strafbarkeit des A gemäß StGB.

StPO-Zusatzfrage:

Der Verteidiger des A ist verärgert: In einem Telefonat mit dem Kammervorsitzenden zur Terminsabsprache bittet der Verteidiger aufgrund seiner erst kurzfristigen Beauftragung den in drei Tagen angesetzten Hauptverhandlungstermin um einen Monat zu verschieben, damit er die Verteidigung ausreichend vorbereiten könne. Der Vorsitzende antwortet, dass er dies zum einen nicht einsehe, da der entsprechend aufgeklärte Angeklagte nun wirklich Zeit genug gehabt hätte, sich einen Wahlverteidiger zu suchen, und dass er zum anderen ohnehin nicht wisse, was es angesichts der vier einschlägigen Vorstrafen des A noch groß zu verteidigen gäbe.

Kann V erreichen, dass der Fall von einem anderen Richter verhandelt wird? ◀

Vorüberlegungen:

Gefragt ist hier nach der Strafbarkeit des A nach dem StGB. Dieser betrat zunächst das Büro, schoss auf K und verließ das Büro wieder. Aufgrund der engen zeitlich-räumlichen Verknüpfung der Geschehnisse braucht der Sachverhalt nicht in einzelne Tatkomplexe aufgeteilt, sondern kann als einheitlicher Geschehensablauf behandelt werden:

A hat in der Absicht, K zu töten, dessen Bürobaracke betreten. Dies könnte als Hausfriedensbruch strafbar sein.

Arbeitshypothese: Strafbarkeit gemäß § 123 Abs. 1 StGB

Dort hat A dem K in den Kopf geschossen; der von A erwartete Tod des K blieb allerdings aus, so dass der Versuch der Tötungsdelikte Mord und Totschlag in Betracht gezogen werden muss. Da A allerdings nach dem ersten Schuss von K abließ, könnte ein strafbefreiender Rücktritt vom Versuch angenommen werden.

Arbeitshypothese: Strafbarkeit gemäß §§ 212 Abs. 1, 211, 22, 23 Abs. 1, aber strafbefreiender Rücktritt gemäß § 24 Abs. 1 StGB

Durch den Schuss hat A den K offensichtlich sehr schwer verletzt. Die Strafbarkeit wegen Körperverletzung, wegen der Verwendung einer Pistole auch eine gefährliche, scheint durchaus nahe liegend.

Arbeitshypothese: Strafbarkeit gemäß §§ 223 Abs. 1, 224 Abs. 1 Nr. 2 Alt. 1, Nr. 5 StGB

Die **Reihenfolge der Deliktsprüfungen** sollte hier nicht dem zeitlichen Ablauf folgen. Dann wäre zwangsläufig der Hausfriedensbruch zuerst zu prüfen. Bei diesem Vergehen handelt es sich augenscheinlich nicht um den Schwerpunkt der Arbeit. Vielmehr dürfte das Hauptaugenmerk auf den Tötungsversuch zu richten sein, da hier auch eine zumeist nicht unproblematische Rücktrittskonstellation anzunehmen sein dürfte. Da der Körperverletzungsvorsatz in einem Tötungsvorsatz stets enthalten ist, dürfte (unabhängig von der Schwere der Delikte) im subjektiven Tatbestand der Körperverletzung nach oben auf den Tötungsvorsatz verwiesen werden, so dass sich bereits auch arbeitsökonomisch folgende Prüfungsreihenfolge anbietet:

- Versuch des Totschlags als Grunddelikt des Mordes, zusammen mit Rücktritt vom Versuch, §§ 212 Abs. 1, 22, 23 Abs. 1, 24 Abs. 1 StGB
- Bei Feststellung der Strafbarkeit nach dem Grunddelikt Prüfung des versuchten Mordes (hier müsste dann nur noch auf die Mordmerkmale eingegangen werden)
- Prüfung der Körperverletzungsdelikte nach Grunddelikt und Qualifikationen, also § 223 Abs. 1; §§ 223 Abs. 1, 224 Abs. 1 Nr. 2 Alt. 1, Nr. 5 StGB
- Hausfriedensbruch, § 123 Abs. 1 StGB
- Konkurrenzen

Die StPO-Zusatzfrage

Hinsichtlich der StPO-Zusatzfrage wird die Frage des Ausschlusses bzw. der Ablehnung des Richters gemäß §§ 22 ff. StPO zu problematisieren sein.[1] Da der Katalog der Ausschlussgründe des § 22 StPO schon nach erster Durchsicht nicht einschlägig ist, wird sich auf die Ablehnung wegen der Besorgnis der Befangenheit zu konzentrieren sein. Hier wird zunächst knapp auf die unproblematische Zulässigkeit des Gesuchs, sodann auf dessen Begründetheit eingegangen werden müssen. Beide Äußerungen des Richters wer-

1 *Kindhäuser* StPR § 13.

den getrennt voneinander zu untersuchen sein, da zur zeitlichen Komponente die Ansicht des Richters zumindest nachvollziehbar erscheint, während dessen Bezugnahme auf die Vorstrafen des Angeklagten schon auf den ersten Blick kaum zu rechtfertigen ist.

Arbeitshypothese: Ablehnbarkeit des Richters gemäß § 23 StPO

Gutachten

A. Strafbarkeit des A wegen versuchten Totschlags

„Führender" Obersatz

Im Gegensatz zur ganz herrschenden Lehre betrachtet die Rechtsprechung den Mord nicht als Qualifikation zum Totschlag bzw. den Totschlag nicht als Grundtatbestand des Mordes. Vielmehr meint die Rechtsprechung, beide Delikte seien gänzlich selbständig. Die herrschende Lehre hat sich aber derart durchgesetzt, dass Sie den Mord im Gutachten ohne weitere Argumentation als Qualifikation zum Totschlag betrachten dürfen, zumal es sich hier um eine Aufbaufrage handelt, die als solche ohnehin nicht begründet werden darf. Lediglich bei der Anwendung von § 28 StGB ist es erforderlich, zum Verhältnis zwischen Mord und Totschlag Stellung zu nehmen. Der Totschlag als Grunddelikt zum Mord sollte daher zuerst geprüft werden.

Der Obersatz enthält in exakter Zitierung den möglicherweise verwirklichten Tatbestand in seiner gesetzlichen Bezeichnung, zuzüglich der Normen(kette) sowie eine konkrete Beschreibung des Sachverhaltselements, welches diesen Tatbestand erfüllen könnte.

A könnte sich wegen versuchten Totschlags gemäß §§ 212 Abs. 1, 22, 23 Abs. 1 StGB strafbar gemacht haben, indem er dem K in den Kopf schoss.

I. Vorprüfung

Diese sog. „Vorprüfung" beim Versuch muss - ggf. knapp - immer durchgeführt werden.

1. K lebt noch, der Totschlagserfolg ist also ausgeblieben, das Delikt wurde nicht vollendet.

2. Der Totschlag wird gemäß § 212 Abs. 1 StGB mit Freiheitsstrafe von mindestens fünf Jahren bestraft, ist mithin ein Verbrechen im Sinne des § 12 Abs. 1 StGB, dessen Versuch nach § 23 Abs. 1 StGB strafbar ist.

(Beginn des gutachterlichen Untersatzes)

II. Tatbestand

1. Subjektiver Tatbestand

Obersatz

A müsste zunächst den Tatentschluss zum Totschlag des K gefasst haben.

Der subjektive Tatbestand steht am Beginn jeder Versuchsprüfung. Dies ergibt sich materiell bereits daraus, dass bei einem Versuch der Erfolg als Merkmal des objektiven Tatbestands ausbleibt. Der Versuch erfordert dabei die Verwirklichung des gesamten subjektiven Tatbestands, wofür sich die Bezeichnung „Tatentschluss" durchgesetzt hat. Daher sollten Sie auch diese Bezeichnung wählen, obwohl qualitativ kein inhaltlicher Unterschied zum Begriff des „subjektiven Tatbestands" besteht.

Es gibt eine kaum noch vertretene Mindermeinung, nach der ein Tatentschluss dolus directus voraussetzt. Es wird regelmäßig nicht verlangt, auf diese Streitfrage in Klausuren einzugehen. Es kann sich aber in Hausarbeiten empfehlen, den Meinungsstreit zu erörtern, falls der Täter nur mit dolus eventualis zum Versuch ansetzt.

Definition

Der Tatentschluss umfasst den Tatvorsatz sowie alle weiteren subjektiven Merkmale eines Tatbestands. Der Vorsatz setzt das Wissen um die Tatumstände und, nach weitergehenden Auffassungen, auch einen Willen zur Tatbestandsverwirklichung voraus.

Bei der Vorsatzdefinition ist die Formel verbreitet, der Vorsatz sei Wissen und Wollen um die Tatbestandsverwirklichung. Ob aber der Vorsatz ein besonderes voluntatives Element („Wollen") beinhalten muss, ist umstritten (besondere Beachtung findet der Streit bei der Abgrenzung des Eventualvorsatzes zur bewussten Fahrlässigkeit).[2] Handelt der Täter aber mit Wissen und Wollen, dann ist selbst nach den engsten Theorien Vorsatz anzunehmen. In solchen unproblematischen Fällen lässt man den Streit dahinstehen und verwendet die übliche Formel vom Wissen und Wollen um die Tatbestandsverwirklichung.

Subsumtion

A wollte K „bestrafen" und erwartete von seinem Schuss eine tödliche Wirkung, handelte also bewusst und gewollt zur Tötung eines Menschen, mithin vorsätzlich.

Ergebnis

Weitere subjektive Merkmale enthält der Tatbestand des § 212 Abs. 1 StGB nicht, so dass der Tatentschluss des A zu bejahen ist.

2 *Kindhäuser* AT § 14/14 ff.

2. Objektiver Tatbestand

Weiter müsste A nach seiner Vorstellung unmittelbar zur Tatbestandsverwirklichung angesetzt haben, § 22 StGB.

Dies ist jedenfalls dann gegeben, wenn der Täter mit der Ausführungshandlung, die nach seiner Vorstellung den Taterfolg herbeiführen soll, bereits begonnen hat.

Um die Antwort auf die Frage, wann ein unmittelbares Ansetzen vorliegt, herrscht einiger Streit.[3] Jedoch kommen alle Ansichten zu demselben Ergebnis, soweit wie hier der Täter bereits mit der Ausführungshandlung begonnen hat. Dann hätte sogar die heute als zu eng verworfene formal-objektive Theorie das unmittelbare Ansetzen angenommen, weshalb bei der Definition des Merkmals von diesem Grundkonsens der Meinungen zunächst ausgegangen werden kann.

A hat den aus seiner Sicht tödlichen Schuss auf K abgegeben und damit die Tatausführungshandlung nicht nur begonnen, sondern vollzogen.

Damit hat A unmittelbar zur Tatbestandsverwirklichung angesetzt.

III. Rechtswidrigkeit

Rechtswidrigkeit und Schuld dürfen bei fehlenden Anhaltspunkten im Sachverhalt einfach festgestellt werden, da im Gutachten nur ihr Nichtvorliegen begründet werden muss.

Gründe, die gegen die Rechtswidrigkeit der Tat sprechen könnten, sind nicht ersichtlich; A handelte somit rechtswidrig.

IV. Schuld

Entschuldigungs- oder Schuldausschließungsgründe sind ebenfalls nicht gegeben. A handelte schuldhaft.

V. Persönliche Strafaufhebungsgründe: Rücktritt vom Versuch

Nimmt der Täter von weiteren Handlungen Abstand, nachdem die Voraussetzungen eines tatbestandsmäßigen, rechtswidrigen und schuldhaften Versuchs erfüllt sind, kommt ein strafbefreiender Rücktritt in Betracht. Deliktssystematisch handelt es sich bei dem Rücktritt um einen persönlichen Strafaufhebungsgrund, der auch für jeden Täter einzeln getrennt zu prüfen ist. Da die Rücktrittsregelung freilich nur dann greifen kann, wenn der Täter bereits die Voraussetzungen der Strafbar-

A könnte jedoch dadurch, dass er in dem Wissen, K mit dem ersten Schuss nicht getötet zu haben, von diesem abließ und den Kollegen den Hinweis gab, nach ihrem Chef zu sehen, gemäß § 24 Abs. 1 S. 1 Alt. 1 StGB strafbefreiend vom Versuch zurückgetreten sein.

3 *Kindhäuser* AT § 31/13 ff.

keit erfüllt hat, ist der Rücktritt nach Feststellung der Schuld zu prüfen.

1. Kein Fehlschlag

Das Vorliegen eines Fehlschlags sollte beim Rücktritt immer primär geprüft werden, da der fehlgeschlagene Versuch nicht rücktrittsfähig ist. Im eigentlichen Subsumtionsschema ist dies in der Tat ein Fremdkörper, wenn man den Fehlschlag bzw. dessen Nichtvorliegen nicht als ungeschriebenes Tatbestandmerkmal auffassen möchte.

Der Versuch des A müsste einem Rücktritt noch offen stehen, dürfte also nicht bereits fehlgeschlagen sein.

Fehlgeschlagen ist ein Versuch, wenn der Täter nach seiner Vorstellung von der Tat deren Vollendung nicht mehr oder nicht ohne relevante zeitliche Zäsur mit den ihm zur Verfügung stehenden Mitteln erreichen kann. Wann dies der Fall sein soll, ist umstritten.

a) „Tatplantheorie"

Existieren für einzelne Ansichten bekannte und übliche Bezeichnungen, können diese auch verwendet werden (müssen es jedoch nicht). Sie sollten dann in Anführungszeichen gesetzt werden.

Die Zuordnung der Ansichten zu Meinungsströmungen, wie „ältere Rechtsprechung", „herrschende Lehre" etc., kann ausschließlich dann im Gutachten vorgenommen werden, wenn Sie sich um die Zuordnung völlig sicher sind. Dies wird in Hausarbeiten durch die Recherchemöglichkeit eher möglich sein als in Klausuren.

Insbesondere in der älteren Rechtsprechung wurde die Ansicht vertreten, dass zur Feststellung des Fehlschlags auf den Zeitpunkt der Entschlussfassung des Täters abzustellen sei. Die Vorstellung des Täters von der Tat sei als „Tatplan" zu dessen Beurteilung der Tatbestandsverwirklichung maßgeblich.

Die **Subsumtion** unter die soeben geschilderte Ansicht ist von entscheidender Bedeutung für die weitere Prüfung. Nur wenn Sie die präsentierte Ansicht auch auf den konkreten Sachverhalt anwenden, wird die Notwendigkeit einer Streitentscheidung sichtbar. Hierfür ist nicht maßgeblich, dass verschiedene theoretische Ansätze existieren, sondern dass diese im konkreten Fall tatsächlich auch zu unterschiedlichen Ergebnissen kommen.

A hatte erwartet, K bereits mit dem ersten Schuss aus seiner Pistole in den Kopf zu töten. Dies misslang allerdings.
Nach dieser Ansicht wäre der Totschlagsversuch des A somit fehlgeschlagen.

b) „Gesamtbetrachtungslehre"

Nach heute herrschender Ansicht ist der Versuch solange nicht fehlgeschlagen, wie der Täter glaubt, mit den ihm in der konkreten Situation zur Verfügung stehenden Mitteln den Erfolg noch herbeiführen zu können. Diese als „Gesamtbetrachtungslehre" bezeichnete Ansicht fasst hierfür die Handlungsmöglichkeiten des Täters, die in einem räumlich-zeitlichen Zusammenhang stehen, zu einer Einheit zusammen (Handlungseinheit).

A wäre es zum Zeitpunkt des Ablassens von K durchaus noch möglich gewesen, weitere Schüsse auf K abzugeben. A standen unmittelbar somit noch weitere Erfolgsherbeiführungsmöglichkeiten zur Verfügung, was er auch wusste.

Nach dieser Ansicht wäre der Versuch noch nicht fehlgeschlagen.

c) „Einzelaktstheorie“

Nach einem Teil der Lehre, der sog. „Einzelaktstheorie“, ist der Versuch bereits dann fehlgeschlagen, wenn der Täter von einem seiner Ansicht nach zur Erfolgsherbeiführung geeigneten Mittel Gebrauch gemacht hat und dieser konkrete Mitteleinsatz misslingt.

Hier hat A den von ihm für tödlich gehaltenen Schuss bereits vergeblich abgegeben.

Unabhängig davon, dass er noch weitere Schüsse hätte abgeben können, wäre nach dieser Ansicht sein Totschlagsversuch fehlgeschlagen.

d) Streitentscheidung

Die drei vertretenen Ansichten kommen für den zu lösenden Fall zu divergierenden Ergebnissen. Dabei sind die „Einzelaktstheorie“ und die „Tatplantheorie“ ergebnisgleich. Taktisch gibt es zwei gangbare Wege: Man kann die „Gesamtbetrachtungslehre“ ablehnen. Da die übrigen beiden Auffassungen zu einem identischen Ergebnis kommen, wäre der Streit damit entschieden. Der zweite Weg bestünde darin, „Einzelaktstheorie“ und „Tatplantheorie“ abzulehnen, womit nur noch die „Gesamtbetrachtungslehre“ übrig bliebe, so dass der Streit damit ebenfalls entschieden wäre. Diesem zweiten Weg wird hier gefolgt.

Dabei stellt der nebenstehende Streitentscheid die abzulehnenden Meinungen voran. Die „Tatplantheorie“ wird mit nur einem Argument abgelehnt. Das Opferschutzargument, mit dem die „Einzelaktstheorie“ verworfen wird, orientiert sich an einem Zweck des § 24 StGB, ist also ein teleologisches Argument. Mit der Ablehnung der vorgenannten beiden Theorien ist der Weg

Gegen die „Tatplantheorie“ spricht, dass ihre Anwendung den besonders skrupellos vorgehenden Täter, der seine Tat bis ins Detail plant, bevorzugt. Kann dieser bei einem weit gefächerten vorüberlegten Spektrum von Handlungsmöglichkeiten noch in den Genuss der Strafbefreiung kommen, wäre der Weg zum Rücktritt dem spontan zur Tat hingerissenen Täter, mangels entsprechend ausgefeiltem Tatplan, verwehrt. Täter mit erheblicher krimineller Energie würden dadurch bevorzugt.

Durch die isolierte Betrachtung jedes einzelnen Schritts zur Tatbestandsverwirklichung ist die Einzelaktstheorie diesem Einwand nicht ausgesetzt. Gegen sie spricht allerdings zum einen, dass dadurch ein in sich geschlossenes Geschehen künstlich aufgespaltet würde. Zum anderen wird dem Täter so bereits in einem sehr frühen Stadium der Weg in die Straffreiheit verwehrt, so dass für ihn nach Vollzug der ersten potenziell erfolgreichen Handlung kein Anreiz mehr besteht, von dem Opfer abzulassen.

für die „Gesamtbetrachtungslehre“ freigeworden, die die Nachteile der anderen beiden Ansichten vermeidet und sich damit als vorzugswürdig darstellt.

Dies widerspricht dem in § 24 StGB zum Ausdruck kommenden Gedanken des Opferschutzes. Damit ist auch diese Ansicht abzulehnen.

Die Gesamtbetrachtungslehre vermeidet die Nachteile der vorgenannten Ansichten; ihr ist daher der Vorzug zu geben.

e) Ergebnis

Hier können Sie zur Subsumtion des Sachverhalts unter die Ansicht durchaus nach oben verweisen, da diese bereits in der Meinungsdarstellung durchgeführt wurde.

Nach der hier vertretenen Gesamtbetrachtungslehre ist, wie oben bereits dargestellt, der Totschlagsversuch noch nicht fehlgeschlagen, der Rücktritt weiterhin möglich.

2. Aufgeben der Tat

Ein bei der Bearbeitung von Rücktrittsfällen häufig auftretendes Problem ist die Behandlung der Rücktrittsalternativen des Aufgebens und Verhinderns des Erfolgs. In vielen Arbeiten wird hier, den meisten Lehrdarstellungen folgend, nach Feststellung des Nichtvorliegens eines Fehlschlags nochmal abstrakt zwischen einem beendeten und einem unbeendeten Versuch abgegrenzt, um erst dann die eigentlichen Rücktrittsalternativen zu prüfen. Eine solche Vorgehensweise ist zweifellos de lege artis, jedoch durch die Aneinanderreihung abstrakter Prüfungen losgelöst von einem tatbestandsorientierten Subsumtionsschema häufig sprachlich umständlich und inhaltlich vom eigentlichen Fall losgelöst. Diese Unsicherheiten lassen sich unseres Erachtens dadurch wirksam vermeiden, dass man zwar den Fehlschlag als gemeinsame negative Voraussetzung zuerst prüft, sodann aber direkt die Tatbestandsalternativen des § 24 StGB behandelt. Eine vorherige Klarstellung, dass nun ein unbeendeter oder beendeter Versuch vorläge, um entscheiden zu können, ob ein Rücktritt durch Aufgeben oder Erfolgsverhinderung möglich wäre, ist überflüssig. Ein Aufgeben der weiteren Tatausführung ist bereits begrifflich nur bei einem unbeendeten Versuch möglich, weshalb die Tatsache der fehlenden Beendigung direkt bei der Rücktrittshandlung (als Tatbestandsmerkmal des § 24 StGB) festgestellt werden kann. Da dieses Vorgehen jedoch unüblich ist, empfiehlt sich (wie in Aufbaufragen übrigens

A müsste die weitere Ausführung der Tat aufgegeben haben, § 24 Abs. 1 S. 1 Alt. 1 StGB.
Aufgeben der Tat bedeutet, von weiteren Maßnahmen zur noch für möglich gehaltenen Tatbestandsverwirklichung abzusehen.
A wusste um die Möglichkeit, den K mit weiteren Schüssen aus seiner Pistole tödlich zu verletzen. Dennoch ließ er von K ab, nachdem er erkannte, was er angerichtet hatte.

stets!) im Zweifelsfalle eine klarstellende Frage beim Übungsleiter.

A hat also die weitere Ausführung der Tat aufgegeben.

3. Freiwilligkeit

Die Definition der Freiwilligkeit des Rücktritts ist im Einzelnen umstritten.[4] Dieser Streit betrifft jedoch primär die Frage, ob die Freiwilligkeit psychologisch oder normativ zu bestimmen ist. Unterschiede ergeben sich im Ergebnis nur äußerst selten. Bei Sachverhalten wie dem vorliegenden, in welchen die Entscheidung des Täters nach jeder Ansicht ausreichend für die Bejahung der Freiwilligkeit ist, kann mit Blick auf den konkreten Sachverhalt die herrschende Ansicht auf eine griffige Formel gebracht werden, welche dann durch die kurze Erweiterung („jedenfalls dann") auf die konsensfähigen Mindestvoraussetzungen (welche im Sachverhalt gegeben sind!) reduziert werden.

Schließlich müsste A freiwillig gehandelt haben. Freiwillig ist der Rücktritt dann, wenn er nicht durch auf den Täter wirkende Zwänge veranlasst wird, sondern durch dessen eigene autonome Entscheidung. Die Freiwilligkeit des Rücktritts kann jedenfalls dann bejaht werden, wenn der Täter die Auswirkungen seiner Tat auf das Opfer und die ihm selbst drohenden Folgen zum Anlass nimmt, von der weiteren Tatausführung Abstand zu nehmen.

Dem A wurde angesichts der Tatfolgen an K klar, welche Konsequenzen er zu befürchten hatte. Das nahm er zum Anlass, die Tat nicht weiter auszuführen.
Somit handelte A freiwillig.
A ist strafbefreiend vom Versuch des Totschlags zurückgetreten, § 24 Abs. 1 S. 1 Alt. 1 StGB.

VI. Ergebnis

A hat sich nicht wegen versuchten Totschlags gemäß §§ 212 Abs. 1, 22, 23 Abs. 1 StGB strafbar gemacht.

B. Strafbarkeit des A wegen Körperverletzung

Es empfiehlt sich, ohne weitere Erwähnung ggf. verwirklichter Qualifikationen den jeweiligen Grundtatbestand zunächst für sich zu prüfen, da dies die Übersichtlichkeit des Gutachtens fördert und gleichzeitig umfangreiche Qualifikationsprüfungen ausgespart werden können, falls bereits eine Strafbarkeit nach dem Grunddelikt ausscheidet.

A könnte sich, indem er auf K geschossen hat, wegen Körperverletzung gemäß § 223 Abs. 1 StGB strafbar gemacht haben.

4 *Kindhäuser* AT § 32/22.

I. Tatbestand

1. Objektiver Tatbestand

a) Dazu müsste A den K durch den Schuss körperlich misshandelt haben, § 223 Abs. 1 Alt. 1 StGB.
Durch den Schuss des A auf K wurde bei K Gewebe in schmerzhafter Weise durchtrennt und somit sein körperliches Wohlbefinden und seine körperliche Unversehrtheit nicht nur unerheblich beeinträchtigt, was als körperliche Misshandlung zu werten ist.

Bei diesem Sachverhalt, bei dem die Körperverletzung unproblematisch gegeben ist und gleichzeitig der Schwerpunkt des Falls offensichtlich auf dem Rücktritt vom Versuch liegt, kann ausnahmsweise auch hier in verkürzter Subsumtion geprüft werden.

b) Weiterhin könnte A dadurch die Gesundheit des K beschädigt haben, § 223 Abs. 1 Alt. 2 StGB.
Der Kopfschuss machte eine intensiv-medizinische Behandlung notwendig. Durch den Schuss wurde bei K also ein pathologischer Zustand, der als Gesundheitsschädigung betrachtet werden muss, hervorgerufen

2. Subjektiver Tatbestand

Nach § 15 StGB müsste A vorsätzlich gehandelt haben.
Wie oben bereits festgestellt, hatte A sogar Tötungsvorsatz. In diesem ist bereits der Vorsatz zur Körperverletzung enthalten, da diese notwendiges Element der Tötung ist.
A handelte vorsätzlich.

II./III. Rechtswidrigkeit und Schuld

Nachdem oben bereits die Rechtswidrigkeits- und Schuldfeststellung einzeln dargestellt wurden (vgl A./III./IV), ist es nun durchaus zulässig, diese hier unproblematischen Punkte zusammen kurz festzustellen. Um deutlich zu machen, dass es sich jedoch weiterhin um zwei unterschiedliche Deliktsebenen handelt, sollten Sie die Überschrift entsprechend als Sammelüberschrift gestalten, indem Sie die zwei Gliederungsebenen („II./III".) kenntlich machen.

Gründe, die gegen Rechtswidrigkeit und Schuld des A sprechen, sind, wie bereits oben ausgeführt, nicht ersichtlich, mithin handelte A rechtswidrig und schuldhaft.

IV. Ergebnis

A hat sich wegen Körperverletzung gemäß § 223 Abs. 1 StGB strafbar gemacht.

C. Strafbarkeit des A wegen gefährlicher Körperverletzung

Darüber hinaus könnte sich A durch den Schuss wegen Gefährlicher Körperverletzung gemäß §§ 223 Abs. 1, 224 Abs. 1 Nr. 2 Alt. 1, Nr. 5 StGB strafbar gemacht haben.

I. Tatbestand

1. Grundtatbestand

Da Sie oben bereits den Grundtatbestand vollständig geprüft haben, ist hier die einfache Verweisung nach oben angezeigt, um überflüssige (und damit falsche) Wiederholungen zu vermeiden.

Der Grundtatbestand der Körperverletzung ist, wie zuvor geprüft, rechtswidrig und schuldhaft verwirklicht.

2. Objektiver Qualifikationstatbestand

a) § 224 Abs. 1 Nr. 2 Var. 1 StGB setzt als Tatwerkzeug eine Waffe voraus.
Eine Pistole ist eine Waffe im Sinne der Vorschrift.

Dass eine Pistole eine Waffe ist, ist ein Fall von solcher Eindeutigkeit, dass selbst in Anfängerklausuren eine kurze Feststellung genügen dürfte.

b) Der Schuss in den Kopf könnte weiterhin eine das Leben gefährdende Behandlung darstellen, § 224 Abs. 1 Nr. 5 StGB.
Eine das Leben gefährdende Behandlung ist jedenfalls dann anzunehmen, wenn durch die Behandlung das Leben des Opfers konkret gefährdet wird.

Zwar herrscht Streit zwischen der herrschenden Meinung, die eine *abstrakte* Lebensgefahr für ausreichend hält (Eignungsdelikt) und einer engeren Mindermeinung (*konkretes* Gefährdungsdelikt).[5] Da in unserem Falle allerdings ein Kopfschuss zweifelsohne selbst nach der engsten vertretenen Ansicht lebensgefährlich ist, kann hier direkt unter die engste Ansicht als „kleinstem gemeinsamen Nenner" subsumiert werden.

Der gezielte Schuss in den Kopf des K durchdrang nur zufällig nicht dessen Schädeldecke und führte daher nicht zum Tod des K.
Eine das Leben gefährdende Behandlung ist mithin gegeben.

3. Subjektiver Qualifikationstatbestand

Der Vorsatz des A müsste auch die Benutzung der Waffe und die lebensgefährdende Behandlung umfassen. Wie oben festgestellt, hatte A den Vorsatz, K

5 *Kindhäuser* BT I § 9/21 ff.

mittels seiner Pistole zu töten. Eine vorhergehende lebensgefährdende Behandlung ist darin notwendig enthalten, so dass A auch diesbezüglich vorsätzlich handelte.

II./III. Rechtswidrigkeit und Schuld

A handelte rechtswidrig und schuldhaft.

IV. Ergebnis

A hat sich wegen Gefährlicher Körperverletzung gemäß §§ 223 Abs. 1, 224 Abs. 1 Nr. 2 Var. 1, Nr. 5 StGB strafbar gemacht.

D. Strafbarkeit des A wegen Hausfriedensbruchs

A könnte sich dadurch, dass er zur Durchführung des Attentats auf K dessen Bürobaracke betrat, wegen Hausfriedensbruchs gemäß § 123 Abs. 1 Alt. 2 StGB strafbar gemacht haben.

I. Objektiver Tatbestand

Hier kann, da das Tatbestandsmerkmal eindeutig erfüllt ist und zugleich § 123 StGB gewiss nicht den Schwerpunkt der Arbeit bildet, ausnahmsweise im verkürzten Stil vorgegangen werden.

1. Geschützte Räumlichkeit: Die Bürobaracke des K dient seiner Tätigkeit als Gebrauchtwagenhändler, ist damit eine abgeschlossene Betriebs- und Verkaufsstätte, die gewerblichen Zwecken dient und mithin ein Geschäftsraum im Sinne von § 123 Abs. 1 Var. 2 StGB.

2. Eindringen: Weiterhin müsste A in diesen Raum eingedrungen sein.

Eindringen ist das Betreten des Raumes gegen oder zumindest ohne den Willen des Berechtigten.

Dass die Bürobaracke des Gebrauchtwagenhändlers K dem allgemeinen Publikumsverkehr offen steht, ergibt sich nicht aus dem Sachverhalt, sondern aus seiner lebensnahen Auslegung. Selbstverständlich kann bei entsprechender Erklärung (z.B. Büro nur zu Verwaltungszwecken, Handel auf dem Platz) auch ein anderes Ergebnis erzielt werden.

Dass A gegen den Willen des K dessen Baracke betreten hat, ist nicht zu erkennen. Auch ein Betreten ohne den Willen des K ist aufgrund der Tatsache, dass die Geschäftsräume zunächst allgemeinem Zutritt potenzieller Kunden und Mitarbeitern offen stehen sollen, nicht anzunehmen.

A ist also nicht in die Bürobaracke des K eingedrungen.

II. Ergebnis

A hat sich nicht wegen Hausfriedensbruchs gemäß § 123 Abs. 1 Var. 2 StGB strafbar gemacht.

E. Gesamtergebnis

Der bei Verwirklichung mehrerer Tatbestände zwingend zu bearbeitende Prüfungspunkt „Konkurrenzen“ fällt bei unserer Falllösung ganz heraus, da ausschließlich ein (Qualifikations-) Tatbestand verwirklicht wurde. Hier noch künstlich aus vorgeblicher Vollständigkeit einen Prüfungspunkt „Konkurrenzen“ einzufügen, wäre sogar materiell falsch, da eine Konkurrenzkonstellation überhaupt nicht gegeben ist.

A hat sich wegen Gefährlicher Körperverletzung gemäß §§ 223 Abs. 1, 224 Abs. 1 Nr. 2 Var. 1, Nr. 5 StGB strafbar gemacht.

StPO-Zusatzfrage

Gerade bei gesetzlich klar geregelten Maßnahmen, Anträgen etc. ist stets ein Obersatz zu bilden. Die Prüfung selbst folgt dem üblichen Schema der Zulässigkeit und Begründetheit eines Rechtsbehelfs oder der formellen und materiellen Rechtmäßigkeit einer Maßnahme. Insoweit ergeben sich keinerlei Unterschiede zu dem Vorgehen in öffentlichrechtlichen Gutachten.

Der Verteidiger kann den Richter gemäß § 24 Abs. 1 StPO ablehnen, wenn die Ablehnung zulässig und begründet ist.

I. Zulässigkeit

1. Ablehnungsbefugnis

V müsste ablehnungsbefugt sein.
Ablehnungsbefugt sind gemäß § 24 Abs. 3 S. 1 StPO die Staatsanwaltschaft, der Privatkläger und der Beschuldigte. Allerdings ist die Aufzählung des § 24 Abs. 3 S. 1 StPO nicht erschöpfend, so dass unstr. auch anderen Prozessbeteiligten, insbesondere der Verteidigung, ein selbständiges Ablehnungsrecht zuzuerkennen ist.
V ist Verteidiger des A und mithin ablehnungsbefugt.

Bereits hier zeigt sich, wie wichtig die Kenntnis der prozessrechtlichen Regeln für das Gutachten ist. Wollte man allein nach dem Wortlaut des Gesetzes vorgehen, wäre die Prüfung bereits in diesem frühen Stadium (fehlerhaft) zu Ende.

2. Zeitpunkt

Gemäß § 26a Abs. 1 Nr. 1 StPO darf die Ablehnung des Richters nicht verspätet sein.

Nach § 25 StPO ist die Ablehnung des Richters bis zum Beginn der ersten Vernehmung des ersten Angeklagten über seine persönlichen Verhältnisse vorzubringen.
Die Hauptverhandlung soll erst in drei Tagen stattfinden.
Die Ablehnung könnte mithin noch rechtzeitig erfolgen.

3. Notwendiger Inhalt

Hier zu subsumieren ist nicht möglich, da es um den Inhalt einer erst noch vorzubringenden Ablehnung geht. Dennoch sollten alle Zulässigkeitsvoraussetzungen angesprochen werden.

Gemäß § 26a Abs. 1 Nr. 2 StPO müsste der Grund für die Ablehnung vorgebracht und glaubhaft gemacht werden.

4. Keine Verschleppung oder verfahrensfremden Zwecke

Die Ablehnung könnte verworfen werden, wenn sie nur der Prozessverschleppung dient oder mit ihr verfahrensfremde Zwecke verfolgt werden, § 26a Abs. 1 Nr. 3 StPO.
Dies ist hier nicht ersichtlich.

5. Zuständiges Gericht

Stets ist auch klarzustellen, gegenüber wem die Prozesshandlung vorzunehmen ist. Diese Fragen sind nicht nur häufige Fehlerquellen in Prüfungen, sondern sind vor allem in der Praxis von großer Wichtigkeit.

V müsste die Ablehnung gegenüber dem zuständigen Gericht erklären.

Gemäß § 26 StPO ist das Ablehnungsgesuch bei dem Gericht, dem der angegriffene Richter angehört, anzubringen.

II. Begründetheit

Weiterhin müsste die Ablehnung des Richters begründet sein.
Dies ist der Fall, wenn er entweder kraft Gesetzes vom Richteramt ausgeschlossen wäre oder die Besorgnis der Befangenheit besteht.

1. Ausschlussgründe

Die Ausschlussgründe der §§ 22, 23 StPO greifen ersichtlich nicht ein.

2. Besorgnis der Befangenheit

Jedoch könnte die Besorgnis der Befangenheit gegeben sein.

Diese besteht gemäß § 24 Abs. 2 StPO, wenn ein Grund vorliegt, der geeignet ist, Misstrauen gegen die Unparteilichkeit eines Richters zu rechtfertigen. Diese Besorgnis ist gerechtfertigt, wenn der ablehnende Verfahrensbeteiligte bei verständiger Beurteilung der Sachlage davon ausgehen kann, dass der abgelehnte Richter eine innere Haltung einnimmt, welche die Unvoreingenommenheit und Unparteilichkeit möglicherweise störend beeinflusst.

Die eigentliche Subsumtion erfolgt hier einzeln hinsichtlich aller relevanten Äußerungen des Richters.

Hier hat der Richter sich zunächst geweigert, den Termin zur Hauptverhandlung zu verlegen. Zur Begründung hat er angeführt, der Angeklagte sei über seine Verteidigungsrechte aufgeklärt worden und eine erst jetzt erfolgte Beauftragung eines Wahlverteidigers gehe zu seinen Lasten.

Diese Begründung ist sachlich gerechtfertigt, zumal hier ein Fall der notwendigen Verteidigung gemäß § 140 Abs. 1 Nr. 1, 2 StPO vorliegt und A ohnehin ein Pflichtverteidiger zur Seite steht.

Allein auf diese Weigerung des Richters zur Terminsverlegung ließe sich das Ablehnungsgesuch mithin schwerlich stützen.

Es reicht bei der Prüfung der Besorgnis der Befangenheit völlig aus, Hinweise auf ihr Vorliegen zu sammeln. Die Ablehnung erfolgt ja bereits auf Grund der „Besorgnis" der Befangenheit, auf ihr tatsächliches Vorliegen kommt es dabei nicht an.

Die Anmerkung jedoch, er wisse ohnehin nicht, was es angesichts der Vorstrafen des A noch zu verteidigen gäbe, weist auf eine bereits vorzeitig festgelegte Meinung zur Schuld des Angeklagten hin.

Die Besorgnis der Befangenheit des Richters ist somit gerechtfertigt.

III. Ergebnis

Die Ablehnung des Richters durch den Verteidiger wäre mithin zulässig und begründet.

Fall 2: Das Fahrlässigkeitsdelikt

Die Prüfung von Fahrlässigkeitsdelikten sollte in der Regel verhältnismäßig wenig Probleme bereiten.

Im objektiven Tatbestand des Fahrlässigkeitsdelikts wird geprüft, ob das Verhalten des Täters überhaupt als strafrechtlich auffällig – sprich sorgfaltswidrig – anzusehen ist. Sodann ist festzustellen, ob diese Sorgfaltswidrigkeit sich objektiv auch tatsächlich im Erfolg niedergeschlagen hat, der Kausalverlauf bei diesem sorgfaltswidrigen Verhalten also objektiv vorhersehbar sowie bei sorgfaltsgemäßem Verhalten vermeidbar war. Hierbei ist ein Maßstab anzulegen, der sich an einem umsichtigen Teilnehmer des jeweiligen Verkehrskreises des Täters orientiert, wobei eventuelles Sonderwissen zu berücksichtigen ist. Exemplarisch: ist unser Täter der Hausarzt des Opfers, dessen komplette Krankengeschichte ihm bekannt ist, so muss etwa gefragt werden, ob ein Arzt mit den speziellen Kenntnissen des Täters um die Kinderkrankheiten des Opfers in der Lage gewesen wäre, die Erfolgsherbeiführung vorherzusehen und durch sorgfaltsgemäßes Verhalten zu vermeiden (Maßstab: „*jemand* wie der Täter").

Bei Fahrlässigkeitsdelikten wird jedoch nicht allein die sorgfaltswidrige Verursachung eines Erfolgs unter Strafe gestellt. Auch die subjektive Einstellung des Täters zu seinem Verhalten ist für die Strafbarkeit mitbestimmend. Es muss daher gefragt werden, ob gerade dieser Täter unter den gegebenen Umständen der konkreten Situation in der Lage war, die Eignung seines sorgfaltswidrigen Verhaltens zur Erfolgsherbeiführung zu erkennen (subjektive Vorhersehbarkeit), und ob es ihm möglich war, die Erfolgsherbeiführung durch sorgfaltsgemäßes Verhalten zu vermeiden (Maßstab: „dieser Täter").

Es herrscht zwar Streit darüber, ob man – wie die traditionelle herrschende Meinung – diese subjektiven Gesichtspunkte erst in der Schuld zu prüfen hat oder nach anderer Ansicht diese Merkmale in einem subjektiven Tatbestand abzuhandeln sind.[6] Praktisch relevant ist dieser Streit nicht, da sich bei exakt gleichem Prüfungsinhalt lediglich der (im Gutachten nicht zu erklärende) Aufbau ändert.

Eine Besonderheit stellen die erfolgsqualifizierten Delikte dar, die in der Regel als Vorsatz-Fahrlässigkeitskombinationen auftreten. Deren Prüfung scheint nur bei oberflächlicher Betrachtung kompliziert, ist es aber bei nüchterner Herangehensweise keineswegs: diese Delikte bestehen aus einem Vorsatz- und einem Fahrlässigkeitsteil. Der Vorsatzteil, also der Teil des Tatbestands, welcher vom Täter noch Vorsatz verlangt, wird wie der Tatbestand eines einfachen Vorsatzdelikts geprüft. Danach geht die Prüfung in den Fahrlässigkeitsteil über, der die fahrlässige Herbeiführung der besonders schweren Folge zum Gegenstand hat. Einzige Besonderheit hierbei ist nun, dass die einfache Kombination eines Vorsatzdelikts mit einem Fahrlässigkeitsdelikt die hohe Strafdrohung der Qualifikation nicht rechtfertigen kann (so wäre eine Gesamtstrafe aus § 222 und § 229 bedeutend milder, als es der Strafrahmen des § 227 vorsieht). Daher wird anstelle des Pflichtwidrigkeitszusammenhangs im Fahrlässigkeitsteil der sog. „Risikozusammenhang" geprüft. Es reicht hier nicht mehr die einfache objektive Vorhersehbarkeit der Erfolgsherbeiführung aus, sondern es muss gefragt werden, ob die Erfolgsherbeiführung schon in dem vorsätzlichen Verhalten angelegt war, ob sich also mit dem qualifizierten Erfolg gerade das sog. spezifische Risiko des Grunddelikts verwirklicht hat. Die Anforderungen daran sind für die Tatbestände des Besonderen Teils oftmals umstritten (so ist

6 *Kindhäuser* AT § 33/49 ff.

es bei § 227 beispielsweise streitig, ob die Todesfolge aus dem Körperverletzungserfolg herrühren muss oder ob es ausreicht, wenn die Körperverletzungshandlung lebensgefährlich war). Das Problem dieser Delikte für Ihr Gutachten liegt somit weniger in einem besonders komplizierten Aufbau, als vielmehr darin, dass die unterschiedlichen Anforderungen an den Risikozusammenhang für jedes dieser Delikte gekannt werden sollten.

Aufgabe:

▶ Sprengmeister S erhält von dem Betreiber eines Basaltsteinbruchs den Auftrag, eine Gesteinswand zu sprengen. Zu diesem Zweck bereitet er eine Sprengung mit 50 in entsprechenden Bohrlöchern platzierten Sprengladungen vor. Da die Arbeiten aufgrund eines Krankheitsfalls in seinem Betrieb länger als geplant dauern, sperrt er rasch selbst den Sprengbereich im Umkreis von ca. 200 m ab.

S leitet die Sprengung ein und gibt vorher die notwendigen akustischen Warnsignale ab. Steinbrucharbeiter A, der aufgrund seines Gehörschutzes, den er bei seiner Arbeit mit dem Bohrhammer stets trägt, das Warnsignal nicht hört, läuft während der Sprengung an das Absperrband und wird von herumfliegenden Steinen tödlich getroffen.

Im Trubel um die Rettungsbemühungen um A übersieht S, dass die Sprengladung eines Bohrlochs nicht gezündet hat. Die nicht detonierten Sprengpatronen bleiben daher im Basalt liegen. Am nächsten Tag wird der Basalt abgebaggert. Dabei trifft die Baggerschaufel auf die vergessene Sprengladung. Die dadurch ausgelöste Detonation zerreißt die Baggerschaufel und verletzt den Baggerführer B im Gesicht und an den Armen.

Strafbarkeit des A nach dem StGB?

StPO-Zusatzfrage:

Da S am Ort des Geschehens mit einer leichten Alkoholfahne angetroffen wird und er sich gegenüber den Beamten der Kriminalpolizei weigert, seine Atemalkoholkonzentration feststellen zu lassen, wird er von den Beamten in die Bonner Uni-Klinik gefahren. Die Beamten verlangen schleunigst einen Arzt, da S eine Blutprobe zu entnehmen sei. Es bestehe der Verdacht, dass S unter Alkoholeinfluss eine gefährliche Sprengung durchgeführt habe.

Dr. B teilt den Beamten allerdings mit, dass er so etwas nur auf richterlichen Beschluss mache. Außerdem sei er gerade zu einem Notfall gerufen worden. Wenn sie darauf bestünden, könnten sie die Angelegenheit aber mit seinem begabten Studenten M ausmachen, der könne genauso gut wie er (wenn nicht besser) Blut abnehmen. Einer der Beamten wendet sich an M und ordnet die Blutentnahme an. Sein Kollege (K) hat jedoch Bedenken: auch er hält einen richterlichen Beschluss für notwendig und hat zudem ein „komisches Gefühl", den M die Blutprobe entnehmen zu lassen. Er sorgt sich um die Verwertbarkeit des Ergebnisses der Blutuntersuchung.

Sind seine Bedenken berechtigt?

Hinweis:
UVV Sprengarbeiten der Berufsgenossenschaft Chemie (Auszug):

§ 34
Sprengbereich

(1) Der Sprengberechtigte hat den Sprengbereich festzulegen. Er umfasst normalerweise einen Umkreis von 300 m von der Sprengstelle.

(2) Abweichend von Absatz 1

- hat der Unternehmer auf Veranlassung des Sprengberechtigten dafür zu sorgen, dass der Sprengbereich vergrößert wird, wenn mit einem Streubereich von mehr als 300 m zu rechnen ist,
- darf der Sprengberechtigte im Einvernehmen mit dem Unternehmer den Sprengbereich verkleinern, wenn sichergestellt ist, dass Personen nicht gefährdet werden.

Die erforderliche Vergrößerung oder eine zulässige Verkleinerung des Sprengbereichs kann unter Berücksichtigung der jeweiligen örtlichen Gegebenheiten in unterschiedlichen Richtungen und Abmessungen vorgenommen werden.

§ 42
Verhalten nach Sprengungen

(1) Sprengstellen über Tage dürfen erst wieder betreten werden, nachdem die Sprengschwaden abgezogen oder beseitigt worden sind.
(2) Der Sprengberechtigte hat sich nach jeder Sprengung vom Sprengergebnis zu überzeugen. Dabei hat er insbesondere auf das einwandfreie Werfen der Vorgabe und eventuell vorhandene Versager zu achten.
(3) Der Unternehmer hat dafür zu sorgen, dass die Sprengstelle vor Wiederaufnahme der Arbeiten durch Inaugenscheinnahme überprüft wird und Gefahrenzustände beseitigt werden.
(4) Festgestellte Unregelmäßigkeiten, die Sprengstoffe und Zündmittel betreffen, sind dem Sprengberechtigten unverzüglich zu melden. ◀

Vorüberlegungen:

Der Sachverhalt berichtet von zwei Personen, die aufgrund unterschiedlicher Umstände und in unterschiedlichem Ausmaß verletzt wurden. Es bietet sich daher an, die Strafbarkeit des S zunächst hinsichtlich der einen und sodann bezüglich der anderen Person zu prüfen. Für die Reihenfolge kann man sich nach der Chronologie der Ereignisse richten und demnach zuerst die Strafbarkeit des S wegen des Todes des A erörtern.

Bezüglich des Todes des A handelte S evident vorsatzlos. Vorsätzliche Tötungsdelikte können daher von vornherein außer Betracht gelassen werden. Für eine Deliktsprüfung einschlägig ist aber die fahrlässige Tötung gemäß § 222 StGB.

Arbeitshypothese: Strafbarkeit gemäß § 222 StGB

Damit allein dürfen Sie sich aber nicht begnügen: Sprengstoffexplosionen sind gemeingefährlich, so dass ein Blick in den 28. Abschnitt des StGB – „Gemeingefährliche Straftaten" – angezeigt ist. Dort finden Sie nicht nur Vorsatzdelikte, sondern auch Vorsatz-Fahrlässigkeitskombinationen und Fahrlässigkeitsdelikte. Fündig werden Sie bei § 308 StGB: „Herbeiführen einer Sprengstoffexplosion". § 308 StGB enthält mehrere Deliktstatbestände: In Abs. 1 findet sich die vorsätzliche Herbeiführung einer Sprengstoffexplosion mit vorsätzlicher konkreter Gefährdung von Leib oder Leben eines anderen Menschen oder fremden Sachen von bedeutendem Wert. In Abs. 2 und 3 wird dieses Delikt erfolgsqualifiziert. Abs. 4 normiert Strafmilderungen für minder schwere Fälle des Abs. 1. In Abs. 5 findet sich eine Abwandlung von Abs. 1 dahingehend, dass zwar die Explosion mit Vorsatz ausgelöst wurde, aber hinsichtlich des Gefährdungserfolgs nur Fahrlässigkeit vorlag. In Abs. 6 ist eine reine Fahrlässigkeitsvariante normiert. Da S erkennbar keinen Gefährdungsvorsatz hatte, die Explosion als solche aber vorsätzlich herbeiführte, ist § 308 Abs. 5 StGB für die Deliktsprüfung einschlägig. Denken kann man darüber hinaus auch noch an nebenstrafrechtliche Delikte, nämlich solche aus dem SprengG. Da die Fallfrage aber auf Strafbarkeit „gemäß StGB“ eingeschränkt ist, darf eine Strafbarkeit nach SprengG nicht geprüft werden.

Arbeitshypothese: Strafbarkeit gemäß § 308 Abs. 5 StGB

Es stellt sich zuletzt noch die Frage, in welcher **Reihenfolge** man §§ 222, 308 Abs. 5 StGB erörtert. Beide sind gleichermaßen einschlägig, gleichermaßen gravierend und ähnlich umfänglich zu prüfen. Zudem würden beide Delikte, sofern sie bejaht würden, in Idealkonkurrenz stehen. Die Reihenfolge kann daher vom Bearbeiter frei gewählt werden.

Bezüglich der Verletzungen des B handelte S ebenfalls offensichtlich ohne Vorsatz. Vorsätzliche Körperverletzungsdelikte sind daher nicht in das Gutachten aufzunehmen, wohl aber die fahrlässige Körperverletzung nach § 229 StGB. Dabei müssen Sie die Besonderheit beachten, dass B selbst die Explosion des von S zwar deponierten, dann aber übersehenen Sprengstoffs auslöst. Die fahrlässige Körperverletzung muss daher als unechtes Unterlassungsdelikt gemäß §§ 229, 13 StGB geprüft werden.

Arbeitshypothese: Strafbarkeit gemäß §§ 229, 13 StGB

Daneben müssen Sie auch wieder auf § 308 StGB achten, und zwar diesmal §§ 308 Abs. 6, 13 StGB als fahrlässiges Herbeiführen einer Sprengstoffexplosion durch Unterlassen.

Arbeitshypothese: Strafbarkeit gemäß §§ 308 Abs. 6, 13 StGB

Die Reihenfolge zwischen §§ 229, 13 StGB einerseits und §§ 308 Abs. 6, 13 StGB andererseits ist wiederum beliebig. Die §§ 229, 13 StGB sind aber ein wenig übersichtlicher zu prüfen und führen zu Ergebnissen, auf die man bei §§ 308 Abs. 6, 13 StGB verweisen kann, so dass diese zweite Deliktsprüfung deutlich vereinfacht wird.

Die StPO-Zusatzfrage:

Der Kriminalbeamte K hat Bedenken, was die Verwertbarkeit der Ergebnisse der Blutentnahme betrifft. Ob ein Verwertungsverbot gegeben ist, richtet sich primär danach, ob die entsprechende Maßnahme rechtmäßig oder rechtswidrig war. In einem zweiten Schritt ist dann zu überlegen, ob bei gegebener Rechtswidrigkeit der Maßnahme ein Verwertungsverbot folgt. In unserem Gutachten wird daher zunächst die formelle und materielle Rechtmäßigkeit der Blutprobenentnahme zu prüfen sein (Ermächtigungsgrundlage könnte **§ 81a StPO** sein). Im Anschluss daran wird je nach Ergebnis dann die Frage der Verwertbarkeit gestellt werden müssen.

Gutachten

A. Strafbarkeit des S wegen fahrlässiger Tötung

S könnte sich wegen fahrlässiger Tötung gemäß § 222 StGB strafbar gemacht haben, indem er die Sprengung ausgelöst hat und A von herumfliegenden Steinen getroffen wurde.

I. Tatbestand

S hat durch die Sprengung einen Steinflug verursacht, durch den A tödlich getroffen wurde. Die von S initiierte Sprengung war mithin kausal für den Tod des A.

1. Sorgfaltspflichtverletzung

Die Fahrlässigkeitshaftung erfordert eine Verletzung der im Verkehr erforderlichen Sorgfalt.

Die den Sprengmeister S treffenden Sorgfaltspflichten ergeben sich direkt aus den für jemanden wie ihn geltenden Vorschriften. Hier hat es uns der Klausurersteller mit dem auszugsweisen Abdruck der jeweiligen Vorschriften verhältnismäßig einfach gemacht, die Sorgfaltsanforderungen an S genauer zu benennen. Jedoch sollte stets (!) auch in Klausuren ohne genauere Angaben in den Gesetzessammlungen nachgeforscht werden, ob es nicht bereits ausdrücklich normierte Sorgfaltspflichten gibt. Das Auffinden dieser Vorschriften erleichtert Ihnen nicht nur das Abfassen der Lösung, sondern wird von Ihnen als Teil der Prüfungsleistung auch gefordert.

Eine solche Sorgfaltspflichtverletzung ist die Nichtbeachtung solcher Regeln, die ein gewissenhafter und einsichtiger Teilnehmer des betreffenden Verkehrskreises eingehalten hätte, um eine Tatbestandsverwirklichung zu erkennen und zu vermeiden.

Einschlägige Sorgfaltsregeln stellt für Sprengarbeiten die Unfallverhütungsvorschrift Sprengarbeiten (UVV Sprengarbeiten) der Berufsgenossenschaft Chemie auf, dort § 34 Abs. 1. Danach hat der Sprengberechtigte den Sprengbereich auf einen Umkreis von 300 m festzulegen und entsprechend abzusperren. S hat den Sprengbereich lediglich in einem Umkreis von 200 m abgesperrt und damit die ihm von der UVV Sprengarbeiten auferlegten Sorgfaltspflichten verletzt.

2. Objektive Vorhersehbarkeit des erfolgsverursachenden Kausalverlaufs

Neben der Sorgfaltspflichtverletzung ist erforderlich, dass der Kausalverlauf bis hin zur Erfolgsverwirklichung objektiv vorhersehbar war. Eine solche Vorhersehbarkeit liegt vor, wenn der Kausalverlauf nicht außerhalb der Lebenserfahrung liegt. Gerade die oben genannten Vorschriften der UVV Sprengarbeiten tragen dem Regelfall Rechnung, dass es bei einer Sprengung typischerweise zum Steinflug kommt. Wird bei einer solchen Sprengung durch geeignete Absperrmaßnahmen nicht dafür Sorge getragen, dass sich keine Personen im Sprengbereich aufhalten, so ist sehr wahrscheinlich, dass diese in den Streubereich des Steinflugs geraten und dabei schwere, wenn nicht gar tödliche Verletzungen davontragen. Die erforderliche objektive Vorhersehbarkeit ist daher gegeben.

3. Objektive Vermeidbarkeit (Pflichtwidrigkeitszusammenhang)

Der Erfolgseintritt müsste objektiv vermeidbar gewesen sein. Dies wäre dann zu verneinen, wenn ein gewissenhafter und einsichtiger Teilnehmer des entsprechenden Verkehrskreises des Täters auch bei Aufbietung der erforderlichen Sorgfalt nicht in der Lage gewesen wäre, den Erfolgseintritt zu vermeiden. Bei korrekt durchgeführten Sicherungsmaßnahmen nach der UVV Sprengarbeiten wäre ausgeschlossen gewesen, dass A von dem herumfliegenden Stein tödlich getroffen worden wäre. Der Pflichtwidrigkeitszusammenhang kann mithin angenommen werden.

II. Rechtswidrigkeit

Rechtfertigungsgründe sind nicht ersichtlich. S handelte daher rechtswidrig.

III. Schuld

1. Individuelle Vorhersehbarkeit des erfolgsverursachenden Kausalverlaufs

Die individuelle Vorhersehbarkeit und Vermeidbarkeit der Erfolgsherbeiführung kann auch im Rahmen eines subjektiven Tatbestands auf der Ebene der Tatbestandsmäßigkeit mit genau dem gleichen Inhalt geprüft werden. Die Verortung dieser subjektiven Fahrlässigkeit ist eine Frage des dogmatischen Standpunkts, der im Gutachten nicht erklärt zu werden braucht.

Die Schuldzuschreibung der Fahrlässigkeitstat erfordert, dass der erfolgsverursachende Kausalverlauf für den S individuell vorhersehbar war.

Individuell vorhersehbar ist der erfolgsverursachende Kausalverlauf dann, wenn der Täter aufgrund seiner Intelligenz und Bildung in der Lage gewesen ist, der objektiven Maßstabsfigur entsprechend die Erfolgsrelevanz seines Verhaltens zu erkennen.

Als ausgebildeter Sprengmeister verfügt der S über die Fachkenntnisse, die es ermöglichen, die Gefahren von Steinflug zu erkennen. Dass Steinflug auftreten und Arbeiter treffen könnte, war für S daher individuell vorhersehbar.

2. Individuelle Vermeidbarkeit des Erfolgseintritts

Ferner muss der Eintritt des Erfolgs dem S individuell vermeidbar gewesen sein.

Individuell vermeidbar ist dem Täter der Erfolg, wenn er aufgrund seiner Fähigkeiten und sozialen Stellung in der Lage gewesen ist, sorgfaltsgemäß zu handeln.

Anhaltspunkte, die dagegen sprechen, dass dem Sprengmeister S eine ordnungsgemäße Absperrung möglich gewesen wäre, sind nicht ersichtlich.

Der Erfolgseintritt war daher individuell vermeidbar.

3. Zumutbarkeit

Bei Fahrlässigkeitsprüfungen muss bei entsprechenden Anhaltspunkten im Sachverhalt die Frage der Zumutbarkeit sorgfaltsgemäßen Verhaltens angesprochen werden. Hierbei geht es um die Frage, ob dem jeweiligen Täter überhaupt vorgeworfen werden kann, dass er sich nicht zu sorgfaltsgemäßem Verhalten hat motivieren lassen.

Die Strafbarkeit wegen Fahrlässigkeit setzt neben den allgemeinen Schulderfordernissen zusätzlich die Zumutbarkeit sorgfaltsgemäßen Verhaltens voraus. Gründe die gegen eine Zumutbarkeit sorgfaltsgemäßen Verhaltens sprechen, sind nicht ersichtlich. Insbesondere kann der bestehende Zeit- und Personaldruck des S nicht die Eingehung von Risiken verständlich machen.

IV. Ergebnis

S hat sich wegen fahrlässiger Tötung gemäß § 222 StGB strafbar gemacht.

B. Strafbarkeit des S wegen Herbeiführens einer Sprengstoffexplosion

S könnte sich mit derselben Handlung wegen Herbeiführens einer Sprengstoffexplosion gemäß § 308 Abs. 5 StGB strafbar gemacht haben.

I. Tatbestand

1. Objektiver Tatbestand

Bei dem gegebenen Sachverhalt wäre es überflüssig, die Prüfung dieses Tatbestandsmerkmals umfassender als mit diesem einfachen Sachverhaltshinweis zu gestalten; Definition und Subsumtion ergeben sich hier bereits ganz ein-

S hat gesprengt, also im Sinne des § 308 Abs. 1 StGB mit Sprengstoff eine Explosion herbeigeführt.

deutig aus der Geschichtserzählung selbst.

Der Hinweis, dass sich die Lebensgefahr bereits im Verletzungs- oder (ggf.) Todeserfolg realisiert hat ist bei Gefährdungsdelikten nicht nur der größeren Klarheit wegen, sondern auch deshalb stets ratsam, da bei vielen Gefährdungsdelikten diskutiert wird, ob es sich um eine abstrakte oder konkrete Gefahr handeln muss. Mit dem Hinweis auf die bereits realisierte Gefahr wird sofort klar, dass diese Auseinandersetzungen im jeweiligen Fall keinerlei Rolle spielen.

Die „Gefährdung" ist letztlich nichts anderes als der drohende Eintritt des tatbestandlichen Erfolges. Der Weg zu diesem Erfolg, dem Tod des A, wurde durch die Sorgfaltswidrigkeit des S beschritten; diese war Gegenstand der objektiven Gefahrbeurteilung im Rahmen der Prüfung der fahrlässigen Tötung. Es wäre also in der Tat müßig, nur aufgrund rein terminologischer Unterschiede nicht einfach auf die entsprechenden Ausführungen zur Fahrlässigkeit zu verweisen.

Die Explosion führte zu Steinflug, der wiederum den A tötete, ihn also auch im Sinne von § 308 Abs. 1 StGB an Leib und Leben gefährdete; die Gesundheitsgefahr hat sich sogar im Verletzungserfolg vollständig realisiert.

Die Gefährdung war – wie bereits erläutert – objektiv vorhersehbar und auch objektiv vermeidbar.

2. Subjektiver Tatbestand

S müsste vorsätzlich gehandelt haben.

Vorsatz ist jedenfalls das Wissen und Wollen der Tatbestandsverwirklichung. S hat bewusst und gewollt gesprengt, die Sprengstoffexplosion also vorsätzlich herbeigeführt.

Die Möglichkeit der Gefährdung des A hingegen war dem S nicht bewusst. Daher handelte er hinsichtlich der Gefährdung nicht mit Vorsatz.

II. Rechtswidrigkeit

S handelte rechtswidrig.

III. Schuld

Für S war die Gefährdung des A auch individuell vorhersehbar und vermeidbar (siehe oben zu § 222 StGB). Ihm war es auch zumutbar, sich sorgfaltsgemäß zu verhalten. Er handelte nach alledem schuldhaft.

IV. Ergebnis

S hat sich deshalb wegen Herbeiführens einer Sprengstoffexplosion gemäß § 308 Abs. 5 StGB strafbar gemacht.

C. Strafbarkeit des S wegen fahrlässiger Körperverletzung des B durch Unterlassen

S könnte sich wiederum mit derselben Handlung auch wegen fahrlässiger Körperverletzung des B durch Unterlassen gemäß §§ 229, 13 StGB strafbar gemacht haben.

I. Tatbestand

B ist verletzt worden, der tatbestandliche Erfolg des § 229 StGB damit eingetreten.

Freilich ist es auch möglich, ein Fahrlässigkeitsdelikt durch Unterlassen zu begehen. Die Sorgfaltspflichtverletzung liegt hier gerade in der Nichtvornahme der gebotenen Handlung.

Der Rest der Prüfung orientiert sich dann an dem für die Fahrlässigkeit „normalen" Aufbau mit der notwendigen Erweiterung auf die Feststellung der Garantenstellung des Täters.

S hat möglicherweise eine zur Erfolgsabwendung objektiv geeignete Handlung unterlassen.

Objektiv geeignet wäre es zur Erfolgsabwendung gewesen, nach der Sprengung zu kontrollieren, ob alle Sprengladungen gezündet sind bzw. ob Versager im Haufwerk liegen. Diese zur Erfolgsabwendung objektiv geeignete Handlung hat S unterlassen.

Die Vornahme der vorbezeichneten Handlung war dem S objektiv möglich.

Weiter ist erforderlich, dass der Erfolgseintritt objektiv vorhersehbar war. Dabei folgt die Vorhersehbarkeit von Versagern und deren Gefahren wiederum aus den Regeln der UVV, hier § 42.

Auch müsste der Erfolgseintritt objektiv vermeidbar gewesen sein. Bei einer Kontrolle des Haufwerks darauf, ob alle Sprengladungen gezündet worden sind, wäre der Versager aufgefallen. B hätte dann gewarnt werden können. Der Verletzungserfolg wäre ausgeblieben. Somit war der Erfolgseintritt objektiv vermeidbar.

Man könnte hier auch daran denken, dass S bereits Garant kraft Übernahme geworden ist, da er ja als Sprengmeister vertraglich für das Steinbruchunternehmen die Sprengung vornahm. Jedoch ist kaum zu begründen, warum der Vertrag mit der Baufirma auch Schutz-

Darüber hinaus müsste S Garant sein.

Nach § 13 Abs. 1 StGB setzt eine Unterlassensstrafbarkeit voraus, dass der Täter rechtlich dafür einzustehen hat, dass der Erfolg ausbleibt. Eine solche

pflichten gegenüber Rechtsgütern Dritter, wie Leib und Leben des A, begründen können sollte. Man mag hier zwar noch über eine mittelbare Begründung nachdenken können, da es sich bei B um einen Arbeiter des Unternehmens handelt. Unstreitig dürfte aber die hier präsentierte Ingerenz sein.

Garantenstellung nimmt man unter anderem bei gefährlichem Vorverhalten an (Ingerenz).

S schaffte mit der Sprengung eine Gefahr. Für diese Gefahr muss er als Verursacher rechtlich einstehen.

Deshalb ist S als Garant anzusehen.

II. Rechtswidrigkeit

S handelte rechtswidrig.

III. Schuld

Dem S war es als ausgebildeter Sprengmeister individuell vorhersehbar und vermeidbar, dass ein Versager im Haufwerk liegen und einen Baggerführer verletzen könnte. Ihm war es auch trotz Zeit- und Personalnot zumutbar, das Haufwerk auf Versager zu kontrollieren. Somit handelte er schuldhaft.

IV. Ergebnis

S hat sich wegen fahrlässiger Körperverletzung durch Unterlassen gemäß §§ 229, 13 StGB strafbar gemacht.

D. Strafbarkeit des S wegen fahrlässigen Herbeiführens einer Sprengstoffexplosion durch Unterlassen

Aufgrund derselben Handlung könnte S auch wegen fahrlässigen Herbeiführens einer Sprengstoffexplosion durch Unterlassen gemäß §§ 308 Abs. 6, 13 StGB strafbar sein.

I. Tatbestand

1. Sorgfaltswidriges Unterlassen

S hat die letzte Explosion fahrlässig durch Unterlassung herbeigeführt. Diesbezüglich gilt das zuvor Ausgeführte zu §§ 229, 13 StGB.

Hier zeigt sich, dass die gewählte Prüfungsreihenfolge auch prüfungsökonomisch sehr sinnvoll ist: Da das Herbeiführen der Sprengstoffexplosion bereits vollständig das auch für § 229, 13 maßgebliche Verhalten ist, kann hier zur Vermeidung überflüssiger Wiederholungen getrost in aller Kürze nach oben verwiesen werden.

2. Fahrlässiges Herbeiführen der Gefahr

Weiter müsste S auch die Gefahr fahrlässig herbeigeführt haben. Auch dies ist, mit Blick auf die vorstehenden Ausführungen zu §§ 229, 13 StGB, zu bejahen.

II. Rechtswidrigkeit

S handelte rechtswidrig.

III. Schuld

Gegen die Schuld des S spricht nichts. Die individuelle Vermeid- und Vorhersehbarkeit von Explosion und Leibesgefahr für B war, wie zuvor festgestellt, ebenfalls gegeben.

IV. Ergebnis

S hat sich damit zugleich auch wegen fahrlässigen Herbeiführens eine Sprengstoffexplosion durch Unterlassen gemäß §§ 308 Abs. 6, 13 StGB strafbar gemacht.

E. Gesamtergebnis/Konkurrenzen

S hat sich wegen fahrlässiger Tötung gemäß § 222 StGB und dem Herbeiführen einer Sprengstoffexplosion gemäß § 308 Abs. 5 StGB strafbar gemacht. Weiterhin hat er sich gemäß §§ 229, 13 sowie 308 Abs. 6 StGB strafbar gemacht. Beide fahrlässigen Erfolgsdelikte stehen dabei jeweils in Tateinheit (§ 52 StGB) zu den jeweils zugleich verwirklichten Sprengdelikten, da nur dadurch im Schuldspruch das besondere Handlungsunrecht der fahrlässigen Erfolgsherbeiführungen deutlich gemacht werden kann. §§ 222, 308 Abs. 5, 52 und §§ 229, 13, 308 Abs. 6, 52 StGB stehen dann wiederum in Tatmehrheit nach § 53 StGB zueinander.

StPO-Zusatzfrage

Hier einen passenden Obersatz zu finden, erfordert bereits einiges Geschick. Wie schon in den Vorüberlegungen erörtert, ist eine zweistufige Prüfung heranzuziehen. Zum einen muss gefragt werden, ob die Blutentnahme überhaupt rechtswidrig war. War sie nämlich rechtmäßig, kommt ein Beweisverwertungsverbot ohnehin nicht mehr in Betracht. Zum anderen muss dann auf der zweiten Stufe geklärt werden, ob die eventuell gegebene Rechtswidrigkeit der Blutentnahme tatsächlich ein Beweisverwertungsverbot nach sich zieht.

Die Bedenken des K hinsichtlich der Verwertbarkeit der Ergebnisse der Blutuntersuchung würden nicht durchgreifen, wenn die Blutentnahme rechtmäßig war.

Da die Voraussetzungen für ein Beweisverwertungsverbot nicht auf eine einfache Formel gebracht werden können, bietet es sich somit an, den Obersatz negativ zu formulieren, um sich nicht bereits hier oben hinsichtlich der Kriterien für Beweisverwertungsverbote festlegen zu müssen.

I. Formelle Rechtmäßigkeit

Die Blutprobenentnahme könnte als körperliche Untersuchung gemäß § 81a Abs. 1 S. 2 StPO formell rechtmäßig sein.

1. Anordnungsbefugnis

Der Kollege des K müsste zunächst überhaupt anordnungsbefugt sein. Anordnungsbefugt ist gemäß 81a Abs. 2 StPO der Richter, bei Gefährdung des Untersuchungszwecks aber auch die Staatsanwaltschaft und Ihre Ermittlungspersonen.

Der Kollege des K ist Ermittlungsperson der Staatsanwaltschaft. Als eine solche wäre er anordnungsbefugt, wenn der Untersuchungszweck durch die Anrufung des Gerichts gefährdet werden würde.

Gerade bei flüchtiger Intoxikation mit Alkohol sind zur verlässlichen Berechnung der Blutalkoholkonzentration zeitnahe Messungen unbedingt erforderlich. Ein weiteres Zuwarten bis zur Erlangung einer richterlichen Anordnung würde daher den Zweck der Untersuchung, nämlich die Erlangung möglichst genauer Werte der Blutalkoholkonzentration, gefährden.

Der Kollege des K war mithin anordnungsbefugt.

2. Adressat der Maßnahme

Die körperliche Untersuchung müsste an A als Beschuldigtem in einem Strafverfahren vorgenommen worden sein.

Die Begründung der Beschuldigtenstellung im Strafverfahren ist umstritten. So streiten objektive und subjektive Theorien miteinander, während vermittelnd die herrschende Meinung einen gemischten Ansatz vertritt. In unserem Fall kämen mithin alle Ansichten zu demselben Ergebnis, so dass auf den

Beschuldigter in einem Strafverfahren ist jedenfalls jeder, gegen den objektiv Tatverdacht besteht und gegen den die Ermittlungsbehörden auch als Beschuldigten vorgehen wollen.

Streit lediglich mit der Voranstellung des „jedenfalls" hingewiesen werden sollte.

Gegen A besteht der Tatverdacht der fahrlässigen Tötung. Die Kriminalbeamten haben A den Tatvorwurf eröffnet und entsprechend belehrt.

A ist Beschuldigter.

3. Durchführung

Die körperliche Untersuchung ohne Einwilligung des Beschuldigten müsste von einem Arzt nach den Regeln der ärztlichen Kunst durchgeführt werden, § 81a Abs. 1 S. 2 StPO.

Die Blutentnahme wurde von einem Medizinstudenten vorgenommen.

Die Durchführung der Blutprobenentnahme war mithin bereits deshalb rechtswidrig.

Bei der Prüfung eines einfachen Verwaltungsakts wäre an dieser Stelle das Gutachten zu beenden. Anders im vorliegenden Fall der Prüfung einer strafprozessualen Maßnahme! Gefragt ist nach dem Vorliegen eines Verwertungsverbots. Da verschiedene Rechtswidrigkeitsgründe unterschiedliche prozessuale Folgen nach sich ziehen können, ist die gesamte Zulässigkeit und Begründetheit einer Ermittlungsmaßnahme zu prüfen.

II. Materielle Rechtmäßigkeit

1. Untersuchungszweck

Die Blutprobenentnahme müsste weiterhin zur Feststellung von Tatsachen angeordnet worden sein, die für das Verfahren von Bedeutung sind.

Verfahrenserhebliche Tatsachen in diesem Sinne sind alle Tatsachen, die die Strafbarkeit des Beschuldigten oder die Prozessvoraussetzungen im konkreten Verfahren betreffen.

Die Blutprobenentnahme ist geeignet, zur Ermittlung der Sorgfaltswidrigkeit der Sprengung sowie zur Beurteilung der Schuldfähigkeit des A beizutragen.

Die Blutentnahme diente also einem legitimen Zweck.

2. Verhältnismäßigkeit

Als eine den Beschuldigten belastende Maßnahme müsste die Blutentnahme schließlich auch verhältnismäßig gewesen sein.

Das Mittel der Blutentnahme dürfte daher nicht außer Verhältnis zu dem oben genannten Zweck stehen und müsste zur Erreichung dieses Zwecks geeignet und erforderlich sein.

Hier wäre als milderes Mittel an die Durchführung einer AAK-Messung (sprich „Pusten") zu denken. Derzeit wird der Blutalkoholmessung zur Überführung des Verdächtigen aufgrund ihrer größeren Genauigkeit jedoch erheblich stärkeres Gewicht beigemessen, da die Atemalkoholmessgeräte zumindest im Strafverfahren (anders im Ordnungswidrigkeitsverfahren!) als zu fehleranfällig gelten. Hinzu kommt, dass die Weigerung des S, seine AAK messen zu lassen, diese Messung praktisch undurchführbar macht, da eine Mitwirkung hier zwingend notwendig ist. Mit Blick auf den strafrechtlichen Vorwurf durften die Beamten also hier die Blutalkoholkonzentrationsmessung vorziehen.

III. Beweisverwertungsverbot

Erst an dieser Stelle wird überprüft, inwieweit die Fehlerhaftigkeit der Maßnahme auch beweisrechtliche Konsequenzen zeitigt.

Die Blutprobenentnahme war rechtswidrig, da sie von einem Medizinstudenten und nicht von einem Arzt vorgenommen wurde. Hieraus könnte sich ein Beweisverwertungsverbot ergeben.

Es gibt verschiedene Möglichkeiten der Begründung von Beweisverwertungsverboten: Rechtskreistheorie, Schutzzweck der Norm und Abwägung im Einzelfall zwischen dem Interesse an der Strafverfolgung und den Rechten des Beschuldigten; sie werden mittlerweile nebeneinander angewendet. Kommt ein Beweisverwertungsverbot nur aus einem dieser Blickwinkel in Betracht, können Sie sich auch nur auf diesen konzentrieren.

Im Falle der körperlichen Untersuchung im Sinne des § 81a StPO ist zur Beurteilung dieser Frage auf den Schutzzweck der Norm abzustellen.

Grund für die Forderung der Durchführung körperlicher Untersuchungen durch approbierte Ärzte ist die weitestgehende Schonung der Gesundheit des Beschuldigten, der die Zwangsmaßnahme zu dulden hat. Die Rechte des Beschuldigten auf körperliche Unversehrtheit sind bei Verstoß gegen diese Schutzvorschriften bereits durch Schmerzensgeld- und Schadensersatzansprüche abgesichert. Vor einer nicht fachgerechten Untersuchung ist der Beschuldigte auch strafrechtlich (§§ 223 ff. StGB) geschützt. Für die Qualität des Beweisergebnisses selbst hingegen spielt es letztlich keine Rolle, ob das Beweismittel nun von einem Arzt oder etwa von einer Krankenschwester oder einem Medizinstudenten erlangt wurde.

Ein Beweisverwertungsverbot besteht mithin nicht.

Fall 3: Unterlassungsdelikte

Straftaten können nicht nur durch ein aktives Tun begangen werden, sondern auch durch ein Unterlassen. In der Rechtsordnung wird ein Unterlassen allgemein aber nur dann bedeutsam, wenn den Unterlassenden eine Rechtspflicht trifft, tätig zu werden. Dies gilt auch im Strafrecht.

Diese Rechtspflicht kann sich unmittelbar und abschließend aus dem gesetzlichen Tatbestand ergeben, indem der Tatbestand die Nichtvornahme der gesetzlich genannten Handlung als Merkmal enthält. Solche Delikte sind sog. echte Unterlassungsdelikte (Beispiel: unterlassene Hilfeleistung gemäß § 323c StGB). Im Gutachtenaufbau ergeben sich diesbezüglich keine Besonderheiten: Man prüft die in der Vorschrift genannten Tatbestandsmerkmale in einer zweckmäßigen Reihenfolge, so wie man es auch vom Begehungsdelikt her kennt.

Neben den echten gibt es aber auch sog. unechte Unterlassungsdelikte. Sie beruhen auf § 13 StGB. Hintergrund dieser Regelung ist in gesetzestechnischer Hinsicht, dass die meisten Tatbestände des Besonderen Teils auf ein aktives Begehen zugeschnitten sind. Diesem aktiven Begehen stellt § 13 StGB unter den dort genannten Voraussetzungen das Unterlassen gleich. Täter eines solchen Unterlassungsdelikts kann nur derjenige sein, der „rechtlich dafür einzustehen hat, dass der Erfolg nicht eintritt". Dies wiederum ist das oben genannte Erfordernis einer Rechtspflicht zum Handeln. Für die gutachterliche Prüfung gelten dieselben Grundsätze wie beim Begehungsdelikt. Besonderheiten ergeben sich aber daraus, dass die jeweilige Vorschrift des Besonderen Teils im Zusammenhang mit § 13 StGB gesehen werden muss. Zum einen ist zu begründen, warum der Täter für die Beseitigung des Risikos zuständig ist (§ 13 Abs. 1 StGB: „rechtlich dafür einzustehen hat, dass der Erfolg nicht eintritt"), zum anderen ist nachzuweisen, dass der Täter in der Lage war, den Erfolg pflichtgemäß mit einer objektiv geeigneten und ihm auch möglichen Handlung abzuwenden.

Ein nicht zu unterschätzendes Problem ist jedoch häufig in der Klausur die Einordnung eines Verhaltens als aktives Tun oder Unterlassen. Zwar dürfte es in Klausuren die Regel sein, dass, wenn der Klausurersteller die Prüfung eines Unterlassungsdelikts erwartet, das entsprechende Verhalten auch verhältnismäßig leicht mit der Formel vom „Schwerpunkt der Vorwerfbarkeit" als Unterlassen eingeordnet werden kann; allerdings sind auch Sachverhalte denkbar, in denen diese Methode einem schlechterdings nicht weiterhelfen kann. Exemplarisch: A beschließt während der Fahrt über die Autobahn, den B nicht an einem bestimmten Ort abzusetzen, sondern ihn vielmehr die ganze Wegstrecke bis zu seinem Zielort im Fahrzeug zu behalten. Er bremst also seine Fahrt an dem verabredeten Punkt nicht ab, sondern fährt einfach weiter, den entrüsteten B zeternd, er möge ihn sofort rauslassen, neben sich. Dass in diesem Falle eine Differenzierung nach dem vielbeschworenen Schwerpunkt der Vorwerfbarkeit nur sehr schwer durchzuführen, wenn nicht gar schlichtweg unmöglich ist, dürfte offensichtlich sein: Ob nämlich hier das maßgebliche Unrecht in dem Nicht-Herauslassen des B (Unterlassung) oder in der Weiterfahrt (aktives Tun) zu sehen ist, dürfte eher eine Geschmacksfrage sein. Bevor hier allerdings in der Klausur die gegebenenfalls folgenschwere Entscheidung getroffen wird, das Geschehen als Tun oder doch Unterlassen aufzufassen, bietet es sich an, der zur Abgrenzung von Tun und Unterlassen in der Literatur favorisierten sog. „Konkurrenzlösung" zu folgen. Diese basiert auf der (im Grunde trivialen) Erkenntnis, dass jedes Tun gleichzeitig auch als Unterlassen beschrieben werden kann (einfaches Beispiel: jeder,

der in eine bestimmte Richtung geht, unterlässt es gleichzeitig, in eine andere Richtung zu schreiten oder stehen zu bleiben). Danach wird erst auf Konkurrenzebene entschieden, ob das in Rede stehende Verhalten als Tun oder Unterlassen zu strafen ist. Erfüllt das Verhalten des Täters sowohl unter der Handlungsbeschreibung als Tun als auch unter der Beschreibung als Unterlassen einen Deliktstatbestand (in unserem oben erdachten Beispielsfall als § 239 und §§ 239, 13), hat sich der Täter zwar wegen beider Varianten strafbar gemacht, auf Konkurrenzebene tritt dann jedoch das Delikt mit dem geringeren Unrechtsgehalt zurück. Dies wird in der Regel, aufgrund der in § 13 Abs. 2 vorgeschriebenen fakultativen Strafmilderung die entsprechende Unterlassensalternative sein.

Auch wenn es scheint, dass Sie auf diesem Weg sehr viel mehr Arbeit in Ihr Gutachten investieren müssen, ist der Mehraufwand recht begrenzt: Zu den meisten Punkten kann sicher nach oben verwiesen werden, lediglich zur Garantenstellung des Täters müsste noch eine ausführliche Prüfung erfolgen. Mit diesem überschaubaren Mehr an Prüfung erkaufen Sie sich dann aber die Sicherheit, eine in jede Richtung „wasserdichte" Prüfung abzuliefern. Dies sollte es allemal Wert sein.

Aufgabe:

▶ A und B sind Mitglieder eines Bootsvereins. An einem Sonntag fahren sie mit einem kleinen Motorboot auf den Rhein. Während der Bootsfahrt geraten A und B über Vereinsangelegenheiten in Streit. Während ein Wort das andere ergibt, bemerken die beiden nicht, dass sie zu nahe an einem großen Frachtschiff vorbeifahren. Die Bugwelle des Frachters bringt das kleine Motorboot so sehr ins Schwanken, dass B über Bord in das kalte Flusswasser fällt. Aufgrund des vorangegangenen Ärgers mit B, der nicht der erste Streit war, sieht A davon ab, dem B einen Rettungsring zuzuwerfen und ihn wieder an Bord zu holen. Das sei – wenn überhaupt – vielmehr Aufgabe des nachfolgenden zweiten Vereinsbootes. Dabei ist sich A aber auch bewusst, dass B von der Besatzung des zweiten Boots übersehen und im kalten Wasser schließlich nach ca. 15 Minuten bewusstlos werden könnte. Dass dies zum Tod des B führen würde, weiß A. Dies nimmt er in der Situation jedoch billigend in Kauf, es geschehe dem B eben ganz recht. A fährt daher einfach weiter, obwohl er B mit seinem Motorboot zügig retten könnte. Währenddessen gelangt B durch Schwimmbemühungen in Ufernähe. Von der Mannschaft des zweiten Vereinsboots wird der B daher nicht gesehen. Am Ufer sitzt aber C. Er erkennt den B in seiner Lage, hält es aber nicht für seine Sache, ihm zu helfen. Dabei hätte ein Anruf mit seinem Mobiltelefon immerhin gereicht, um professionelle Hilfe zu rufen und den B zu retten. Dennoch hat B ein wenig Glück im Unglück: In der Ufernähe wird schließlich ein Passant aufmerksam, der den B mit schweren Unterkühlungen, aber – nach zwischenzeitlich zehn Minuten im Wasser – noch lebendig aus dem Rhein zieht.

Strafbarkeit von A und C gemäß StGB?
§§ 221, 315 f. StGB sind nicht zu prüfen.

StPO-Zusatzfrage:
A wird wegen ggf. verwirklichter Tötungsdelikte angeklagt. Seine damalige Freundin F hatte ihn im Ermittlungsverfahren eher versehentlich durch ungeschickte Aussagen gegenüber dem Ermittlungsrichter belastet. Während des laufenden Verfahrens heiraten die beiden. In der Hauptverhandlung beruft sich die jetzige Frau des A auf ihr Zeugnisverweigerungsrecht. Das Gericht möchte den Ermittlungsrichter als Zeugen vernehmen.
Wären dessen Aussagen verwertbar? ◀

Vorüberlegungen:

Gefragt ist nach der Strafbarkeit zweier Personen (A und C), die in keinem Zusammenhang zueinander stehen. Zwischen diesen beiden Beteiligten gibt es keine logische Prüfungsreihenfolge. Entscheidend für den Gutachtenaufbau sind daher allein Zweckmäßigkeitsgesichtspunkte. Dabei ist zu bedenken, dass die Prüfung des A deutlich umfangreicher ausfallen wird als die des C und damit den Schwerpunkt der Lösung ausmachen wird. Zudem entspricht es der Chronologie des Sachverhalts, zuerst die Strafbarkeit des A zu erörtern, dann die des C.

Als Delikt des A zum Nachteil des B kommt zunächst ein Tötungsdelikt in Frage. Das legt der Sachverhalt mit seinem Hinweis „dass dies zum Tod des B führen würde" nahe. Da B aber letztlich nicht stirbt, kann es nur um einen versuchten Totschlag oder Mord gehen. Dabei muss bedacht werden, dass A den B nicht ins Wasser stieß, sondern B selbst ins Wasser fiel. Andererseits wurde A aber insofern tätig, als er dann mit dem Boot wegfuhr. An dieser Stelle sollte man sich also über die Abgrenzung zwischen Tun und Unterlassen klar werden. Die herrschende Meinung nimmt sie nach dem „Schwerpunkt der Vorwerfbarkeit" vor. Für unser Gutachten dürfte die Schwerpunkt-Formel auch bereits weiterhelfen, da man den Tatvorwurf hier recht eindeutig weniger darin sehen kann, dass sich A räumlich entfernt, als vielmehr darin, dass er nicht tätig wird, indem er den B wieder an Bord holt. Auf diese Weise käme man zu der Prüfung eines unechten Unterlassungsdelikts, nämlich zunächst versuchten Totschlag durch Unterlassen. Schwerpunkt des Gutachtens wird dann an dieser Stelle sein, eine bestimmte, objektiv geeignete und dem A mögliche Rettungshandlung zu benennen und seine Garantenstellung zu untersuchen, die sich hier aus dem Aspekt der Gefahrengemeinschaft ergeben könnte. Nimmt man in diesem Sinne einen versuchten Totschlag durch Unterlassen an, so kommt man im nächsten Schritt zu der Frage, ob nicht auch Mordmerkmale gegeben sind, etwa niedrige Beweggründe.

Arbeitshypothese: Strafbarkeit des A wegen versuchten Mordes durch Unterlassen gemäß §§ 212, 211 Abs. 1 und 2, 13, 22 f. StGB

Für A kommt aber nicht nur ein versuchtes Tötungsdelikt in Betracht. Immer dann, wenn eine Tötung versucht wurde, sollte man auch an die regelmäßig mit dem Tötungsversuch einhergehenden vollendeten Körperverletzungsdelikte denken, die hier ebenfalls als unechte Unterlassungsdelikte zu prüfen wären. So liegt es auch hier: B war dem kalten Rheinwasser ausgesetzt und zog sich Unterkühlungen zu. Nicht vergessen sollte man zudem die Qualifikation nach § 224 Abs. 1 Nr. 5 StGB.

Arbeitshypothese: Strafbarkeit des A wegen gefährlicher Körperverletzung durch Unterlassen gemäß §§ 223, 224 Abs. 1 Nr. 5, 13 StGB

Die Strafbarkeit des C wirft keine schwierigen Probleme auf: Er ist ersichtlich ein „jedermann", der nach dem echten Unterlassungsdelikt des § 323c StGB – unterlassene Hilfeleistung – beurteilt werden muss. Da es sich um ein echtes Unterlassungsdelikt handelt, sind die Voraussetzungen des § 13 StGB hierfür irrelevant.

Arbeitshypothese: Strafbarkeit des C wegen unterlassener Hilfeleistung gemäß § 323c StGB

Die Vorüberlegungen führen zu folgendem – vorläufigen – Gutachtenaufbau:

A. Strafbarkeit des A
   I. Strafbarkeit wegen versuchten Totschlags durch Unterlassen
   II. Ggf. Strafbarkeit wegen versuchten Mordes durch Unterlassen
   III. Strafbarkeit wegen Körperverletzung durch Unterlassen
   IV. Ggf. Strafbarkeit wegen gefährlicher Körperverletzung durch Unterlassen

B. Strafbarkeit des C
   Strafbarkeit wegen unterlassener Hilfeleistung

Die StPO-Zusatzfrage

Die StPO-Zusatzfrage betrifft den Klausurklassiker der mittelbaren Beweisgewinnung. Die Umgehung des Unmittelbarkeitsgrundsatzes wird im Sachverhalt offensichtlich, zumal es sich um eine im Hauptverfahren zeugnisverweigerungsberechtigte Zeugin handelt. Zur Beantwortung der Fallfrage dürfte § 252 StPO ausschlaggebend sein. Ob dieser ein umfassendes Einführungsverbot begründet oder nach strenger Wortlautauslegung nur ein Verlesungsverbot regelt, ist umstritten. Die Lösung kann also nach dem „normalen" gutachterlichen Schema in Auseinandersetzung mit § 252 StPO vorgenommen werden und dürfte handwerklich keine Probleme bereiten.

Gutachten

A. Strafbarkeit des A

I. Strafbarkeit des A wegen versuchten Totschlags durch Unterlassen

Der Versuch ist gegenüber der Vollendung materiell subsidiär. Bevor Sie ein Versuchsdelikt prüfen, sollten Sie daher ein Vollendungsdelikt ausgeschlossen haben. Dafür sollte regelmäßig zuerst eine Vollendungsprüfung stattfinden. Nur in den Fällen, in denen die mangelnde Vollendung klar auf der Hand liegt, dürfen Sie direkt mit der Prüfung des Versuchsdelikts beginnen. Ein solch klarer Fall ist hier gegeben, weil B nicht gestorben ist.

Entsprechendes gilt für die Frage, ob das Delikt als Begehungs- oder unechtes Unterlassungsdelikt zu prüfen ist. Da jedes Begehungsdelikt zugleich ein unechtes Unterlassungsdelikt als Kehrseite hat (als Unterlassen der Deliktsvermeidung!), ist das unechte Unterlassungsdelikt materiell subsidiär zum Begehungsdelikt. Lässt sich also ein Verhalten als Begehungsdelikt bewerten, erübrigt sich eine weitere Erörterung als Unterlassungsdelikt. Im Zweifel sollte man daher mit der Prüfung der Begehensvariante anfangen und dort die Abgrenzung zwischen Tun und Unterlassen treffen. Lediglich in klaren Fällen, wie diesem hier, können Sie sich direkt der Unterlassensprüfung widmen.

A könnte sich wegen versuchten Totschlags durch Unterlassen gemäß §§ 212, 22 f., 13 StGB strafbar gemacht haben, indem er den B im Wasser alleine ließ.

1. Vorprüfung

a) B lebt noch, so dass der Totschlag nicht vollendet wurde.

b) Der Totschlag ist aufgrund seiner Mindestfreiheitsstrafe von fünf Jahren (§ 212 Abs. 1 StGB) ein Verbrechen im Sinne von § 12 Abs. 1 StGB, dessen Versuch nach § 23 Abs. 1 StGB strafbar ist.

2. Tatbestand

a) Subjektiver Tatbestand

aa) Erfolg

Erforderlich ist zunächst ein Tatentschluss des A bezüglich des tatbestandsmäßigen Erfolgseintritts, also des Todes des B.

Ein solcher Tatentschluss ist vorhanden, wenn der Täter den tatbestandlichen Erfolg zumindest als möglich voraussieht und billigend in Kauf nimmt.

A war sich bewusst, dass B im kalten Wasser sterben könnte. Seiner Ansicht nach wäre dies dem B zu Recht geschehen, so dass er den Todeseintritt billigte.

Demnach war bei A ein Tatentschluss vorhanden, der den Tod des B umfasste.

bb) Bestimmte, geeignete Handlung

Unterlassen ist die Nichtvornahme einer

a) bestimmten Handlung, die
b) zur Erfolgsabwendung objektiv geeignet und
c) tatsächlich möglich war.

Der Punkt a) ist besonders wichtig: Man muss eine ganz konkrete, bestimmte Handlung in den Blick nehmen und präzise bezeichnen. Diese Handlung muss auf ihre objektive Eignung zur Erfolgsabwendung untersucht werden und dem Täter auch tatsächlich

Weiter muss der Tatentschluss des A das Unterlassen einer bestimmten, zur Erfolgsabwendung objektiv geeigneten Handlung umfasst haben.

Das setzt voraus, dass sich der Täter einer bestimmten Handlungsweise bewusst war, die den Erfolg effizient abgewendet hätte.

Eine solche Handlung bestand hier für A darin, mit dem Motorboot zu B zu fahren und den B wieder an Bord zu ziehen, was die Gefahr für diesen zuverlässig

möglich gewesen sein. Der häufigste Fehler in Prüfungsarbeiten besteht hier darin, keine bestimmte Handlung zu untersuchen, sondern nur von der „Unterlassung“, das Opfer zu „retten“, zu sprechen.

beseitigt hätte. Dieser Handlungsmöglichkeit war sich der A bewusst.

Der Tatentschluss des A umfasste daher auch das Unterlassen einer bestimmten, zur Erfolgsabwendung objektiv geeigneten Handlung.

cc) Möglichkeit der Handlung

Diese Handlung muss dem A nach seiner Vorstellung tatsächlich möglich gewesen sein.

A hätte nach seiner Vorstellung jederzeit zu B fahren und ihn aus dem Wasser ziehen können. Dem A waren keine Hindernisse bewusst, die eine solche Handlung hätten unmöglich erscheinen lassen.

Die Rettungshandlung war dem A nach seiner Vorstellung ohne weiteres möglich.

dd) Garantenstellung

Nach § 13 Abs. 1 StGB setzt die Unterlassungsstrafbarkeit voraus, dass der Täter „rechtlich dafür einzustehen hat, dass der Erfolg nicht eintritt“. Eine solche Einstandspflicht nimmt man an, wenn der Täter eine sog. Garantenstellung innehat. Die Garantenstellung ist kein Merkmal, unter das man einfach subsumieren könnte. Vielmehr existiert eine Vielzahl von abstrakten Herleitungen, die für ein Gutachten kaum greifbar sind. Ungeachtet der unklaren Herleitung sind aber einige typische Garantenstellungen allgemein anerkannt. Man hält sich daher im Gutachten an die in Betracht kommende Fallgruppe. Das ist für den hier zu lösenden Fall die Garantenstellung aus dem Aspekt einer Gefahrengemeinschaft. Man legt diese Garantenstellung dann näher dar und subsumiert den Fall unter ihre Voraussetzungen.

Der A müsste sich ferner Umständen bewusst gewesen sein, die eine Garantenstellung begründen.

Eine solche Garantenstellung kann sich unter anderem aus dem Aspekt einer Gefahrengemeinschaft ergeben. Dabei handelt es sich um eine Gemeinschaft, die ihrem Wesen nach auf gegenseitige Hilfe und Beistand ausgelegt ist, weil man sich Gefahren aussetzt, die durch die Gemeinsamkeit besser gemeistert werden können.

A und B fuhren in einem Vereinsmotorboot auf dem Rhein. Strömung, kaltes Wasser und die Binnenschifffahrt sorgen für ein Gefahrenniveau, dem vor allem mit der Umsicht mehrerer Personen begegnet werden kann. Das Vorhandensein mehrerer Personen ist vor allem auch dann essentiell, wenn es zum „Mann über Bord“ kommt. Das zeigt sich auch in dem zu beurteilenden Sachverhalt. Bootsfahrten ohne Begleitung sind auch aus Sicherheitsgründen unüblich. Daher ist anzunehmen, dass A und B zumindest konkludent eine Gefahrengemeinschaft bildeten.

Dieser Umstände, ungeachtet der rechtlichen Einordnung, war sich A bewusst.

b) Objektiver Tatbestand

Erforderlich ist, dass A gemäß § 22 StGB unmittelbar zur Tatbestandsverwirklichung angesetzt hat.

Umstritten ist aber, wie das unmittelbare Ansetzen im Falle eines Unterlassungsdelikts zu definieren ist.

aa) Nach einer Ansicht setzt der Täter zum Unterlassungsdelikt schon dann an, wenn er die allererste Möglichkeit zur gebotenen Erfolgsabwendung verstreichen lässt.

Für den A hätte die erste Rettungsmöglichkeit darin bestanden, den B unmittelbar aus dem Wasser zu holen. Diese Möglichkeit ließ A verstreichen, indem er mit dem Boot davonfuhr.

Nach dieser Ansicht wäre also davon auszugehen, dass A im Sinne von § 22 StGB unmittelbar zur Tatbestandsverwirklichung ansetzte.

bb) Nach der Gegenauffassung hat der Täter zum Unterlassungsdelikt erst dann unmittelbar angesetzt, wenn er die allerletzte Rettungschance versäumt hat.

B wäre in dem kalten Flusswasser nach ca. 15 Minuten bewusstlos geworden und infolgedessen wenige Minuten später gestorben. Zu diesem Zeitpunkt hätte die letzte Rettungschance bestanden. B kam aber gut fünf Minuten früher aus dem Wasser. Die letzte Rettungschance wurde von A also nicht versäumt.

Nach dieser Auffassung wäre daher noch kein unmittelbares Ansetzen zur Tatbestandsverwirklichung anzunehmen.

cc) Eine weitere Meinung nimmt ein unmittelbares Ansetzen zum Unterlassungsdelikt an, sobald das zu schützende Rechtsgut (objektiv) konkret in Gefahr geraten ist.

B befand sich in dem kalten Wasser eines großen, schnell strömenden Flusses. Eine Rettung aus einer solchen Situation aus eigener Kraft erscheint bereits als glücklicher Zufall. Daher ist davon auszugehen, dass eine konkrete Gefahr für das Leben des B bestand, als er sich im Wasser befand.

Diese dritte Meinung käme daher zu dem Ergebnis, dass A im Sinne von § 22 StGB unmittelbar angesetzt hat.

dd) Die herrschende Meinung beurteilt das unmittelbare Ansetzen zum Unterlassungsdelikt aus der Tätersicht und nimmt den Versuchsbeginn an, sobald das Rechtsgut in akute Gefahr gelangt oder der Täter die Rettungsmöglichkeiten ganz aus der Hand gibt, so dass die Dinge nur noch ihren Lauf nehmen können.

Auch aus Sicht des A war klar, dass sich B in akuter Lebensgefahr befand.

Die herrschende Meinung würde daher in dem Verhalten des A ein unmittelbares Ansetzen im Sinne von § 22 StGB sehen.

ee) Die für den zu beurteilenden Fall abweichende Ansicht, die den Versuchsbeginn erst mit dem Verstreichenlassen der letzten Rettungsmöglichkeit annimmt, argumentiert damit, dass die Rechtsordnung nur die rechtzeitige Erfolgsabwendung verlange. Rechtzeitig sei eben auch eine Erfolgsabwendung „im letzten Moment". Diese Ansicht führt aber dazu, dass sie das Versuchsstadium für die Unterlassungsdelikte praktisch aufhebt. Damit ginge einher, dass auch die Möglichkeit des strafbefreienden Rücktritts weitgehend abgeschnitten würde. Dieser abweichenden Ansicht kann daher nicht gefolgt werden. Die übrigen Ansichten kommen für den Fall zu einem übereinstimmenden Ergebnis:

A setzte zur Tatbestandsverwirklichung unmittelbar an.

3. Rechtswidrigkeit

A handelte mangels eingreifender Rechtfertigungsgründe rechtswidrig.

4. Schuld

Mangels Eingreifens von Entschuldigungs- oder Schuldausschließungsgründen handelte A auch schuldhaft.

5. Ergebnis

A hat sich wegen versuchten Totschlags durch Unterlassen gemäß §§ 212 Abs. 1, 13, 22 f. StGB strafbar gemacht.

II. Strafbarkeit des A wegen versuchten Mordes durch Unterlassen

Durch dasselbe Verhalten könnte sich A wegen versuchten Mordes durch Unterlassen gemäß §§ 212, 211 Abs. 1 und 2 Gruppe 1 Var. 4, 22 f., 13 StGB strafbar gemacht haben.

1. Vorprüfung

Nach Punkt I. kann die Vorprüfung an dieser Stelle nun auf das Minimum verkürzt, wenn nicht gar ganz weggelassen werden. Im Zweifel steht man aber mit einem knappen Satz auf der sicheren Seite.

Das Delikt ist nicht vollendet (siehe oben Punkt I.) und der Versuch gemäß §§ 23 Abs. 1, 12 Abs. 1, 211 Abs. 1 StGB strafbar.

2. Tatbestand

a) Grundtatbestand

Im Gegensatz zur ganz herrschenden Lehre betrachtet die Rechtsprechung den Mord nicht als Qualifikation zum Totschlag bzw. den Totschlag nicht als Grundtatbestand des Mordes. Vielmehr meint die Rechtsprechung, beide Delikte seien gänzlich selbständig. Die herrschende Lehre hat sich aber derart durchgesetzt, dass Sie den Mord im Gutachten ohne weitere Argumentation als Qualifikation zum Totschlag betrachten dürfen, zumal es sich hier um eine Aufbaufrage handelt, die als solche ohnehin nicht begründet werden darf. Lediglich bei der Anwendung von § 28 StGB ist es weiterhin gefordert, zum Verhältnis zwischen Mord und Totschlag Stellung zu nehmen.

Der Grundtatbestand – versuchter Totschlag durch Unterlassen – ist erfüllt (siehe oben Punkt I.).

b) Subjektiver Qualifikationstatbestand

A könnte aus niedrigen Beweggründen im Sinne des § 211 Abs. 2 Gruppe 1 Var. 4 StGB gehandelt haben.

Niedrige Beweggründe liegen vor, wenn die Motive einer Tötung nach allgemeiner sittlicher Anschauung verachtenswert sind und auf tiefster Stufe stehen.

Hier ist vor allem zu berücksichtigen, dass sich A spontan aufgrund der ungeplanten und auch sonst unerwarteten Situation zur möglichen Tötung des B entschloss, die er auch nur billigend in Kauf nahm, aber nicht beabsichtigte. Der Spontanentschluss entsprang zudem einem unmittelbar vorangegangenen Streit zwischen beiden Personen. Die Motive des A sind damit nicht in einem solchen Maß verachtenswert, das über den Normalfall eines gewöhnlichen Totschlags nennenswert hinausginge.

A handelte folglich nicht aus niedrigen Beweggründen.

3. Ergebnis

A hat sich nicht wegen versuchten Mordes durch Unterlassen gemäß §§ 212, 211 Abs. 1 und 2 Gruppe 1 Var. 4, 22 f., 13 StGB strafbar gemacht.

III. Strafbarkeit des A wegen Körperverletzung durch Unterlassen

A könnte sich durch dasselbe Verhalten wegen Körperverletzung durch Unterlassen gemäß §§ 223 Abs. 1, 13 StGB strafbar gemacht haben.

1. Tatbestand

a) Objektiver Tatbestand

aa) Körperliche Misshandlung

An dieser Stelle sollten Sie aufpassen: Im objektiven Tatbestand des unechten Unterlassungsdelikts prüft man unter anderem den Eintritt des tatbestandsmäßigen Erfolgs, sofern es sich bei dem zu prüfenden Delikt (wie hier) um ein Erfolgsdelikt handelt. Das Tatbestandsmerkmal der körperlichen Misshandlung hat dabei seine Tücken, weil es sowohl ein Handlungs- als auch ein Erfolgselement enthält. In der rechten Spalte wurde daher allein das an dieser Stelle maßgebliche Erfolgselement erörtert.

Bei B könnte der Erfolg einer körperlichen Misshandlung eingetreten sein (§ 223 Abs. 1 Alt. 1 StGB).

Der Erfolg einer körperlichen Misshandlung liegt in einer nicht nur unerheblichen Beeinträchtigung der körperlichen Integrität oder des körperlichen Wohlbefindens.

In dem kalten Wasser wurden das körperliche Wohlbefinden des B und seine körperliche Unversehrtheit mehr als nur unerheblich beeinträchtigt.

Der Erfolg einer körperlichen Misshandlung ist bei B eingetreten.

bb) Gesundheitsschädigung

B könnte an seiner Gesundheit geschädigt worden sein (§ 223 Abs. 1 Alt. 2 StGB).

Gesundheitsschädigung ist das Hervorrufen oder Steigern eines pathologischen Zustands.

Die Unterkühlung des B erfordert einen Heilungsprozess, ist also ein im Wasser hervorgerufener pathologischer Zustand.

B wurde somit an seiner Gesundheit geschädigt.

cc) Sonstige objektive Merkmale

Die rechts knapp festgestellten Tatbestandsmerkmale sind identisch mit denjenigen, die bereits oben unter Punkt I. beim versuchten Totschlag durch Unterlassen geprüft wurden. Zwar wurden sie oben im subjektiven Tatbestand auf Grundlage der Vorstellungen des A erörtert, jedoch stimmten diese Vorstellungen mit der Wirklichkeit überein, so dass insoweit keine Diskrepanzen bestehen. Eine ausführliche Prüfung wäre daher eine überflüssige Wiederholung.

A unterließ als Beschützergarant die Vornahme einer bestimmten, zur Erfolgsabwendung objektiv geeigneten und ihm möglichen Handlung.

b) Subjektiver Tatbestand

A müsste auch mit Vorsatz gehandelt haben.

Vorsatz ist jedenfalls das Wissen und Wollen der Tatbestandsverwirklichung.

A war sich bewusst, dass B in dem kalten Wasser sterben wird. Das umfasst auch das Wissen um die Unterkühlung und die damit einhergehende Verletzung. Hinsichtlich des Wollens ist es ausreichend, dass A den Erfolgseintritt billigend in Kauf nahm.

A handelte also mit Vorsatz.

2. Rechtswidrigkeit

A handelte rechtswidrig.

3. Schuld

A handelte auch schuldhaft.

4. Ergebnis

A hat sich wegen Körperverletzung durch Unterlassen gemäß §§ 223 Abs. 1, 13 StGB strafbar gemacht.

IV. Strafbarkeit des A wegen gefährlicher Körperverletzung durch Unterlassen

Durch dieselbe Verhaltensweise könnte sich A schließlich wegen gefährlicher Körperverletzung durch Unterlassen gemäß §§ 223 Abs. 1, 224 Abs. 1 Nr. 5, 13 StGB strafbar gemacht haben.

1. Tatbestand

a) Grundtatbestand

Der Grundtatbestand (§ 223 StGB) ist erfüllt (siehe oben Punkt III.).

b) Objektiver Qualifikationstatbestand

Es ist umstritten, ob die in § 224 Abs. 1 Nr. 5 StGB genannte Lebensgefahr eine konkrete sein muss oder ob bereits eine abstrakte Lebensgefahr ausreicht. Wenn eine konkrete Lebensgefahr eingetreten ist, kommt es auf diese Problemfrage aber gar nicht an. Man macht lediglich beiläufig kenntlich, dass man das Problem kennt (siehe rechts: „jedenfalls dann lebensgefährdend, wenn ... konkret war"), vertieft es aber nicht weiter.

Es könnte das Merkmal einer lebensgefährdenden Behandlung gemäß § 224 Abs. 1 Nr. 5 StGB vorliegen.

Eine Behandlung ist in diesem Sinne jedenfalls dann lebensgefährdend, wenn die mit der Handlung verbundene Lebensgefahr konkret war, es also nur eine Frage des Zufalls blieb, dass nicht der Tod eintrat.

Das Leben des B war durch das Unterlassen des A in konkreter Gefahr. Seine Rettung war letztlich ein Zufall und hätte ebenso gut ausbleiben können.

B wurde daher einer lebensgefährdenden Behandlung ausgesetzt.

c) Subjektiver Qualifikationstatbestand

A handelte mit Wissen und Wollen hinsichtlich aller Tatumstände, also mit Vorsatz.

2. Rechtswidrigkeit

Das Handeln von A ist rechtswidrig.

3. Schuld

A handelte auch schuldhaft.

4. Ergebnis

A hat sich wegen gefährlicher Körperverletzung durch Unterlassen gemäß §§ 223, 224 Abs. 1 Nr. 5, 13 StGB strafbar gemacht.

V. Konkurrenzen

Ausreichend ist es auch, statt von „Spezialität" allgemeiner von „Gesetzeskonkurrenz" zu sprechen.

Die gefährliche Körperverletzung verdrängt die einfache Körperverletzung als Qualifikationstatbestand im Wege der Spezialität.

Das vollendete Körperverletzungsdelikt steht mit dem nur versuchten Tötungsdelikt in Idealkonkurrenz (§ 52 StGB).

VI. Zwischenergebnis

A hat sich wegen versuchten Totschlags durch Unterlassen und gefährlicher Körperverletzung durch Unterlassen gemäß §§ 212 Abs. 1, 13, 22 f.; 223, 224 Abs. 1 Nr. 5, 13; 52 StGB strafbar gemacht.

B. Strafbarkeit des C wegen unterlassener Hilfeleistung

C könnte sich wegen unterlassener Hilfeleistung gemäß § 323c StGB strafbar gemacht haben, indem er am Flussufer untätig sitzen blieb, als der B im Wasser vorbeitrieb.

I. Tatbestand

1. Objektiver Tatbestand

a) Unglücksfall

Es könnte ein Unglücksfall vorgelegen haben.

Ein Unglücksfall ist ein plötzlich eintretendes, unter Umständen auch vom Gefährdeten selbst verursachtes Ereignis, das erhebliche Gefahr für ein Individualrechtsgut mit sich bringt oder zu bringen droht.

B ist plötzlich und unabsichtlich ins Wasser gefallen. Dieses Ereignis bedingte eine lebensgefährliche Unterkühlung für B.

Somit ist ein Unglücksfall eingetreten.

b) Erforderliche Hilfeleistung

Die Hilfeleistung, die C unterließ, muss erforderlich gewesen sein.

Erforderlich ist die Hilfe, die aus der ex ante-Sicht eines verständigen Beobachters zur erfolgreichen Schadensabwendung möglich und notwendig ist.

C hätte vom Ufer aus ohne weiteres sein Mobiltelefon zur Hand nehmen können, um professionelle Hilfe herbeizurufen. Aus seiner Sicht war also eine notwendige Hilfsmöglichkeit vorhanden.

C unterließ daher die erforderliche Hilfe.

c) Zumutbarkeit der Hilfeleistung

Die Hilfeleistung muss auch zumutbar gewesen sein.

Die Zumutbarkeit steht in Frage, wenn mit der Hilfeleistung eine eigene Gefahr oder die Verletzung anderer wichtiger Pflichten verbunden wäre.

Beides ist hier nicht der Fall.

Die Hilfeleistung war daher auch zumutbar.

2. Subjektiver Tatbestand

C handelte in Kenntnis und mit Wollen aller Umstände, also vorsätzlich.

II. Rechtswidrigkeit

Das Handeln des C ist von keinen Rechtfertigungsgründen gedeckt, also rechtswidrig.

III. Schuld

C handelte auch schuldhaft.

IV. Ergebnis

C hat sich wegen unterlassener Hilfeleistung gemäß § 323c StGB strafbar gemacht.

C. Gesamtergebnis

A ist wegen versuchten Totschlags durch Unterlassen und gefährlicher Körperverletzung durch Unterlassen strafbar, §§ 212 Abs. 1, 13, 22 f.; 223 Abs. 1, 224 Abs. 1 Nr. 5, 13; 52 StGB.

C ist wegen unterlassener Hilfeleistung strafbar, § 323c StGB.

StPO-Zusatzfrage

Der Vernehmung des Ermittlungsrichters in der Hauptverhandlung könnte § 252 StPO entgegenstehen.

I. Vernehmung

Hierzu müsste es sich bei der Befragung der F durch den Ermittlungsrichter überhaupt um eine Vernehmung im Sinne von § 252 StPO handeln. Nach dem § 252 StPO zugrunde liegenden weiten Vernehmungsbegriff fallen hierunter bereits alle vernehmungsähnlichen Situationen. F wurde als Belastungszeugin gegen A durch einen Ermittlungsrichter zur Sache befragt. Eine Vernehmung im Sinne des § 252 StPO liegt vor.

II. Zeugnisverweigerungsrecht der Zeugin

Weiterhin müsste F zeugnisverweigerungsberechtigt sein. Als Ehefrau des A ist sie gemäß § 52 StPO berechtigt, das Zeugnis zu verweigern. Dabei ist es unerheblich, dass das Zeugnisverweigerungsrecht erst im Laufe des Verfahrens entstand.

III. Verwertungsverbot

§ 252 StPO müsste ein umfassendes Einführungsverbot bedeuten.

1. Reichsgericht

Das Reichsgericht hatte die Bestimmung des § 252 StPO in enger Anlehnung an den Wortlaut als reines Verlesungsverbot angewendet, so dass zwar nicht das Protokoll über die frühere Vernehmung verlesen werden durfte, der Inhalt der Vernehmung gleichwohl über die Zeugenvernehmung des Vernehmungsbeamten verwertet werden konnte. Nach dieser Ansicht könnte der Ermittlungsrichter als Zeuge darüber vernommen werden, was F ihm gegenüber im Ermittlungsverfahren äußerte.

2. BGH

Der BGH[7] hat die Umgehung des § 252 StPO insoweit eingeschränkt, als er nur noch richterliche Verhörspersonen als Zeugen über den Inhalt der früheren Vernehmung zugelassen hat, aber nicht mehr polizeiliche oder staatsanwaltschaftliche Vernehmungsbeamte. Dies aber auch nur, wenn der vernehmende Richter den Zeugen über sein Zeugnis-

7 *Kindhäuser* StPR § 21/64 mit weiteren Nachweisen.

verweigerungsrecht belehrt hat. Da der Ermittlungsrichter eine richterliche Verhörsperson ist, wäre es nach Meinung des BGH danach zulässig, ihn über die Zeugenaussage der F zu vernehmen. Allerdings bestand zur Zeit der ermittlungsrichterlichen Vernehmung der F noch kein Zeugnisverweigerungsrecht, so dass eine Belehrung der F durch den Ermittlungsrichter noch gar nicht in Betracht kam. Nach Ansicht der Rechtsprechung wäre daher mit Rücksicht auf die erst jetzt bestehende Konfliktsituation der F eine Vernehmung des Ermittlungsrichters ausgeschlossen.

3. Literatur

In der Literatur[8] wird § 252 StPO überwiegend als vollständiges Verwertungsverbot betrachtet, also auch die Vernehmung richterlicher Verhörspersonen abgelehnt. Demnach gäbe es gemäß dieser Auffassung keine Möglichkeit, die Aussage der F in irgendeiner Art und Weise zu verwerten.

4. Stellungnahme

Würde man § 252 StPO als reines Verlesungsverbot verstehen, so käme ihm neben § 250 S. 2 StPO keine eigene Bedeutung mehr zu. Die Ansicht des Reichsgerichts ist deswegen als Umgehung des § 252 StPO abzulehnen. Nach Ansicht von Literatur und heutiger Rechtsprechung des BGH verstößt die Vernehmung der F mithin gegen § 252 StPO.

8 *Kindhäuser* StPR § 21/65 mit weiteren Nachweisen.

Fall 4: Mittäterschaft

Erfüllt eine Person alle Tatbestandsmerkmale selbst oder durch einen anderen als Tatmittler, ist sie Alleintäter. Ihr Verhalten wird im Gutachten als das einer Einzelperson auf eine Strafbarkeit hin gewürdigt. Das ist der Standardfall, wie er in den bisher gelösten Fällen ausschließlich aufgetreten ist.

Eine Straftat kann aber auch durch mehrere Personen in „Arbeitsteilung" begangen werden. Das kann so weit gehen, dass keine der beteiligten Personen alle Tatbestandsmerkmale selbst verwirklicht. Exemplarisch: *A hält das Opfer fest, während B das Geld aus den Hosentaschen greift.*

Hier wendet A zwar Gewalt gegen eine Person an, nimmt aber nichts weg; B nimmt weg, wendet aber keine Gewalt an. Erst die wechselseitige Zurechnung der Tatbeiträge über § 25 Abs. 2 StGB vermag einen Raub gemäß § 249 StGB zu begründen, der sich aus der qualifizierten Nötigung (durch A) und der Wegnahme (durch B) zusammensetzt.

Dies ist eine mögliche Erscheinung der Mittäterschaft.

Begehen aber mehrere Personen eine Straftat gemeinschaftlich in einer Weise, dass jede Person auch für sich betrachtet alle Tatbestandsmerkmale erfüllt, handelt es sich zwar auch um Mittäterschaft, eine wechselseitige Zurechnung ist aber gleichwohl nicht erforderlich und die Anwendung von § 25 Abs. 2 StGB eigentlich überflüssig. Der Aufbau des Gutachtens folgt in solchen Fällen allein den Gesichtspunkten der Zweckmäßigkeit. Handeln die beteiligten Personen in gleicher Weise oder lassen sich ihre Beiträge nicht voneinander abgrenzen, brauchen Sie sie nicht nacheinander zu prüfen, sondern können sie wegen § 25 Abs. 2 StGB gemeinsam abhandeln.[9] Beispiel: *A und B verprügeln gemeinsam den C.* Gibt es hingegen ausreichend signifikante Unterschiede, kann sich eine getrennte Erörterung empfehlen.

Kommt es aber für eine Strafbarkeit auf die wechselseitige Zurechnung nach § 25 Abs. 2 StGB an, müssen Sie für den Gutachtenaufbau zwei Situationen unterscheiden: Im ersten Fall sind alle Personen an der Tatbestandsverwirklichung unmittelbar beteiligt, weil jeder einen Tatbeitrag leistet, der unmittelbar unter Tatbestandsmerkmale subsumiert werden kann (wie oben A und B beim gemeinschaftlichen Raub). In einem solchen Fall prüfen Sie die Mittäter zusammen, als handele es sich um eine einzige Person.[10] Im zweiten Fall kommt eine mittäterschaftliche Zurechnung für eine Person in Frage, die abseits des eigentlichen Tatgeschehens steht, weil sie keinen Tatbeitrag leistet, der sich unmittelbar unter den Straftatbestand subsumieren ließe, gleichwohl aber die Tat der Komplizen im Rahmen eines gemeinsamen Plans wesentlich unterstützt. In diesem Fall prüfen Sie zunächst die „Haupttäter", um anschließend – separat – eine Strafbarkeit der unterstützenden Person kraft Zurechnung über § 25 Abs. 2 StGB zu diskutieren.[11] Die beiden vorgenannten Grundkonstellationen werden in der nachfolgenden Aufgabe auftreten.

9 *Kindhäuser* AT § 40/24.
10 *Kindhäuser* AT § 40/26.
11 *Kindhäuser* AT § 40/25.

Aufgabe:

▶ A, B und C planen einen Raub in einem Hinterhof, um ihre Schulden bezahlen zu können. Das an den Hinterhof angrenzende Haus wird jeden Abend um die gleiche Uhrzeit von einer wohlhabenden älteren Dame – der E – verlassen, welche die drei Komplizen abpassen wollen. Dabei lauern A, B und C der E gut versteckt im Hinterhofbereich auf.
Abends im Dunkeln verlässt die E pünktlich ihre Wohnung und betritt den Hinterhof, um dann über einen Durchgang zur Straße zu gehen. Dazu kommt es aber nicht mehr: A und B halten die E kräftig an beiden Armen fest, B hält ihr zusätzlich noch den Mund zu, während C ihr die Handtasche aus der Hand reißt und ein Mobiltelefon aus der Jackentasche zieht und einsteckt. Danach laufen A und B hintereinander auf die Straße zu. An der vorderen Hausecke am Ende des Durchgangs zur Straße bemerkt B, als er hinter sich schaut, dass ihm in einer Entfernung von wenigen Metern eine Person folgt. Es ist der C. B hält ihn aber im Dunkeln für einen Verfolger und befürchtet, von ihm ergriffen zu werden. Um dem zuvorzukommen, schießt er auf die hinter ihm herlaufende Person; dabei rechnet er mit einer tödlichen Wirkung seines Schusses und billigt diese Möglichkeit. Das Geschoss trifft C durch seine Jacke am linken Arm. Die Wunde ist nicht tödlich. A, B und C waren allesamt mit Pistolen bewaffnet und sich vor der Tatausführung einig, auf etwaige Verfolger mit potenziell tödlicher Wirkung zu schießen.

Strafbarkeit der Beteiligten gemäß StGB?
Es sind nur Eigentums-, Tötungs- und Körperverletzungsdelikte zu prüfen!

StPO-Zusatzfrage

Die Staatsanwaltschaft ermittelt gegen B und C. Die Person des A konnte noch nicht als Verdächtiger festgestellt werden. Da B jedoch mittlerweile eine stationäre Psychotherapie begonnen hat, wird das Verfahren gegen ihn abgetrennt und C zunächst allein angeklagt. Der Staatsanwalt will B daher zumindest als Zeugen in der Hauptverhandlung gegen C vernehmen lassen.
Ist dies möglich? ◀

Vorüberlegungen:

Aus dem Sachverhalt werden zwei Schwerpunkte deutlich: Einmal die Tat gegen die E, zum anderen der Schuss des B auf C.

Gegen die E wurde ein gemeinschaftlicher Raub verwirklicht, den A, B und C arbeitsteilig begingen. Nicht vergessen sollten Sie dabei, dass alle drei eine Schusswaffe bei sich führten, so dass deswegen ein schwerer Raub in Frage kommt.

Arbeitshypothese: Strafbarkeit von A, B und C wegen gemeinschaftlichen schweren Raubes gemäß §§ 249, 250, 25 Abs. 2 StGB

Komplizierter wird die Beurteilung des Schusses auf C. Am Besten fangen Sie mit dem allein und unmittelbar schießenden B an. Für diesen kommen letztlich versuchter Mord (Verdeckungsabsicht) und vollendete gefährliche Körperverletzung in Betracht.

Arbeitshypothese: Strafbarkeit des B wegen versuchten Mordes und vollendeter gefährlicher Körperverletzung gemäß §§ 212 Abs. 1, 211 Abs. 1 und 2 Gruppe 3 Var. 2, 22 f.; 223, 224 Abs. 1 Nr. 2 StGB

Sodann stellt sich die Frage, ob die Taten des B dem A als dessen Komplizen über den Gesichtspunkt einer Mittäterschaft zugerechnet werden können.

Arbeitshypothese: Strafbarkeit des A wegen gemeinschaftlichen versuchten Mordes und vollendeter gefährlicher Körperverletzung gemäß §§ 212 Abs. 1, 211 Abs. 1 und 2 Gruppe 3 Alt. 2, 22 f., 25 Abs. 2; 223, 224 Abs. 1 Nr. 2, 25 Abs. 2 StGB

Und nicht zuletzt wäre da ja noch der C! Kann man ihm die gegen ihn selbst gerichteten Taten über § 25 Abs. 2 StGB zurechnen? Einerseits ist er selbst das Opfer, andererseits entsprach es dem gemeinsamen Tatentschluss, auf Verfolger zu schießen. An dieser Stelle liegt der Problemschwerpunkt der Aufgabe.

Arbeitshypothese: Strafbarkeit des C wegen gemeinschaftlichen versuchten Mordes und vollendeter gefährlicher Körperverletzung gemäß §§ 212 Abs. 1, 211 Abs. 1 und 2 Gruppe 3 Alt. 2., 25 Abs. 2; 223, 224 Abs. 1 Nr. 2, 25 Abs. 2 StGB

Ergebnis dieser Vorüberlegungen ist folgender – vorläufiger – Gutachtenaufbau als erste Orientierung:

1. Tatabschnitt: Die Tat gegen E
   - A. Strafbarkeit von A, B und C wegen gemeinschaftlichen Raubes
   - B. Strafbarkeit von A, B und C wegen gemeinschaftlichen schweren Raubes
2. Tatabschnitt: Der Schuss auf C
   - A. Strafbarkeit des B wegen versuchten Totschlags
   - B. Strafbarkeit des B wegen versuchten Mordes
   - C. Strafbarkeit des B wegen Körperverletzung
   - D. Strafbarkeit des B wegen gefährlicher Körperverletzung
   - E. Strafbarkeit des A wegen gemeinschaftlichen versuchten Mordes
   - F. Strafbarkeit des A wegen gemeinschaftlicher gefährlicher Körperverletzung
   - G. Strafbarkeit des C wegen gemeinschaftlichen versuchten Mordes
   - H. Strafbarkeit des C wegen gemeinschaftlicher (versuchter?) gefährlicher Körperverletzung

Die StPO-Zusatzfrage:

Eine konkrete gesetzliche Vorschrift, unter die zu subsumieren wäre, findet sich für diese Frage nicht. Vielmehr geht es, da die StPO hinsichtlich ihrer Rechte und Pflichten gravierende Unterschiede zwischen Beschuldigten und Zeugen anerkennt, ganz allgemein um die richtige Identifizierung der jeweiligen Beteiligtenrollen, da das Vorhaben der Staatsanwaltschaft eine Umgehung der Beschuldigtenrechte des B bedeuten könnte.

Gutachten

1. Tatabschnitt: Die Tat gegen E

A. Strafbarkeit von A, B und C wegen gemeinschaftlichen Raubes

A, B und C könnten sich wegen gemeinschaftlichen Raubes gemäß §§ 249 Abs. 1, 25 Abs. 2 StGB strafbar gemacht haben, indem C der E Handtasche und Mobiltelefon entwendete, während sie von A und B festgehalten wurde.

Raub ist ein aus qualifizierter Nötigung und Diebstahl zusammengesetztes Delikt. Gleichwohl ist er nach ganz herrschender Meinung kein Qualifikationstatbestand zu Nötigung und Diebstahl, sondern ein *delictum sui generis*. Kommt daher ein Raub in Betracht, beginnt man die Prüfung unmittelbar mit dem Raub und nicht erst mit Nötigung und Diebstahl.

I. Tatbestand

1. Objektiver Tatbestand

a) Fremde bewegliche Sache

Es handelt sich bei der „fremden beweglichen Sache“ um drei verschiedene Tatbestandsmerkmale. Sofern sie – wie hier – unproblematisch vorliegen, brauchen sie nicht getrennt nacheinander abgehandelt zu werden, sondern können geprüft werden, als handele es sich um ein einziges Tatbestandsmerkmal. Lediglich dann, wenn eines dieser drei Merkmale problematisch ist, wird es einzeln erörtert.

Bei der Handtasche und dem Mobiltelefon handelt es sich möglicherweise um fremde bewegliche Sachen im Sinne von § 249 Abs. 1 StGB.

Sachen sind alle körperlichen Gegenstände. Beweglich sind sie, wenn sie tatsächlich fortgeschafft werden können. Fremd sind Sachen, wenn sie nicht im Alleineigentum des Täters stehen.

Handtasche und Mobiltelefon sind körperliche Gegenstände. Sie können tatsächlich weggeschafft werden und stehen nicht im Alleineigentum von A, B und C.

Folglich sind Handtasche und Mobiltelefon fremde bewegliche Sachen.

b) Gewalt gegen eine Person

Der Gewaltbegriff ist heftig umstritten, und zwar so sehr, dass es bereits schwierig ist, die vielen Meinungen zu überblicken. Im vorliegenden Fall wird aber eindeutig Gewalt verübt. Um solche zweifelsfreien Formen körperlicher Gewalt streitet man sich nicht. In solchen Fällen dürfen Sie sich daher darauf beschränken, eine griffige und gängige Definitionsformel zu verwenden und gewöhnlich zu subsumieren.

Hat man das Merkmal „Gewalt gegen eine Person“ festgestellt, muss man noch überlegen, ob nicht auch eine Drohung mit gegenwärtiger Gefahr für Leib oder Leben vorliegt. Gewalt und Drohung schließen sich nicht aus. In der Gewaltanwendung kann die konkludente Drohung enthalten sein, weitere Gewalt anzuwenden. Das ist in diesem Fall aber nicht ersichtlich. Daher kann hier davon abgesehen werden, das Drohungsmerkmal zu erörtern.

A und B könnten Gewalt gegen eine Person angewandt haben.

Gewalt ist körperlich wirkender Zwang durch die Entfaltung von Kraft oder durch sonstige physische Einwirkung, die nach ihrer Intensität und Wirkungsweise dazu geeignet ist, die freie Willensentschließung oder Willensbetätigung eines anderen zu beeinträchtigen. Die Gewalt muss sich gegen eine Person richten, also die auf den Körper einer Person bezogenen Güter beeinträchtigen.

Indem A und B die E an beiden Armen festhielten und ihr der B dabei noch den Mund zuhielt, übten sie körperlich wirkenden Zwang aus. Dieser war nach Intensität und Wirkungsweise dazu geeignet, die freie Willensbetätigung der E in Bezug auf ihre Bewegungs- und Verteidigungsfähigkeit zu beeinträchtigen und sogar nahezu vollständig aufzuheben. Diese Form der Gewalt richtete sich unmittelbar gegen den Körper der E.

Somit wendeten A und B Gewalt gegen eine Person an.

c) Wegnahme

Das Merkmal der Wegnahme in § 249 Abs. 1 StGB entspricht demjenigen des Diebstahls in § 242 Abs. 1 StGB. Man prüft die Einzelelemente der Wegnahme gedanklich in folgenden Schritten:

a) Bestand fremder Gewahrsam?

Falls ja:

b) Wurde neuer Gewahrsam begründet?

Falls ja:

c) Erfolgte der Gewahrsamswechsel durch Bruch?

C könnte Handtasche und Mobiltelefon der E im Sinne von § 249 Abs. 1 StGB weggenommen haben.

Wegnahme ist der Bruch fremden und die Begründung neuen Gewahrsams. Gewahrsam ist die vom Herrschaftswillen getragene und in ihrem Umfang von der Verkehrsanschauung anerkannte tatsächliche Sachherrschaft.

Ursprünglich befanden sich Handtasche und Mobiltelefon im Gewahrsam der E. Nach der Tat übte zunächst C die von ihm gewollte tatsächliche Sachherrschaft aus. Der Gewahrsamswechsel erfolgte gegen den Willen der E und damit durch Bruch des fremden Gewahrsams.

Somit hat C Handtasche und Mobiltelefon der E weggenommen.

d) Kausalzusammenhang

Die herrschende Meinung hält einen Kausalzusammenhang zwischen Nötigung und Wegnahme für nicht erforderlich. Auf die Streitfrage kommt es aber erst dann an, wenn der Zurechnungszusammenhang nicht besteht.

Da C Handtasche und Mobiltelefon nicht in der von ihm vorgenommenen Art und Weise hätte wegnehmen können, wenn A und B die E nicht gewaltsam festgehalten hätten, besteht auch der nach einer Mindermeinung erforderliche Kausalzusammenhang zwischen Nötigung und Wegnahme.

e) Gemeinschaftliches Handeln

Mittäterschaft verlangt nach der Tatherrschaftslehre eine objektiv funktionale Arbeitsteilung der Handelnden bei der Verwirklichung des Deliktstatbestands.

A, B und C haben arbeitsteilig Gewaltanwendung und Wegnahme ausgeführt und somit objektiv gemeinschaftlich im Sinne von § 25 Abs. 2 StGB gehandelt.

2. Subjektiver Tatbestand

a) Vorsatz

Die Mittäterschaft setzt im subjektiven Bereich bei jedem Täter Vorsatz zur Tatbestandsverwirklichung voraus.

A, B und C müssten vorsätzlich gehandelt haben.

Vorsatz ist jedenfalls das Wissen und Wollen der Tatbestandsverwirklichung.

A, B und C handelten in Kenntnis aller Tatumstände und mit dem Willen der Tatbestandsverwirklichung, also jeweils vorsätzlich.

b) Gemeinsamer Tatplan

Um ferner A, B und C ihre Tatbeiträge wechselseitig als jeweils eigenes Handeln zurechnen zu können, bedarf es eines gemeinsamen Tatentschlusses, der sich auf die arbeitsteilige Art und Weise des Vorgehens bezieht. Diesen hatten A, B und C während der Tat, wie sich insoweit eindeutig aus dem Sachverhalt ergibt.

A, B und C müssten auf Grundlage eines gemeinsamen Tatplans gehandelt haben.

Ein gemeinsamer Tatplan ist der gefasste Vorsatz zu einer gemeinschaftlichen Tatbestandsverwirklichung.

Alle drei Komplizen verabredeten den Raub an E als gemeinsame, arbeitsteilig begangene Tat.

Sie handelten daher auf Grundlage eines gemeinsamen Tatplans.

c) Finalzusammenhang

Weiter ist auch ein Finalzusammenhang zwischen Nötigung und Wegnahme erforderlich.

Ein solcher besteht dann, wenn das Nötigungsmittel vom Täter eingesetzt wird, um die Wegnahme zu ermöglichen.

A, B und C setzten die Gewalt gegen die E ein, um erwarteten Widerstand gegen die Wegnahme zu überwinden.

Der Finalzusammenhang besteht also.

d) Zueignungsabsicht

Die in § 249 Abs. 1 StGB genannte Zueignungsabsicht entspricht derjenigen, die in § 242 Abs. 1 StGB für den Diebstahl normiert ist. Der Streit um den Gegenstand der Zueignung zwischen den substanz- und sachwertorientierten Ansätzen spielt, da es unseren Tätern hier um Bargeld geht, keine Rolle.

A, B und C müssten mit Zueignungsabsicht gehandelt haben, wobei die beabsichtigte Zueignung rechtswidrig gewesen sein müsste.

Eine Zueignungsabsicht ist der Wille, die Sache zumindest vorübergehend als eigene zu besitzen (Aneignung) und dem Eigentümer auf Dauer den ihm zustehenden Besitz vorzuenthalten (Enteignung).

Die erstrebte Zueignung ist rechtswidrig, wenn die Inbesitznahme der Sache durch den Täter als eigene gegen die dingliche Rechtslage verstößt und auch nicht durch einen Übereignungsanspruch gedeckt ist.

A, B und C hatten zum gemeinsamen Ziel, mit dem Taterlös ihre Schulden zu bezahlen. Sie wollten die entwendeten Sachen also als eigene besitzen, sie sich aneignen, und der E den ihr zustehenden Besitz dauerhaft vorenthalten, ohne ein Recht dazu zu haben.

Folglich handelten A, B und C in der Absicht rechtswidriger Zueignung.

II. Rechtswidrigkeit

Für A, B und C greifen keine Rechtfertigungsgründe ein. Sie handelten daher rechtswidrig.

III. Schuld

A, B und C handelten schuldhaft.

IV. Ergebnis

A, B und C haben sich wegen gemeinschaftlichen Raubes gemäß §§ 249 Abs. 1, 25 Abs. 2 StGB strafbar gemacht.

B. Strafbarkeit von A, B und C wegen gemeinschaftlichen schweren Raubes

Die Prüfung des schweren Raubes wirft keine Probleme auf. A, B und C trugen laut Sachverhalt Pistolen. Sie führten daher ganz evident im Sinne von § 250 Abs. 1 Nr. 1 lit. a StGB Waffen bei sich. Die Erörterung des schweren Raubes erfolgt deswegen knapp.

Hinsichtlich des Qualifikationstatbestands ist § 25 Abs. 2 StGB unnötig, weil jeder der drei Komplizen die Merkmale des § 250 Abs. 1 Nr. 1 lit. a StGB in objektiver und subjektiver Hinsicht erfüllt. Es bedarf keiner wechselseitigen Zurechnung. Gleichwohl sollte die Vorschrift des § 25 Abs. 2 StGB der Vollständigkeit und Klarheit halber erwähnt werden.

A, B und C könnten sich durch dasselbe Verhalten wegen gemeinschaftlichen schweren Raubes gemäß §§ 249 Abs. 1, 250 Abs. 1 Nr. 1 lit. a, 25 Abs. 2 StGB strafbar gemacht haben, weil sie während der Tatausführung mit Pistolen bewaffnet waren.

I. Tatbestand

1. Grundtatbestand

Der Grundtatbestand – gemeinschaftlicher Raub nach §§ 249 Abs. 1, 25 Abs. 2 StGB – ist erfüllt (siehe oben Punkt A.).

2. Objektiver Qualifikationstatbestand

a) Waffe

Die Pistolen sind zur Herbeiführung erheblicher Körperverletzungen geeignet und bestimmt. Damit sind sie Waffen im Sinne von § 250 Abs. 1 Nr. 1 lit. a StGB.

b) Beisichführen

A, B und C könnten die Waffen bei sich geführt haben.

Der Täter führt eine Waffe bei sich, wenn er über sie zu irgendeinem Zeitpunkt während des Tathergangs schnell und ungehindert verfügen kann.

A, B und C trugen bei dem Überfall auf E Pistolen und konnten somit jederzeit während des Tathergangs schnell und ungehindert über sie verfügen.

A, B und C führten die Waffen bei sich.

3. Subjektiver Qualifikationstatbestand

A, B und C führten die Pistolen jeweils auf Grundlage eines gemeinsamen Tatplans bewusst und gewollt bei sich, sie handelten also vorsätzlich.

II. Rechtswidrigkeit

A, B und C handelten rechtswidrig.

III. Schuld

A, B und C handelten auch schuldhaft.

IV. Ergebnis

A, B und C haben sich wegen gemeinschaftlichen schweren Raubes gemäß §§ 249 Abs. 1, 250 Abs. 1 Nr. 1 lit. a, 25 Abs. 2 StGB strafbar gemacht.

V. Konkurrenzen

Der schwere Raub verdrängt den einfachen Raub im Wege der Spezialität.

2. Tatabschnitt: Der Schuss auf C

A. Strafbarkeit des B wegen versuchten Totschlags

A, B und C vereinbarten, auf Verfolger zu schießen. Vor diesem Hintergrund eines gemeinsamen Tatplans könnte sich der Schuss des B auf C als gemeinschaftlicher versuchter Totschlag darstellen. Es könnte also sein, dass sich der versuchte Totschlag des B dem A und vielleicht sogar dem C über § 25 Abs. 2 StGB zurechnen lässt. Voraussetzung

In Betracht kommt eine Strafbarkeit des B wegen versuchten Totschlags gemäß §§ 212 Abs. 1, 22 f. StGB, indem er auf den C schoss.

dafür ist aber die Feststellung, dass die Tat des B überhaupt ein solcher versuchter Totschlag ist. Da B eigenständig gehandelt hat und die übrigen allein kraft Zurechnung über § 25 Abs. 2 StGB haften könnten, muss B als Tatnächster vorab geprüft werden. Dabei muss § 25 Abs. 2 StGB noch nicht erwähnt werden, weil der B eben eigenständig agierte. Erst dann, wenn im Anschluss die Komplizen A und C wegen Beteiligung an der Tat des B zur Sprache kommen, wird die Norm des § 25 Abs. 2 StGB relevant.

I. Vorprüfung

1. C ist nicht gestorben, so dass die Tat nicht vollendet wurde.
2. Der Totschlag ist gemäß § 212 Abs. 1 StGB mit Freiheitsstrafe von mindestens fünf Jahren bedroht, daher ein Verbrechen im Sinne von § 12 Abs. 1 StGB, dessen Versuch nach § 23 Abs. 1 StGB strafbar ist.

II. Tatbestand

1. Subjektiver Tatbestand

Es gibt eine kaum noch vertretene Mindermeinung, nach der ein Tatentschluss dolus directus voraussetzt. Es wird regelmäßig nicht verlangt, auf diese Streitfrage in Klausuren einzugehen. Es kann sich aber in Hausarbeiten empfehlen, den Meinungsstreit zu erörtern, falls der Täter nur mit dolus eventualis zum Versuch ansetzt.

Erforderlich ist ein Tatentschluss des B zur Tötung eines Menschen.

Unter Tatentschluss ist der auf die Tatbestandsverwirklichung bezogene Vorsatz zu verstehen. Vorsatz ist jedenfalls dann anzunehmen, wenn der Täter die Möglichkeit der Tatbestandsverwirklichung erkennt und billigend in Kauf nimmt

B erkannte die Möglichkeit eines Todeseintritts und billigte diese Folge. Jedoch war ihm nicht bewusst, auf seinen Komplizen C zu schießen. Er hielt ihn für einen Verfolger. Nach § 212 Abs. 1 StGB kommt es für die Tatbestandsverwirklichung aber nicht auf die Identität des Opfers an, sondern nur darauf, dass es sich um einen anderen Menschen handelt. Der Irrtum über die Identität des Opfers ist daher unbeachtlich (*error in persona non nocet*). Es ist somit für die Annahme eines Vorsatzes hinreichend, dass B die Möglichkeit des Todes „eines Menschen" erkannte und billigend in Kauf nahm.

Dementsprechend hatte B einen Tatentschluss zur Tötung eines Menschen.

2. Objektiver Tatbestand

Auf die Streitfrage, zu welchem Zeitpunkt die Versuchsschwelle des § 22 StGB in objektiver Hinsicht überschritten wird, kommt es nicht mehr an, wenn der Täter die Tatbestandsausführungshandlung vollzieht. Zu diesem Zeitpunkt sind sich nämlich alle Ansichten einig, dass die Versuchsschwelle überschritten wurde.

B schoss und vollzog damit die Tatbestandsausführungshandlung. Daraus folgt, dass B im Sinne von § 22 StGB unmittelbar zur Tatbestandsverwirklichung ansetzte.

III. Rechtswidrigkeit

B handelte rechtswidrig.

IV. Schuld

Das Verhalten des B war schuldhaft.

V. Ergebnis

B hat sich wegen versuchten Totschlags gemäß §§ 212 Abs. 1, 22 f. StGB strafbar gemacht.

B. Strafbarkeit des B wegen versuchten Mordes

Überdies könnte sich B durch den Schuss wegen versuchten Mordes gemäß §§ 212 Abs. 1, 211 Abs. 1 und 2 Gruppe 3 Alt. 2, 22 f. StGB strafbar gemacht haben, weil es ihm darauf ankam, nicht ergriffen zu werden.

I. Vorprüfung

Die Vorprüfung ist hier verkürzt worden, weil sie bereits für den Grundtatbestand zu einem positiven Ergebnis führte und dies erst recht für den Mord gelten muss.

Der Mord ist nicht vollendet und sein Versuch nach §§ 23 Abs. 1, 12 Abs. 1, 211 Abs. 1 StGB strafbar.

II. Tatbestand

1. Grundtatbestand

B verwirklichte einen versuchten Totschlag (siehe oben Punkt A.).

2. Subjektiver Qualifikationstatbestand

Die Qualifikation besteht hier allein in dem Merkmal des § 211 Abs. 2 Gruppe 3 Alt. 2 StGB: Die Absicht, eine andere Straftat zu verdecken. Das ist als Absicht ein subjektives Merkmal. Ein objektiver Tatbestand ist daher mangels besonderer objektiver Merkmale nicht gesondert zu prüfen. Der objektive Tatbestand des Mordes geht hier im objektiven Tatbestand des Totschlags auf.

B könnte geschossen haben, um eine andere Straftat zu verdecken.

Dabei muss der Täter in der Absicht handeln, sich der Strafverfolgung zu entziehen.

B wollte verhindern, von dem (vermeintlichen) Verfolger ergriffen zu werden. Konsequenz einer solchen Festnahme wäre seine Identifizierung und damit die spätere Bestrafung wegen des Raubes gewesen. B handelte also in der Absicht, eine Verfolgung wegen des schweren Raubes abzuwenden.

Mithin schoss B, um eine andere Straftat zu verdecken.

III. Rechtswidrigkeit

Das Verhalten des B war rechtswidrig.

IV. Schuld

B verhielt sich auch schuldhaft.

V. Ergebnis

B hat sich wegen versuchten Mordes strafbar gemacht.

VI. Konkurrenzen

Der versuchte Mord verdrängt den versuchten Totschlag als spezielleres Delikt.

C. Strafbarkeit des B wegen Körperverletzung

Tötungsversuche gehen regelmäßig, wenn auch nicht zwingend, mit vollendeten Körperverletzungsdelikten einher.

A könnte sich durch den Schuss wegen Körperverletzung nach § 223 Abs. 1 StGB strafbar gemacht haben.

I. Tatbestand

1. Objektiver Tatbestand

a) Körperliche Misshandlung

Der Schuss ist möglicherweise eine körperliche Misshandlung im Sinne von § 223 Abs. 1 Alt. 1 StGB.

Körperliche Misshandlung ist jedes üble, unangemessene Behandeln, das die körperliche Unversehrtheit oder das körperliche Wohlbefinden in mehr als nur unerheblichem Maße beeinträchtigt.

Der Schuss führte dazu, dass Körpergewebe des C in schmerzhafter Weise lädiert wurde. Körperliche Unversehrtheit und körperliches Wohlbefinden des C wurden also in nicht nur unerheblicher Weise beeinträchtigt.

Der Schuss muss somit als körperliche Misshandlung gewertet werden.

b) Gesundheitsschädigung

Ferner könnte es sich um eine Gesundheitsschädigung gemäß § 223 Abs. 1 Alt. 2 StGB handeln.

Gesundheitsschädigung ist jedes Hervorrufen oder Steigern eines pathologischen Zustands.

Der Schuss verursachte Gewebeverletzungen, die einen Heilungsvorgang erfordern. Daraus folgt, dass der Schuss einen krankhaften Zustand hervorrief.

B schädigte C an seiner Gesundheit.

2. Subjektiver Tatbestand

Lange Zeit war streitig, ob derjenige, der mit Tötungsvorsatz handelt, zugleich auch einen Körperverletzungsvorsatz als minus zum Tötungsvorsatz aufweist. Dass jeder Tötungsvorsatz einen Körperverletzungsvorsatz beinhaltet, ist aber heute allgemeine Ansicht und braucht daher nicht mehr problematisiert zu werden.

B handelte in dem Bewusstsein und mit dem Willen, den Menschen, auf den er zielte, mit dem Schuss zu verletzen. Er handelte also vorsätzlich.

II. Rechtswidrigkeit

B schoss rechtswidrig.

III. Schuld

Das Verhalten des B war zudem schuldhaft.

IV. Ergebnis

B hat sich wegen Körperverletzung gemäß § 223 Abs. 1 StGB strafbar gemacht.

D. Strafbarkeit des B wegen gefährlicher Körperverletzung

Dasselbe Verhalten des B stellt möglicherweise auch eine gefährliche Körperverletzung gemäß §§ 223 Abs. 1, 224 Abs. 1 Nr. 2, 4 und 5 StGB dar.

I. Tatbestand

1. Grundtatbestand

Der B erfüllte den Grundtatbestand des § 223 Abs. 1 StGB (siehe oben Punkt C.).

2. Objektiver Qualifikationstatbestand

a) Waffe

Dies kann hier nicht nur deswegen so knapp behauptet werden, weil die Pistole ganz offensichtlich eine Waffe ist, sondern auch deswegen, weil dies weiter oben zum schweren Raub schon so festgestellt wurde.

B handelte gemäß § 224 Abs. 1 Nr. 2 StGB mittels einer Waffe, indem er aus einer Pistole schoss.

b) Mit einem anderen Beteiligten

Wie bereits oben in den Vorüberlegungen ausgeführt wurde, kommt sogar der C als Beteiligter an der Tat des B in Frage, obwohl er zugleich das Opfer der Tat ist. An dieser Stelle ist es gleichwohl nicht notwendig, auf diese schwierige Frage einzugehen, weil es für § 224 Abs. 1 Nr. 4 StGB bereits hinreicht, wenn nur ein einziger weiterer Beteiligter – hier: A – an der Körperverletzung mitwirkte.

B könnte auch im Sinne von § 224 Abs. 1 Nr. 4 StGB mit einem anderen Beteiligten gemeinschaftlich gehandelt haben.

Eine Körperverletzung wird gemeinschaftlich begangen, wenn mindestens zwei Personen bei ihrer Ausführung zusammenwirken. Es reicht dabei aus, dass nur einer von ihnen die Verletzungshandlung ausführt.

Die Verletzungshandlung wurde nur von B ausgeführt, neben ihm war aber auch noch der A anwesend. Unter beiden bestand die Vereinbarung und auch Bereitschaft, auf Verfolger zu schießen. Hinsichtlich der Abwehr von Verfolgern wirkten sie also zusammen und steigerten die Gefährlichkeit der Körperverletzungshandlung.

Folglich handelte B mit einem anderen Beteiligten gemeinschaftlich.

c) Lebensgefährdende Behandlung

Bei der Anwendung des § 224 Abs. 1 Nr. 5 StGB ist zunächst von Bedeutung, dass sich die Lebensgefährlichkeit auf die „Behandlung" bezieht und gerade nicht auf den Verletzungserfolg. Nur die Handlung als solche muss lebensgefährdend sein, nicht aber auch die beigebrachte Verletzung. Eine lebensgefährdende Behandlung kann daher auch

Ferner kommt das Merkmal der lebensgefährdenden Behandlung gemäß § 224 Abs. 1 Nr. 5 StGB in Frage.

Eine lebensgefährdende Behandlung ist jedenfalls dann anzunehmen, wenn die Körperverletzung das Opfer in eine konkrete Lebensgefahr bringt.

So ist es bei einem Schuss auf einen vermeintlichen Verfolger in Bewegung ein Zufall, dass der Schuss

dann angenommen werden, wenn der Schuss das Opfer nur streift.

Hinsichtlich der Lebensgefahr ist umstritten, ob sie konkret sein muss oder ob eine abstrakte Gefahr ausreicht. Sofern – wie hier – eine konkrete Lebensgefahr eingetreten ist, braucht auf den Streitstand nicht eingegangen zu werden. Mit der Formulierung „jedenfalls dann [...] wenn [...]. konkrete Lebensgefahr" macht man deutlich, dass man das Problem kennt, es aber für den zu begutachtenden Fall keine Rolle spielt.

nicht tödlich trifft. Die Behandlung war daher konkret lebensgefährlich.

3. Subjektiver Qualifikationstatbestand

B handelte bewusst und gewollt, mithin vorsätzlich.

II. Rechtswidrigkeit

B handelte rechtswidrig.

III. Schuld

B handelte schuldhaft.

IV. Ergebnis

B hat sich wegen gefährlicher Körperverletzung gemäß §§ 223 Abs. 1, 224 Abs. 1 Nr. 2, 4 und 5 StGB strafbar gemacht.

V. Konkurrenzen

Die gefährliche Körperverletzung verdrängt die einfache Körperverletzung im Wege der Spezialität. Versuchter Mord und gefährliche Körperverletzung stehen in Idealkonkurrenz.

E. Strafbarkeit des A wegen gemeinschaftlichen versuchten Mordes

Oben wurde festgestellt, dass sich der B wegen versuchten Mordes strafbar gemacht hat. Auf § 25 Abs. 2 StGB kam es dabei nicht an, weil B alle Tatbestandsmerkmale eigenhändig erfüllte und deshalb ohne weiteres als Täter bestraft werden kann.

Nun geht es um die Frage, ob die Tat des B dem A als Mittäter gemäß § 25 Abs. 2 StGB zugerechnet werden kann. Dabei erfüllte A kein einziges Tatbestandsmerkmal selbst. Die Tatbeiträge des B können dem A aber nach § 25 Abs. 2 StGB zugerechnet werden, wenn

A könnte sich wegen des Schusses des B auf C wegen gemeinschaftlichen versuchten Mordes gemäß §§ 212 Abs. 1, 211 Abs. 1 und 2 Gruppe 3 Alt. 2, 22 f., 25 Abs. 2 StGB strafbar gemacht haben.

die Tat „gemeinschaftlich begangen" wurde.

Das gemeinschaftliche Begehen im Sinne von § 25 Abs. 2 StGB hat objektive und subjektive Voraussetzungen: Einen gemeinsamen Tatentschluss in subjektiver und einen Tatbeitrag in objektiver Hinsicht.

I. Vorprüfung

Der Mordversuch ist strafbar und das Delikt nicht vollendet (siehe oben Punkt B.).

II. Tatbestand

1. Subjektiver Tatbestand

a) Gemeinsamer Tatentschluss

Voraussetzung ist zunächst ein gemeinsamer Tatentschluss von A und B, einen Menschen zu töten.

Der gemeinsame Tatentschluss erfordert das zumindest konkludente Einverständnis jedes Beteiligten mit dem gemeinsamen vorsätzlichen Vorgehen.

A und B verabredeten, auf etwaige Verfolger mit potenziell tödlicher Wirkung zu schießen. Nun schoss B aber auf den C, den er irrtümlich für einen Verfolger hielt.

Klärungsbedürftig ist, in welchem Verhältnis dieser *error in persona* des B zu dem gemeinsamen Tatentschluss von A und B steht, auf Verfolger zu schießen.[12]

aa) Nach einer Ansicht ist der *error in persona* eines Mittäters für die anderen Mittäter unbeachtlich. Auf Grundlage dieser Meinung käme man hier zu dem Ergebnis, dass die Tat trotz Irrtum dem gemeinsamen Tatplan entsprochen hat.

bb) Die Gegenansicht hält den *error in persona* eines Mittäters für einen Exzess, der zur Folge habe, dass insoweit keine mittäterschaftliche Zurechnung an die anderen Komplizen möglich sei. Diese Ansicht käme zu dem Ergebnis, dass die Tat des B nicht dem

12 Siehe auch *Kindhäuser* AT § 40/21 f.

gemeinsamen Tatplan zwischen A und B entsprochen hat.

cc) Überwiegend wird aber danach differenziert, ob der Irrtum im gemeinsamen Tatplan „vorprogrammiert" war. Dafür ist hier entscheidend, dass B auf eine Person schoss, die er als Verfolger ansah und dass dies vereinbart war. Die Möglichkeit, sich dabei in der Dynamik der Fluchtsituation zu irren, ist dem Tatplan immanent gewesen. Somit war der Irrtum „vorprogrammiert", konnte also trotz „gewissenhaften" plangemäßen Handelns auftreten. Diese Ansicht käme daher zu dem Resultat, dass die Tat des B dem gemeinsamen Tatplan entsprochen hat.

dd) Die zweite Ansicht beruht auf der Annahme, dass es zwischen der vorsätzlichen und der irrigen Übertretung des gemeinsamen Tatplans keinen relevanten Unterschied gäbe: In beiden Fällen sei der gemeinsame Tatplan objektiv verlassen worden. Gegen diese Meinung muss aber eingewandt werden, dass der gemeinsame Tatplan Irrtumsrisiken bergen kann, sich der Irrtum also aus der plangemäßen Tatausführung ergibt und sich somit nicht als Exzess darstellen muss. Zudem betrifft der *error in persona* einen Irrtum, der sich gerade nicht auf tatbestandsrelevante Merkmale bezieht, sondern auf Motivebene liegt. Die zweite Ansicht ist daher abzulehnen, die anderen beiden Meinungen kommen zu demselben Ergebnis, nämlich dass die Tat des B dem gemeinsamen Tatplan mit A entsprach.

A und B hatten den gemeinsamen Tatentschluss zur Tötung eines Menschen.

b) Verdeckungsabsicht

Der gemeinsame Tatentschluss enthielt zudem die Absicht, sich einer Strafverfolgung wegen des vorangegangenen Raubes zu entziehen, also die Verdeckung einer anderen Straftat im Sinne von § 211 Abs. 2 Gruppe 3 2. Alt. StGB.

2. Objektiver Tatbestand

Der Versuch beginnt nach § 22 StGB mit dem unmittelbaren Ansetzen zur Tatbestandsverwirklichung. Bei der Mittäterschaft ist umstritten, ob der Versuchsbeginn für jeden Mittäter gesondert festzustellen ist (sogenannte Einzellösung) oder ob der Versuch für alle Mittäter in dem Zeitpunkt beginnt, indem der erste Mittäter auf Grundlage des gemeinsamen Entschlusses zur eigentlichen Tatbestandsverwirklichung ansetzt (sogenannte Gesamtlösung, herrschende Meinung).[13] Hier kommt es auf diesen Streit nicht weiter an: Nach der Einzellösung ist A in das Versuchsstadium eingetreten, weil er seinen eigenen Beitrag geleistet hat; nach der Gesamtlösung liegt ein Versuch vor, weil B die eigentliche Tatbestandsausführungshandlung – den Schuss – gemäß gemeinsamem Tatentschluss vollzogen hat.

Der Versuch erfordert nach § 22 StGB ein unmittelbares Ansetzen.

Dieses unmittelbare Ansetzen liegt in dem Schuss des B auf C (siehe oben).

Diese Handlung des B kann dem A gemäß § 25 Abs. 2 StGB zugerechnet werden, wenn neben dem bereits festgestellten gemeinsamen Tatentschluss auch ein genügend gewichtiger objektiver Tatbeitrag von A geleistet wurde.

Ein objektiver Tatbeitrag ist jedenfalls dann von genügendem Gewicht, wenn er gestaltend und beherrschend auf die Tat Einfluss nahm.

A nahm an der Verabredung der Tat teil und war während der Tat anwesend. Während der Verabredung konnte er auf die Frage, ob und unter welchen Umständen auf Verfolger zu schießen ist, als einer von insgesamt nur drei Komplizen deutlichen Einfluss nehmen. Am Tatort hätte er zudem jederzeit die Möglichkeit gehabt, das Geschehen abzubrechen und einen Schuss, zum Beispiel durch einen Zuruf, vielleicht noch zu verhindern. A nahm deshalb in bereits ausreichender Weise beherrschend an der Tat des B teil.

A leistete einen genügend gewichtigen objektiven Tatbeitrag. Die Handlung des B kann damit dem A als eigene zugerechnet werden.

A setzte folglich unmittelbar zur Tatbestandsverwirklichung an.

III. Rechtswidrigkeit

A handelte rechtswidrig.

IV. Schuld

A handelte auch schuldhaft.

V. Ergebnis

A hat sich wegen gemeinschaftlichen versuchten Mordes gemäß §§ 212 Abs. 1, 211 Abs. 1 und 2

13 Vgl. *Kindhäuser* AT § 40/13 ff.

Gruppe 3 Alt. 2, 22 f., 25 Abs. 2 StGB strafbar gemacht.

F. Strafbarkeit des A wegen gemeinschaftlicher Körperverletzung

Die unter Punkt E. erörterten Voraussetzungen der Mittäterschaft sind gleichermaßen für die gefährliche Körperverletzung gegeben. Die Deliktsprüfung kann entsprechend knapp mit Verweisen auf Punkt E. ausfallen.

A könnte sich durch denselben Sachverhalt wegen gemeinschaftlicher gefährlicher Körperverletzung gemäß §§ 223 Abs. 1, 224 Abs. 1 Nr. 2, 4 und 5, 25 Abs. 2 StGB strafbar gemacht haben.

I. Tatbestand

1. Objektiver Tatbestand

A erbrachte einen wesentlichen Tatbeitrag zu der von B verwirklichten gefährlichen Körperverletzung, indem er bei der Tatplanung mitwirkte und bei der Tatausführung anwesend war. Die objektiven Voraussetzungen einer mittäterschaftlichen Zurechnung liegen daher vor (vgl oben Punkt E./II./2.).

2. Subjektiver Tatbestand

A handelte vorsätzlich und auf Grundlage eines gemeinsamen Tatentschlusses (vgl oben Punkt E./II./1.).

II. Rechtswidrigkeit

A handelte rechtswidrig.

III. Schuld

A handelte auch schuldhaft.

IV. Ergebnis

A hat sich wegen gemeinschaftlicher gefährlicher Körperverletzung gemäß §§ 223 Abs. 1, 224 Abs. 1 Nr. 2, 4 und 5, 25 Abs. 2 StGB strafbar gemacht.

G. Strafbarkeit des C wegen gemeinschaftlichen versuchten Mordes

B schoss auf C. C ist daher das Opfer der Tat des B. Es erscheint auf den ersten Blick widersinnig, zu prüfen, ob C Mittäter an der Tat des B gegen ihn selbst sein kann.

Dementsprechend besteht der erste Schwerpunkt der Deliktsprüfung darin, zu klären, ob C Mittäter des B und Opfer des B in einer Person sein kann. Die

Auch für C kommt eine Strafbarkeit wegen gemeinschaftlich versuchten Mordes gemäß §§ 212 Abs. 1, 211 Abs. 1 und 2 Gruppe 3 Alt. 2, 22 f., 25 Abs. 2 StGB in Betracht.

herrschende Meinung bejaht dies, sofern es nur um Versuchsstrafbarkeit geht. Denn bei der Versuchsstrafbarkeit kommt es nach § 22 StGB nur auf die Vorstellungen der Beteiligten an.

Soweit diese Vorstellungen übereinstimmen und ein gemeinsamer Tatplan zugrunde liegt, kann eine wechselseitige Zurechnung von Tatbeiträgen über § 25 Abs. 2 StGB erfolgen.

Nach diesen Grundsätzen hat der BGH im „Verfolgerfall" den getroffenen Komplizen wegen versuchten Mordes für strafbar befunden.

I. Vorprüfung

Der Mord wurde nicht vollendet; sein Versuch ist strafbar (siehe oben Punkt B.).

II. Tatbestand

1. Subjektiver Tatbestand

a) Täterqualität

Zweifelhaft ist zunächst, ob C überhaupt tauglicher Täter des letztlich gegen ihn selbst gerichteten Mordversuchs sein kann.[14]

aa) Es wird die Meinung vertreten, dass eine mittäterschaftliche Zurechnung von solchen Tatbeiträgen nicht möglich sei, die sich gegen denjenigen gerichtet haben, dem der Tatbeitrag zugerechnet werden soll. Diese Meinung käme zu dem Resultat, dass der gegen C gerichtete Tatbeitrag des B nicht dem C zugerechnet werden könne.

bb) Die Gegenansicht sieht solche Zurechnungshindernisse nicht. Nach ihr wäre eine Zurechnung des gegen C gerichteten Tatbeitrags des B an den C nicht von vornherein ausgeschlossen.

cc) Erstere Ansicht argumentiert damit, dass sich der zuzurechnende Tatbeitrag gegen kein Rechtsgut gerichtet habe, das gegenüber dem irrig getroffenen Komplizen geschützt sei. Eine Zurechnung des Tatbeitrags an den Getroffenen lasse die Tat als einen

14 Siehe auch *Kindhäuser* AT § 40/22 mit weiteren Nachweisen.

versuchten Suizid erscheinen, der aber eben nicht strafbar sei.

Dagegen ist anzuführen, dass es nur um Versuchsstrafbarkeit geht. Der Versuch ist auch als untauglicher Versuch, etwa wenn er an einem untauglichen Tatobjekt begangen wird, strafbar. Es kommt nach § 22 StGB maßgeblich auf die Vorstellungen des Täters an. Der Getroffene kann demnach nicht als strafloser Suizident beurteilt werden, sondern muss behandelt werden, als habe er selbst auf einen vermeintlichen Verfolger geschossen. Dass sich die Tat dabei in objektiver Hinsicht gegen ihn selbst richtete, wirkt sich nur in der Hinsicht aus, dass sie mangels tauglichen Tatobjekts nicht zur Vollendung kommen konnte. Zu folgen ist daher der Gegenansicht, so dass eine mittäterschaftliche Zurechnung des Tatbeitrags von B an C nicht schon von vornherein ausscheidet.

b) Gemeinsamer Tatentschluss

Es bestand ein gemeinsamer Tatentschluss, auf Verfolger mit potenziell tödlicher Wirkung zu schießen.

2. Objektiver Tatbestand

a) Tatbeitrag

C erbrachte durch seine Mitwirkung bei der Tatplanung einen objektiven Tatbeitrag.

b) Tatherrschaft

Durch seine Anwesenheit am Tatort war der C jederzeit in der Lage, auf das Tatgeschehen Einfluss zu nehmen, so dass er Tatherrschaft ausübte (vergleiche oben).

III. Rechtswidrigkeit

C verhielt sich rechtswidrig.

IV. Schuld

C verhielt sich auch schuldhaft.

V. Ergebnis

C hat sich wegen gemeinschaftlichen versuchten Mordes gemäß §§ 212 Abs. 1, 211 Abs. 1 und 2

Gruppe 3 Alt. 2, 22 f., 25 Abs. 2 StGB strafbar gemacht.

H. Strafbarkeit des C wegen gemeinschaftlicher gefährlicher Körperverletzung

Aus demselben Gesichtspunkt einer mittäterschaftlichen Zurechnung könnte sich C wegen gemeinschaftlicher gefährlicher Körperverletzung gemäß §§ 223 Abs. 1, 224 Abs. 1 Nr. 2, 4 und 5, 25 Abs. 2 StGB strafbar gemacht haben.

I. Objektiver Tatbestand

Ob C tauglicher Täter eines gegen ihn selbst gerichteten vollendeten Körperverletzungsdelikts sein kann, ist fraglich.

Täter einer vollendeten Körperverletzung kann nur derjenige sein, der die körperliche Unversehrtheit anderer beeinträchtigt („andere Person", § 223 Abs. 1 StGB). Die Selbstverletzung ist grundsätzlich straflos. Der Tatbeitrag zu einer vollendeten Körperverletzung kann daher auch nicht über § 25 Abs. 2 StGB dem Verletzten zugerechnet werden.

Die vollendete Körperverletzung durch B kann folglich nicht dem durch die Handlung des B verletzten C zugerechnet werden. C kann als Verletzter nicht tauglicher Täter der vollendeten Körperverletzung sein.

II. Ergebnis

C hat sich nicht wegen gemeinschaftlicher gefährlicher Körperverletzung gemäß §§ 223 Abs. 1, 224 Abs. 1 Nr. 2, 4 und 5, 25 Abs. 2 StGB strafbar gemacht.

I. Strafbarkeit des C wegen versuchter gemeinschaftlicher gefährlicher Körperverletzung

Gleichwohl kommt aber eine Strafbarkeit des C wegen versuchter gemeinschaftlicher gefährlicher Körperverletzung nach §§ 223 Abs. 1, 224 Abs. 1 Nr. 2, 4 und 5, 22 f., 25 Abs. 2 StGB in Betracht.

I. Vorprüfung

Die Tat ist für C nicht vollendet (siehe oben Punkt B.) und der Versuch nach § 224 Abs. 2 StGB strafbar.

II. Tatbestand

1. Subjektiver Tatbestand

Es bestand ein gemeinsamer Tatplan, auf etwaige Verfolger zu schießen, an dem auch der C beteiligt war.

2. Objektiver Tatbestand

C erbrachte durch seine Mitwirkung an der Tatvorbereitung und der Tatausführung einen tatbeherrschenden Tatbeitrag (siehe oben).

III. Rechtswidrigkeit

C handelte rechtswidrig.

IV. Schuld

C handelte schuldhaft.

V. Ergebnis

C hat sich wegen versuchter gemeinschaftlicher gefährlicher Körperverletzung nach §§ 223 Abs. 1, 224 Abs. 1 Nr. 2, 4 und 5, 22 f., 25 Abs. 2 StGB strafbar gemacht.

J. Gesamtergebnis

A, B und C sind wegen gemeinschaftlichen schweren Raubes in Tatmehrheit mit gemeinschaftlichem versuchtem Mord strafbar. A und B sind tateinheitlich mit dem versuchten Mord wegen gemeinschaftlicher gefährlicher Körperverletzung strafbar. C ist tateinheitlich mit dem versuchten Mord wegen versuchter gemeinschaftlicher gefährlicher Körperverletzung strafbar.

StPO-Zusatzfrage

Die hier gestellte Zusatzfrage betrifft die allgemeine Frage nach der Qualifizierung eines Prozessbeteiligten als Zeu-

Eine Vernehmung des B als Zeuge in dem Verfahren gegen C würde voraussetzen, dass B nicht zugleich als Mitbeschuldigter anzusehen wäre.

ge bzw. Mitbeschuldigter.[15] Eine gesetzliche Vorschrift, unter die zu subsumieren wäre, findet sich hierbei nicht. Um jedoch den gutachterlichen Aufbau und die gutachterliche Methode nicht zugunsten einer völlig abstrakten Abhandlung aufzugeben, sollte ein Obersatz entwickelt werden, der es auch bei nicht normgebundenen Fragestellungen ermöglicht, juristisch handwerklich vorzugehen.

I. Der formelle Mitbeschuldigtenbegriff

Auch hier muss der eigentliche Pfad des Gutachtens nicht verlassen werden. Man subsumiert zwar nicht unter einen konkreten Tatbestand, jedoch unter einen juristischen Begriff, der wie ein echtes Tatbestandsmerkmal geprüft werden kann.

Nach dem **formellen Mitbeschuldigtenbegriff** ist Mitbeschuldigter nur der, gegen den in ein und demselben Verfahren vorgegangen wird.

Das Verfahren gegen B wurde abgetrennt. Angeklagt in dem hier relevanten Verfahren ist ausschließlich C. Nach dem formellen Mitbeschuldigtenbegriff spräche mithin nichts gegen die Heranziehung des B als Zeugen in dem Verfahren gegen C.

II. Der materielle Mitbeschuldigtenbegriff

Nach dem **materiellen Mitbeschuldigtenbegriff** ist jeder bereits Mitbeschuldigter, der der Beteiligung an der Tat verdächtig ist. Gegen B und C wird wegen derselben Tat (im materiellen wie prozessualen Sinne) ermittelt. Lediglich aus Gründen der Beschleunigung des Verfahrens gegen C wurde B nicht mit ihm gemeinsam angeklagt. Danach wäre B als Mitbeschuldigter zu betrachten und von der Zeugenrolle ausgeschlossen.

III. Der formell-materielle Mitbeschuldigtenbegriff

Der **formell-materielle Mitbeschuldigtenbegriff** hebt neben dem Tatverdacht darauf ab, dass der Beteiligte auch tatsächlich wegen der gleichen prozessualen Tat verfolgt wird. Dies ist hier der Fall. B wird wegen der gleichen Tat im prozessualen Sinne verfolgt, die Trennung der Hauptverfahren dient lediglich Gründen der Prozessökonomie. Hiernach wäre eine Zeugenschaft des B somit ebenfalls ausgeschlossen.

15 Siehe auch *Kindhäuser* StPR § 21/17 ff.

IV. Streitentscheidung

Lediglich nach dem formellen Mitbeschuldigtenbegriff wäre B also hier tauglicher Zeuge im Verfahren gegen C, weshalb sich hier nur mit dieser Ansicht auseinandergesetzt werden muss.

Die formelle Betrachtungsweise führt zu unbefriedigenden Ergebnissen. Grund für die strikte Trennung des Zeugen vom Mitbeschuldigten in einem Strafverfahren sind die höchst unterschiedlichen Verfahrensrechte der Beteiligten mit Rücksicht auf die Tendenz zur Selbstentlastung eines tatverdächtigen Zeugen. Nimmt darauf das Gesetz zwar noch Rücksicht – z.B. mit den Regelungen zum tatverdächtigen Zeugen in § 55 StPO –, kann weiter gegen diese Ansicht angeführt werden, dass es dann in den Händen allein der Ermittlungsbehörden läge, durch Abtrennung der einzelnen Verfahren die Möglichkeit der Zeugeneigenschaft wegen derselben Tat Verfolgter selbst in der Hand zu halten.

Diese Ansicht ist somit abzulehnen. B kommt nicht als Zeuge in dem Verfahren gegen C in Betracht.

Fall 5: Mittelbare Täterschaft

Bei der mittelbaren Täterschaft gemäß § 25 Abs. 1 Alt. 2 StGB handelt der Täter nicht eigenhändig, sondern bedient sich einer weiteren Person als sogenanntem Tatmittler. Der Tatmittler ist quasi das „Werkzeug" des mittelbaren Täters. Eine Person ist aber nur dann nicht selbst Täter, sondern Werkzeug eines anderen, wenn sie ein sogenanntes deliktisches Defizit aufweist, für das der Hintermann als mittelbarer Täter verantwortlich ist.[16] Unter einem solchen deliktischen Defizit versteht man nach herrschender Ansicht das Fehlen einer Strafbarkeitsvoraussetzung beim Tatmittler, z.B. fehlender Vorsatz, eine Rechtfertigung oder eine Entschuldigung, die der mittelbare Täter schafft oder ausnutzt. Denn anderenfalls wäre die Person eben kein Werkzeug eines anderen, sondern selbst der verantwortliche Täter.

Hinsichtlich des deliktischen Defizits sind für das Gutachten zwei Varianten zu unterscheiden: Zum einen kann es sein, dass der Tatmittler evident straflos handelt, zum anderen ist es möglich, dass seine Tatmittlereigenschaft zweifelhaft ist, weil eine Strafbarkeit für ihn nicht schon auf den ersten Blick ausgeschlossen werden kann. Im ersten Fall wäre es überflüssig, die Strafbarkeit des Tatmittlers eigens zu prüfen: Wenn eine Strafbarkeit nicht ernsthaft in Betracht kommt, wird sie auch nicht erörtert. Vielmehr prüft man in solchen Fällen die allein in Frage kommende Strafbarkeit des Hintermanns als mittelbaren Täter und geht im Rahmen dieser Prüfung inzident auf den Vordermann als Tatmittler ein. Im zweiten Fall muss zuerst der Vordermann auf seine Strafbarkeit hin untersucht werden, sofern er von der Aufgabenstellung nicht ausgeschlossen wurde. Stellt man eine Strafbarkeit des Vordermanns fest, kommt eine Strafbarkeit des Hintermanns als mittelbarer Täter grundsätzlich nicht mehr in Betracht.[17] Sofern sich der Vordermann aber nicht strafbar gemacht hat, kann er Tatmittler des Hintermanns gewesen sein, so dass in diesem Fall das Gutachten mit der Strafbarkeit des Hintermanns als mittelbaren Täter fortgesetzt werden kann.

Aufgabe:

▶ Unternehmer U macht sich mit dem Handel von Haushaltsgeräten selbständig. Dazu kauft er billige Imitatware im Ausland auf, die er sodann als Markenartikel an ahnungslose Kunden teuer veräußern will. Um die Kunden direkt in ihren Haushalten erreichen zu können, stellt er den A als „Außendienstmitarbeiter" an. Da zu viele Mitwisser für U gefährlich wären, erzählt er dem A nicht, dass die „Markenware" in Wahrheit nur aus störanfälligen Imitaten besteht. A aber, der über einige Berufserfahrung in diesem Segment verfügt, erkennt bei näherer Betrachtung entsprechender Details, dass die Geräte gefälscht wurden und somit auch, welche „Geschäftsidee" der U verfolgt. Gleichwohl macht er sich auf den Weg, die Waren zu verkaufen. Seinen 7jährigen Sohn S nimmt er dabei mit: Während er selbst die Verkaufsgespräche führt und die jeweiligen Hausbewohner auf diese Weise abgelenkt sind, soll sich S nach Diebesgut umsehen und geeignete Sachen in die Tasche stecken.
Zunächst werden A und S von dem Kunden K zur Tür herein gebeten. Als A dem K einen Mixer vorführt, entdeckt S ein paar dekorative Silberfiguren im Regal. Eine besonders hübsche Figur steckt er in seine Hosentasche. Derweil übergibt A dem K den soeben gekauften Mixer. K zahlt

16 Zu weiteren – umstrittenen – Formen mittelbarer Täterschaft *Kindhäuser* AT § 39/12 ff., 35 f. mit weiteren Nachweisen.

17 Wiederum zu Ausnahmen *Kindhäuser* AT § 39/12 ff., 35 f.

den Kaufpreis in dem Glauben, er habe einen hochwertigen Markenmixer erstanden. A und S verlassen das Haus, S steckt dem A die Figur zu.
Kurz danach bemerkt K, dass eine seiner Silberfiguren fehlt. Umgehend ruft er bei der Polizei an und meldet den Vorfall. Daraufhin legt eine Streifenwagenbesatzung A und S das Handwerk, während sie in eine Nebenstraße laufen, um dort an den Haustüren weiterer potenzieller Kunden zu klingeln.

Wie haben sich die Beteiligten nach den Vorschriften des StGB strafbar gemacht? Hausfriedensbruch ist nicht zu prüfen.

StPO-Zusatzfrage:

Der Verteidiger V begehrt zur Verteidigung des U bei der Staatsanwaltschaft Akteneinsicht. Anfang Dezember geht ihm die Akte mit der Auflage zu, wegen der noch laufenden Ermittlungen die Akte binnen drei Tagen zurückzusenden. Auf der Rückseite eines der letzten Aktenblätter entziffert V eine handschriftliche Verfügung des Staatsanwaltes: *„An Erm.-Richter AG Bonn – Durchsuchung für den 23.12.2006 morgens aus den o.g. Gründen m.d.B. um Erl."*
Da U dem V bereits berichtet hat, dass er noch einiges an Imitatware im Keller seines Hauses aufbewahre, ist V versucht, seinen Mandanten schnell zu informieren.
Ist ihm dies rechtlich möglich? ◀

Vorüberlegungen:

Zuerst muss ein geeigneter Ausgangspunkt für die strafrechtliche Beurteilung gefunden werden. Betrachtet man in dieser Hinsicht den ersten Absatz des Sachverhalts, so fällt auf, dass dort in erster Linie Hintergründe des späteren Geschehens mitgeteilt werden. Es kommt dort allenfalls zu möglichen Beteiligungshandlungen, nicht aber zu eigenständigen Straftaten. Die strafrechtliche Prüfung kann daher erst bei dem Geschehen im Haus des K ansetzen.

Im Haus des K wiederum muss man zwischen zwei Vorgängen differenzieren: Zum einen kann das Geschäft mit dem Mixer strafrechtliche Relevanz aufweisen, zum anderen die Entwendung der Silberfigur. Schon allein wegen der möglichen Beteiligung des U an dem Mixerverkauf des A ist dieses Geschäft in der juristischen Beurteilung umfangreicher und sollte daher geprüft werden, bevor die eher übersichtliche Erörterung des Diebstahls erfolgt.

Das Gutachten beginnt also mit dem Mixerverkauf an K. Auf der Verkäuferseite stehen der A als Verkaufsvertreter und der U als dessen Chef. Der A steht dabei also „näher" an der möglichen Straftat und sollte daher zuerst geprüft werden, während der U erst nachfolgend wegen möglicher Beteiligung zu untersuchen wäre. Für A kommt Betrug zum Nachteil des K in Betracht, und zwar wegen möglicher Gewerbsmäßigkeit als besonders schwerer Fall.

Arbeitshypothese: Strafbarkeit des A wegen Betrugs zu Lasten des K in einem besonders schweren Fall gemäß § 263 Abs. 1 und 3 S. 2 Nr. 1 StGB

Im Anschluss an A wäre U als Beteiligter zu prüfen. Da U davon ausging, A sei gutgläubig, liegt mittelbare Täterschaft nahe. Dabei stellt sich aber das Problem, dass A entgegen der Vorstellung des U gerade nicht gut-, sondern bösgläubig war und deshalb volldeliktisch handelte. Das ist die Konstellation eines **Irrtums über die Tatherrschaft**, dessen Auswirkungen streitig sind und somit den Problemschwerpunkt des ersten Teils der Aufgabe bilden.

Arbeitshypothese: Strafbarkeit des U wegen mittelbaren Betrugs zu Lasten des K in einem besonders schweren Fall gemäß §§ 263 Abs. 1 und 3 S. 2 Nr. 1, 25 Abs. 1 Alt. 2 StGB

Wenn der Betrug gegenüber K abgehandelt ist, bleibt noch die Entwendung der Silberfigur zu erörtern. Hier ist S der tatnächste Beteiligte und wäre daher an sich zuerst zu prüfen. Als 7jähriger ist er aber gemäß § 19 StGB schuldunfähig und daher evident nicht strafbar. Er kann allenfalls Tatmittler als „schuldlos handelndes Werkzeug" sein. Daher wird seine Strafbarkeit nicht eigens untersucht. Vielmehr setzt man direkt bei A wegen mittelbaren Diebstahls durch S an. Die Tatmittlereigenschaft des S aufgrund seiner altersbedingten Schuldunfähigkeit wird dann nur inzident im Tatbestand erwähnt.

Arbeitshypothese: Strafbarkeit des A wegen Diebstahls in mittelbarer Täterschaft gemäß §§ 242 Abs. 1, 25 Abs. 1 Alt. 2 StGB

Nach den Plänen von U, A und S sollte sich das Geschehen, wie es dem K widerfahren ist, in weiteren Haushalten wiederholen. Zu diesem Zweck waren A und S unterwegs in eine Nebenstraße. Da die Polizei schnell eingegriffen hat, kam es nicht zu weiteren vollendeten Taten, wohl aber kann man an Versuchsstrafbarkeit denken. Diese wird hinsichtlich A wohl daran scheitern, dass er noch nicht einmal an einer weiteren Haustür geklingelt hat und ein unmittelbares Ansetzen im Sinne von § 22 StGB infolgedessen kaum anzunehmen ist.

Arbeitshypothese: Strafbarkeit des A wegen versuchten Betrugs in einem besonders schweren Fall gemäß §§ 263 Abs. 1 und 3 S. 2 Nr. 1, 22 f. StGB

Hingegen hat er den S als Tatmittler für Diebstähle bereits im Vorfeld instruiert. Die Meinungen zum Versuchsbeginn bei mittelbarer Täterschaft gehen teilweise schon dann von einem Versuchsbeginn aus, wenn der Hintermann auf den Vordermann eingewirkt hat, ohne dass es weiterer Schritte bedürfte. Hier liegt daher der zweite Problemschwerpunkt der Aufgabe.

Arbeitshypothese: Strafbarkeit des A wegen versuchten Diebstahls in mittelbarer Täterschaft gemäß §§ 242 Abs. 1, 22 f., 25 Abs. 1 Alt. 2 StGB

Die Vorüberlegungen führen somit zu folgender – vorläufiger – Gliederung des Gutachtens:

1. Teil: Das Geschäft mit K

A. Strafbarkeit des A wegen Betrugs (ggf. in einem besonders schweren Fall)
Problem: Gewerbsmäßigkeit

B. Strafbarkeit des U wegen Beteiligung am Betrug des A
Problem: Irrtum über die Tatherrschaft

C. Strafbarkeit des A wegen mittelbaren Diebstahls

2. Teil: Die Nebenstraße

A. Strafbarkeit des A wegen versuchten Betrugs (ggf. in einem besonders schweren Fall)

B. Strafbarkeit des A wegen versuchten mittelbaren Diebstahls
Problem: Versuchsbeginn bei der mittelbaren Täterschaft

Die StPO-Zusatzfrage:

Hier geht es um die Möglichkeit des Verteidigers, seinen Mandanten über noch anstehende Ermittlungsmaßnahmen zu informieren. Eine erste Durchsicht der StPO ergibt freilich, dass es keine Regelung gibt, die ein solches Verhalten des Verteidigers erlaubt.

Aber es gibt auch keine Regelung in der StPO, die es ausdrücklich untersagt. Allerdings könnte hier nach dem StGB eine Strafvereitelung gemäß § 258 Abs. 1 in Frage kommen. Man wird sich also über den „Umweg" durch das StGB mit den Rechten und Pflichten der Verteidigung und den Grenzen des Akteneinsichtsrechts befassen müssen. Hierbei sollte die Stellung der Verteidigung im Strafverfahren zuerst abgehandelt werden. Fasst man den Verteidiger als Organ der Rechtspflege auf, so verbietet sich eine Torpedierung derselben durch Verrat von Ermittlungsmaßnahmen schon von selbst. Erst danach macht es überhaupt Sinn, sich mit der Reichweite des Akteneinsichtsrechts auseinanderzusetzen.

Gutachten

1. Tatabschnitt: Das Geschäft mit K

A. Strafbarkeit des A wegen Betrugs in einem besonders schweren Fall

Vor einer Betrugsprüfung muss man sich über die Konstellation der Beteiligten zueinander klar werden: Betrug kann in zweiseitigen, dreiseitigen und sogar vierseitigen Konstellationen auftreten. Der Täter kann zum eigenen Vorteil (Selbstbereicherungsabsicht) oder zum Vorteil eines Dritten handeln (Drittbereicherungsabsicht). Er kann zulasten des getäuschten Gegenübers handeln oder zulasten einer Person, auf dessen Vermögen der Getäuschte zugreifen kann (sog. Dreiecksbetrug, der regelmäßig Probleme aufwirft).[18]

Hier haben wir es aber mit der einfachsten Konstellation zu tun, nämlich der zweiseitigen: A handelt zunächst einmal zum eigenen Vorteil, weil er den Kaufpreis selbst einstecken möchte, um ihn dann später dem U zu übergeben. Der getäuschte K schädigt sein eigenes Vermögen. Durch die Wendung „zum eigenen Vorteil und zum Nachteil des K" stellt man dem Leser im Obersatz klar, welche Betrugskonstellation geprüft werden soll.

A könnte sich wegen Betrugs in einem besonders schweren Fall zum eigenen Vorteil und zum Nachteil des K gemäß § 263 Abs. 1 und 3 S. 2 Nr. 1 StGB strafbar gemacht haben, indem er dem K den Mixer verkaufte.

18 Zum Dreiecksbetrug *Kindhäuser* BT II § 27/62 ff. mit weiteren Nachweisen.

I. Tatbestand

1. Objektiver Tatbestand

a) Täuschung über Tatsachen

Dass A den Mixer dem K als Markenartikel anbietet, ist im Sachverhalt nicht ausdrücklich erwähnt. Es entspricht aber der im Sachverhalt dargelegten Geschäftsidee des U. Und da der Sachverhalt auf keinen ungewöhnlichen Verlauf hinweist, kann und muss davon ausgegangen werden, dass die Ausführung der Geschäfte den im Sachverhalt genannten Planungen des U entspricht (Gebot der lebensnahen, dem gewöhnlichen Geschehensverlauf entsprechenden Sachverhaltsauslegung, vergleiche näher oben § 1/ I./3.).

Voraussetzung ist, dass A den K über Tatsachen getäuscht hat.

Tatsachen sind alle vergangenen oder gegenwärtigen Geschehnisse oder Zustände, die objektiv bestimmt und dem Beweis zugänglich sind. Unter einer Täuschung ist die Irreführung durch eine ausdrückliche oder konkludente Fehlinformation zu verstehen.

Die Markenqualität des Mixers ist ein objektiv bestimmter und dem Beweis zugänglicher gegenwärtiger Zustand, also eine Tatsache. Indem A den Mixer fälschlich als Markenartikel anbietet, führt er K über diese Tatsache ausdrücklich irre.

Folglich hat A den K über Tatsachen getäuscht.

b) Irrtum

Zwischen den Tatbestandsmerkmalen des Betrugs muss ein Kausalzusammenhang bestehen: Der Irrtum muss gerade auf der Täuschung beruhen, die Vermögensverfügung auf dem Irrtum und so weiter. Dieses Kausalitätserfordernis kann – wie rechts geschehen – bei den einzelnen Merkmalen inzident erwähnt werden. Möglich ist es stattdessen aber auch, die Tatbestandsmerkmale isoliert voneinander zu prüfen und die Kausalität als „fünftes Tatbestandsmerkmal“ am Ende des objektiven Tatbestands zu berücksichtigen.[19]

Die Täuschung muss zu einem Irrtum des K geführt haben.

Irrtum ist jede Fehlvorstellung von der Wirklichkeit.

K glaubte aufgrund der Angaben des A, der Mixer sei ein Markenartikel. In Wahrheit handelte es sich um ein Imitat. Insoweit bestand bei K eine Fehlvorstellung von der Wirklichkeit.

Die Täuschung führte also zu einem Irrtum des K.

c) Vermögensverfügung

Der Irrtum könnte zu einer Vermögensverfügung des K geführt haben.

Vermögensverfügung ist jedes unmittelbar vermögensmindernde Verhalten.

K zahlte A den Kaufpreis im Vertrauen auf die Markenqualität und minderte somit unmittelbar sein Vermögen aufgrund des Irrtums.

Mithin führte der Irrtum zu einer Vermögensverfügung des K.

19 Vergleiche zu diesem Aufbau *Kindhäuser* BT II § 27/92.

d) Vermögensschaden

Wie der Vermögensschaden bei Austauschgeschäften, also unter anderem einem Kauf, zu bestimmen ist, ist umstritten:[20]

Die „Saldotheorie" saldiert Leistung und Gegenleistung, so dass sie einen Vermögensschaden dann annimmt, wenn das Geschäft beim Vermögensinhaber „unterm Strich" zu einem negativen Saldo geführt hat. So bezahlte K zwar den hohen Preis für ein Markengerät, erhielt aber nur ein billiges Imitat. Seine Vermögenslage hat sich daher verschlechtert.

Die „Zweckverfehlungslehre" hebt hingegen darauf ab, ob der objektive Geschäftszweck erreicht wurde. Dieser bestand für das Geschäft zwischen A und K in dem Kauf eines Markengeräts. Dieser Zweck wurde nicht erreicht, weil das Gerät in Wahrheit ein Imitat war.

Im vorliegenden Fall sind somit beide Lehren ergebnisgleich. Daher kann das Merkmal des Vermögensschadens ohne nähere Diskussion der Schadenslehren abgehandelt werden.

Zudem könnte ein Vermögensschaden bei K eingetreten sein.

Die durch die Verfügung eingetretene Vermögensminderung ist als Vermögensschaden anzusehen, wenn sie nicht durch ein ebenfalls durch die Verfügung erzieltes Äquivalent kompensiert wird.

Äquivalent für die Kaufpreiszahlung war hier die Übereignung des Mixers. Dieser war aber als Imitat weder sein Geld wert noch entsprach er dem objektivierten Geschäftszweck, einen Markenartikel zu erhalten. Eine Kompensation der Vermögensverfügung durch ein Äquivalent trat daher nicht ein.

K erlitt deshalb einen Vermögensschaden.

2. Subjektiver Tatbestand

a) Vorsatz

Da der Sachverhalt die Bösgläubigkeit des A eindeutig klarstellt, kann der Vorsatz knapp festgestellt werden.

A verkaufte das Imitat an K bewusst und gewollt, also vorsätzlich.

b) Bereicherungsabsicht

Da A das Geld letztlich an U abgeben wollte, stellt sich die Frage, ob es sich denn hier nicht um eine Drittbereicherungsabsicht handelt. Bei genauer Betrachtung ist es aber doch eine Selbstbereicherungsabsicht, denn es reicht für die Annahme einer Absicht aus, dass sich der Wille des Täters auf ein notwendiges Zwischenziel richtet. Dieses Zwischenziel besteht hier darin, zunächst einmal selbst in den Besitz des Geldes zu kommen, weil es anderenfalls nicht an U abgeführt werden kann.

Nicht abstellen darf man für die Bereicherungsabsicht auf den von U gezahlten Lohn! Dieser Lohn ist nicht iden-

Neben dem Vorsatz ist die Absicht rechtswidriger Bereicherung notwendig.

Demnach muss es für den Täter das Ziel sein, sich oder einem anderen einen Vermögensvorteil zu verschaffen, und zwar einen solchen, der stoffgleich mit dem Gegenstand der Vermögensverfügung ist und auf den er keinen Anspruch hat.

Gegenstand der Vermögensverfügung war hier das Geld, das K dem A für den Mixer als Kaufpreis zahlte. Es war das Ziel des A, sich dieses Geld zu verschaffen, wenngleich er es dann später an U abführen wollte. Sich einen rechtswidrigen Vermögensvorteil

20 Hierzu *Kindhäuser* BT II § 27/74 ff.

tisch („stoffgleich") mit dem Geld, über das der getäuschte K verfügt hat. Die Bereicherungsabsicht muss sich aber gerade auf das Vermögen beziehen, über das der Getäuschte verfügt hat.

zu verschaffen, war damit aber immerhin das Zwischenziel des A.

A handelte daher in der Absicht rechtswidriger Bereicherung.

II. Rechtswidrigkeit

A handelte rechtswidrig.

III. Schuld

A handelte schuldhaft.

IV. Besonders schwerer Fall

Die Rechtsnatur der Regelbeispiele ist umstritten[21] und wirkt sich auf die Art und Weise aus, wie man sie im Gutachten prüft.

Nach einer Ansicht sind die Regelbeispiele eine besondere Form der Qualifikationstatbestände. Sie sind dann im Gutachten wie jeder andere Qualifikationstatbestand zu handhaben. Sie müssen dann lediglich den Unterschied zu den anderen Qualifikationen beachten, nämlich dass Regelbeispiele „offen" für gegenläufige Wertungen sind.

Nach herrschender Meinung handelt es sich bei den Regelbeispielen um Strafzumessungsregeln. Sie sind dann unmittelbar nach der Schuld zu prüfen, weil die Schuld die Voraussetzung für eine Strafe und damit auch für Strafzumessung ist. Die Merkmale der Regelbeispiele sind nach dieser Meinung nicht als Tatbestandsmerkmale zu bezeichnen, sondern als objektive und subjektive „Voraussetzungen" eines besonders schweren Falls.

Schematisch sieht die vollständige Prüfung des besonders schweren Falls eines Delikts auf Grundlage der h. M. wie folgt aus:

I. Tatbestand
II. Rechtswidrigkeit
III. Schuld
IV. Besonders schwerer Fall
   1. Voraussetzungen des Regelbeispiels

In Betracht kommt das Regelbeispiel der Gewerbsmäßigkeit aus § 263 Abs. 3 S. 2 Nr. 1 Alt. 1 StGB.

Gewerbsmäßig handelt, wer sich aus wiederholter Begehung eine fortlaufende Einnahmequelle von nicht unerheblicher Dauer und einigem Umfang verschaffen will. Das ist unzweifelhaft der Fall, wenn der Täter die Einnahmen aus der Tat für sich verwenden möchte. Hier liegt es aber so, dass A die Einnahmen an U abführen will. A wollte die Taten als Angestellter des U beruflich begehen, sich also auf diese Weise seinen Lebensunterhalt verdienen. Daher kann man davon ausgehen, dass sich A aus wiederholter Begehung eine fortlaufende Einnahmequelle von nicht unerheblicher Dauer und einigem Umfang verschaffen wollte. Problematisch ist dabei aber, dass der eigentliche deliktisch erlangte Erlös nicht unmittelbar dem Lebensunterhalt des A selbst, sondern dem seines Chefs U zukommen und der A daher lediglich seinen regulären Arbeitslohn erhalten sollte. A wollte somit nur mittelbar von den Taten profitieren. Die typische Gefahr des gewerbsmäßigen Betrugs, dass eine Vielzahl von geschickt verübten Betrugstaten mit entsprechend vielen Opfern und hohen Schäden zu befürchten steht, hängt nicht davon ab, ob der Täter „selbständig" oder als „Angestellter" handelt. Daher steht die Tatsache, dass A den Erlös an U abführen wollte, einer Gewerbs-

21 Hierzu *Kindhäuser* AT § 8/9; *Kindhäuser* BT II § 3/4.

a) Objektive Voraussetzungen
b) Subjektive Voraussetzungen
2. Rechtswidrigkeit
3. Schuld

Ob Sie der herrschenden Meinung folgen oder die Regelbeispiele als Tatbestände ansehen, ist für Ihr Gutachten eine Aufbaufrage. Wie in allen Aufbaufragen gilt auch hier: Wählen Sie den von Ihnen favorisierten Aufbau frei aus, begründen Sie ihn aber nicht!

mäßigkeit im Sinne von § 263 Abs. 3 S. 2 Nr. 1 Alt. 1 StGB nicht entgegen.

Zweifelhaft ist eher, ob es ausreicht, bereits aus einer einzigen verübten Tat auf Gewerbsmäßigkeit zu schließen.[22]

1. Die herrschende Meinung definiert die Gewerbsmäßigkeit vorwiegend anhand der Zielsetzungen des Täters und lässt bei entsprechender gewerblicher Absicht bereits eine einzige vollendete Tat genügen, um das Regelbeispiel des § 263 Abs. 3 S. 2 Nr. 1 Alt. 1 StGB anzunehmen. Demnach hätte A das Regelbeispiel der Gewerbsmäßigkeit verwirklicht.

2. Die Gegenansicht stellt dagegen höhere Anforderungen in objektiver Hinsicht und verlangt mehr als nur eine einzige vollendete Tat, nämlich mindestens zwei Taten, die zudem ein systematisches Vorgehen erkennen lassen müssen. Sie würde bei A, der hier seine erste Tat beging, noch keine Gewerbsmäßigkeit bejahen.

3. Für die subjektiv orientierte Auslegung der herrschenden Meinung lässt sich anführen, dass eine Bereicherung beim Betrug nur beabsichtigt, nicht aber verwirklicht zu sein braucht. Und wenn die Bereicherung nur beabsichtigt sein muss, dann könnte man meinen, dass die Gewerbsmäßigkeit, die als Erwerbstätigkeit auf Bereicherung abzielt, ebenfalls ganz subjektiv definiert werden müsse. Zudem spielt eine solche Absicht zu weiteren Taten, die noch nicht begangen zu sein brauchen, auch bei den Regelbeispielen des Bandenbetrugs und des § 263 Abs. 3 S. 2 Nr. 2 Alt. 2 StGB eine dominierende Rolle, was zeigt, dass der Gesetzgeber bereits die Absichten zu weiteren Taten als hinreichend für den erhöhten Strafrahmen des § 263 Abs. 3 S. 1 StGB ansieht.

Jedoch sind die entsprechenden Absichten bei den gerade genannten Regelbeispielen ausdrücklich im Text des jeweiligen Regelbeispiels genannt. Bei dem hier in Frage stehenden Regelbeispiel des § 263 Abs. 3 S. 2 Nr. 1 Alt. 1 StGB heißt es hingegen nur „gewerbsmäßig“. Eine gewerbsmäßige Tätigkeit zeichnet sich zwar durch Gewinnerzielungsabsicht

22 Hierzu *Kindhäuser* BT II § 3/26.

aus, aber auch durch dementsprechend professionelle und gewinnorientierte Vorgehensweisen. Insofern kommt dem Merkmal nicht nur subjektiver, sondern auch objektiver Charakter zu. Die Gewerbsmäßigkeit muss sich daher auch objektiv niedergeschlagen haben. Bei einer einzigen Tat ist aber aus einem objektiven Blickwinkel noch nicht absehbar, ob es eine Einzeltat bleiben oder es doch zu Mehrfachtaten kommen wird. Es wird auch erst bei Mehrfachtaten sichtbar, wie geplant und damit professionell die Vorgehensweise tatsächlich angelegt ist. Zu folgen ist daher der zweiten Ansicht, die hier zu dem Ergebnis kommt, dass bei der Einzeltat des A noch keine Gewerbsmäßigkeit angenommen werden kann.

V. Ergebnis

A hat sich wegen Betrugs zum eigenen Vorteil und zum Nachteil des K gemäß § 263 Abs. 1 StGB strafbar gemacht.

B. Strafbarkeit des U wegen Betrugs in mittelbarer Täterschaft

Wenn bei der Beteiligung Täterschaft in Betracht kommt, muss diese zuerst geprüft werden, da eine Teilnahme materiell subsidiär wäre. Als täterschaftliche Beteiligung wären Mittäterschaft und mittelbare Täterschaft zu bedenken, wobei Mittäterschaft hier mangels gemeinsamen Tatplans evident ausscheidet. Zu prüfen bleibt daher nur eine mittelbare Täterschaft, auf die der Sachverhalt auch insofern hindeutet, als dort die vermeintliche Gutgläubigkeit des A beschrieben wird.

Was die Einordnung der Betrugskonstellation angeht, so handelte U aus seiner Perspektive zum eigenen Vorteil.

U könnte sich wegen Betrugs in mittelbarer Täterschaft zum eigenen Vorteil und zum Nachteil des K gemäß §§ 263 Abs. 1, 25 Abs. 1 Alt. 2 StGB strafbar gemacht haben, indem er den vermeintlich gutgläubigen A zum Verkauf des Mixers eingesetzt hat.

I. Tatbestand

Objektiver Tatbestand

Das Tatbestandsmerkmal „Täuschung über Tatsachen" ist gegenüber dem Tatopfer K durch A verwirklicht worden. Das wurde bereits oben für A unter Punkt A. festgestellt. Hier geht es daher nur noch um die Zurechnung dieser Handlung zu U. Dafür muss A, wie sich aus § 25 Abs. 1 Alt. 2 StGB folgern lässt, als „Werkzeug" des U gehandelt

Im Sinne mittelbarer Täterschaft könnte U den K „durch einen anderen" (§ 25 Abs. 1 Alt. 2 StGB), nämlich den A, über Tatsachen getäuscht haben.

A täuschte den K über Tatsachen (siehe oben unter Punkt A.). Dabei handelte er jedoch, wie sich oben unter Punkt A. gezeigt hat, volldeliktisch. Fraglich

haben, oder mit den Worten des Gesetzes formuliert: U muss„durch einen anderen“ (also das „Werkzeug“) gehandelt haben. Umstritten ist nun, ob diese Werkzeugeigenschaft des Vordermanns aus einer objektiven Perspektive oder aus dem subjektiven Blickwinkel des Hintermanns zu bestimmen ist.[23]

In objektiver Hinsicht werden mehrere Theorien vertreten, die sich zudem nicht immer einfach voneinander abgrenzen lassen. Von Bedeutung ist vor allem die sogenannte „Tatherrschaftslehre“, die ein Handeln nur dann als täterschaftlich ansieht, wenn der Handelnde die Tat beherrscht, also maßgeblichen Einfluss auf das „Ob“ und „Wie“ der Tat ausübt. Aber auch diese Lehre wird in unterschiedlichen Nuancen vertreten.

Da hier aber allein eine subjektive Täterschaftstheorie zu einem abweichenden Ergebnis kommt, ist es legitim, die objektiven Lehren als Gegenansicht zusammenzufassen. Daher sind rechts nicht sämtliche Täterschaftstheorien aufgeführt, sondern nur die subjektive Theorie einerseits und die zusammengefassten objektiven Lehren (mit Hinweis auf die bedeutsame Tatherrschaftslehre) andererseits.

ist, wie sich dieser Umstand auf die Täterschaft des U auswirkt, ob U also dennoch den K „durch den A“ über Tatsachen getäuscht hat.

1. Nach der „subjektiven Täterschaftstheorie“ kommt es auf die Vorstellungen des Täters (hier: des U) an. Dass A volldeliktisch handelte, spielt daher nach der subjektiven Theorie im objektiven Tatbestand keine Rolle, so dass das Tatbestandsmerkmal „Täuschung über Tatsachen durch einen anderen“ auf Grundlage dieser Auffassung zu bejahen wäre.

2. Die objektiven Lehren und insbesondere die Tatherrschaftslehre aber verlangen neben den entsprechenden subjektiven Vorstellungen auch einen objektiven Tatbeitrag. „Tatherrschaft“ kann danach nicht mehr innegehabt werden, wenn der Vordermann volldeliktisch handelt, das Geschehen also selbst steuert und damit beherrscht, wie es hier der A tat. Demnach hätte U nicht „durch einen anderen“ – den A – gehandelt.

3. Die subjektive Theorie nimmt ihren Ausgangspunkt in der Äquivalenztheorie: Wenn alle Bedingungen eines Erfolgs gleichwertig seien, könnten die Kausalfaktoren aufgrund ihrer Äquivalenz nicht näher gewichtet werden, so dass die Qualität eines Tatbeitrags als täterschaftlich nur im subjektiven Tatbestand ausgemacht werden könne. Gegen solche Folgerungen spricht aber, dass § 25 StGB denjenigen als Täter bezeichnet, der die Tat „begeht“. Die Tatbegehung findet aber eben nicht allein im subjektiven Tatbestand statt, sondern verlangt ein äußerliches Tätigwerden, das im Falle der mittelbaren Täterschaft zwar „durch einen anderen“ erfolgt, aber immer noch das Begehen seitens des Hintermanns ist. Dass es immer noch ein Begehen seitens des Hintermanns ist und kein Begehen durch den Vordermann, kann man nur annehmen, wenn der Vordermann eben nicht selbst volldeliktisch handelt. Daher ist den objektiven Lehren zu folgen, die hier zu dem Ergebnis kommen, dass U nicht durch A handelte.

23 Hierzu *Kindhäuser* AT § 38/35 ff.

II. Ergebnis

U hat sich somit nicht wegen Betrugs in mittelbarer Täterschaft zum Nachteil des K gemäß §§ 263 Abs. 1, 25 Abs. 1 Alt. 2 StGB strafbar gemacht.

C. Strafbarkeit des U wegen versuchten Betrugs in mittelbarer Täterschaft

Das unter Punkt B. gefundene Ergebnis lässt eine Versuchskonstellation erkennen: Der objektive Tatbestand wurde mangels Gutgläubigkeit des A nicht verwirklicht, obgleich U von einer solchen Gutgläubigkeit ausging. Es ist daher nahe liegend, einen Versuch des mittelbaren Betrugs zu prüfen.

U könnte sich durch dasselbe Verhalten aber wegen versuchten Betrugs in mittelbarer Täterschaft zum eigenen Vorteil und zum Nachteil des K gemäß §§ 263 Abs. 1 und 2, 22 f., 25 Abs. 1 Alt. 2 StGB strafbar gemacht haben.

I. Vorprüfung

1. Wie soeben unter Punkt B. festgestellt wurde, vollendete U einen Betrug in mittelbarer Täterschaft wegen volldeliktischen Handelns des A nicht.

Bei Vergehen – wie dem Betrug – ist es unverzichtbar, sich genau zu vergewissern, ob der Versuch unter Strafe gestellt ist (hier: § 263 Abs. 2 StGB). Den Versuch eines Delikts zu prüfen, dessen Versuch straflos ist, wäre ein sehr schwerer Fehler.

2. Der Betrugsversuch wird durch §§ 23 Abs. 1, 263 Abs. 2 StGB unter Strafe gestellt.

II. Tatbestand

1. Subjektiver Tatbestand

a) Täuschung über Tatsachen

Der Unterschied zu einer typischen Versuchskonstellation besteht hier darin, dass die Diskrepanz zwischen objektivem und subjektivem Tatbestand allein das Merkmal „durch einen anderen" des § 25 Abs. 1 Alt. 2 StGB betrifft, also kein eigentliches Tatbestandsmerkmal des Betrugs, sondern nur ein solches der Zurechnungsnorm des § 25 Abs. 1 Alt. 2 StGB. Ob eine solche Zurechnungsnorm „versucht" werden kann, ist Gegenstand des rechts dargestellten Meinungsstreits.

Erforderlich ist, dass U den Tatentschluss zur Täuschung des K über Tatsachen durch A als Tatmittler hatte.

Dass K durch falsche Angaben seitens A über die Markenqualität des Mixers irregeführt werden sollte, wollte U. Zwar kannte er den K nicht, jedoch reicht es aus, dass der U „einen anderen" (Menschen) täuschen wollte. Einen Tatentschluss zur Täuschung über Tatsachen hatte er also. Allerdings stellte er sich den A fälschlich als vorsatzlos handelndes „Werkzeug" vor, was seiner Vorstellung nach eine mittelbare Täterschaft wäre. Ob solche Merkmale aber, die die Beteiligungsform konstituieren, im Sinne von § 22 StGB „versucht" werden können, ist umstritten.

aa) Eine Ansicht bejaht diese Möglichkeit und käme daher für den zu lösenden Fall zu dem Resultat, dass U den Tatentschluss zur Täuschung über Tatsachen durch A als Tatmittler hatte.

bb) Die Gegenansicht hält Merkmale, die nur die Beteiligungsform betreffen, nicht für versuchstauglich. Sie würde keinen Tatentschluss des U, den K durch A als Tatmittler über Tatsachen zu täuschen, annehmen.

cc) Die letztgenannte Ansicht argumentiert damit, die Beteiligungsformen müssten aus dem Anwendungsbereich des § 22 StGB herausgehalten werden, weil die Vorstufen der Beteiligung anderenfalls weit über § 30 StGB hinaus in dem durch § 23 StGB bestimmten Umfang grundsätzlich unter Strafe gestellt würden. Das hätte zur Folge, dass § 30 Abs. 1 StGB als unerklärbare Privilegierung einer versuchten Anstiftung erschiene. Zudem bezögen sich die Kategorien des Versuchs und der Vollendung nur auf die eigentliche Tat selbst.

Für eine eigene Lösung hingegen muss man von der entscheidenden Norm – § 22 StGB – ausgehen.

Nach § 22 StGB versucht eine Straftat, „wer nach seiner Vorstellung von der Tat zur Verwirklichung des Tatbestands unmittelbar ansetzt". Das unmittelbare Ansetzen bezieht sich also auf die Tatbestandsverwirklichung, mit anderen Worten auf die Verwirklichung der Merkmale des Tatbestands. Entscheidend ist daher, ob man die Merkmale des § 25 Abs. 1 Alt. 2 StGB als Tatbestandsmerkmale ansehen muss. Für eine solche Einordnung spricht, dass § 25 StGB als Vorschrift des Allgemeinen Teils des StGB Merkmale enthält, die eigentlich zu den Delikten gehören, aber nur gesetzestechnisch „vor die Klammer" des Besonderen Teils gezogen wurden, weil sie grundsätzlich für alle Vorschriften des Besonderen Teils gleichermaßen gelten. Für eine solche Einordnung spricht des Weiteren ein Vergleich mit dem untauglichen Versuch im Falle unmittelbarer Alleintäterschaft: Der Täter hat keine Tatherrschaft, stellt sich aber eine solche vor, ohne dass man deswegen an der Anwendbarkeit der Versuchsregeln zweifeln würde. Denn dass auch der untaugliche Versuch strafbar ist, folgt aus § 23 Abs. 3 StGB. Ausschlaggebend muss daher letztlich sein, dass Täterschaft die beherrschte Verwirklichung eines Tatbestands bedeutet, und zwar unabhängig von der Art und Weise der Täterschaft. Auch die Merkmale des § 25 Abs. 1 Alt. 2 StGB gehören somit zur „Verwirklichung des Tatbestands" im Sinne von § 22 StGB. Zu folgen ist mithin der erstgenannten Auffassung.

U hatte den Tatentschluss, den K durch A über Tatsachen zu täuschen.

b) Irrtum

Hier darf man sich nun kurz fassen. Die Tatbestandsmerkmale wurden bereits oben bei A ausführlich geprüft und aus dem Sachverhalt geht klar hervor, dass A dasjenige ausführte, was U plante.

U hatte auch den Tatentschluss, bei K durch die von A verübte Täuschung einen Irrtum hervorzurufen.

c) Vermögensverfügung

Der Tatentschluss des U bezog sich auch darauf, dass der getäuschte K irrtumsbedingt einen Kaufpreis bezahlt und dadurch über sein Vermögen verfügt.

d) Vermögensschaden

Nach dem Tatentschluss des U sollte K für den gezahlten Kaufpreis kein Äquivalent erhalten und somit an seinem Vermögen geschädigt werden.

e) Bereicherungsabsicht

U handelte in der Absicht, sich an dem von A abgeführten Kaufpreis rechtswidrig zu bereichern.

2. Objektiver Tatbestand

Ferner müsste U im Sinne von § 22 StGB unmittelbar zur Tatbestandsverwirklichung angesetzt haben.

Wann dieser Zeitpunkt bei der mittelbaren Täterschaft eingetreten ist, ist umstritten.[24] Nach der engsten Ansicht wird das Versuchsstadium erst dann erreicht, wenn der Vordermann seinerseits unmittel-

24 Hierzu *Kindhäuser* AT § 39/47 ff.

bar ansetzt, also mit der Tatausführungshandlung beginnt.

A vollzog die Tatausführungshandlung des Betrugs sogar vollständig.

Demnach ist auch für U davon auszugehen, dass er unmittelbar zur Tatbestandsverwirklichung angesetzt hat.

III. Rechtswidrigkeit

U handelte rechtswidrig.

IV. Schuld

U handelte schuldhaft.

V. Ergebnis

U hat sich wegen versuchten Betrugs in mittelbarer Täterschaft gemäß §§ 263 Abs. 1, 22 f., 25 Abs. 1 Alt. 2 StGB strafbar gemacht.

D. Strafbarkeit des U wegen Anstiftung zum Betrug

Durch dasselbe Verhalten könnte sich U wegen Anstiftung zum Betrug zum eigenen Vorteil und zum Nachteil des K gemäß §§ 263 Abs. 1, 26 StGB strafbar gemacht haben.

Unabhängig davon, ob vorhergehend ein Versuch des mittelbaren Betrugs angenommen wurde oder nicht, wäre im Anschluss eine vollendete Anstiftung anzusprechen. Denn diese wäre auch gegenüber einer versuchten mittelbaren Täterschaft nicht subsidiär. Lediglich dann, wenn man weiter oben bereits eine vollendete mittelbare Täterschaft bejaht hätte, wäre die Anstiftung als materiell subsidiäre Beteiligung nicht mehr anzusprechen.

I. Tatbestand

1. Objektiver Tatbestand

a) Haupttat

Eine taugliche Haupttat des A liegt mit dessen Betrug vor (siehe oben Punkt A.).

Da die Tat des A oben unter Punkt A. ausführlich geprüft und festgestellt wurde, reicht ein kurzer Verweis aus.

b) Bestimmen

U könnte den A zu dessen Tat bestimmt haben.

Bestimmen im Sinne des § 26 StGB ist das Hervorrufen des Tatentschlusses, worunter nach der engsten Ansicht eine Verpflichtung des Angestifteten zur

Um den Begriff des Bestimmens bei der Anstiftung herrscht einiger Streit. Eine Streitdarstellung ist verzichtbar (und sollte auch unterlassen werden), wenn jede Ansicht im konkreten Fall zum gleichen Ergebnis kommt. Dann sollten – wie mittlerweile gewohnt – einfach die engste (bzw. die weiteste) Ansicht als Prüfungsmaßstab genommen werden.

Tatausführung gegenüber dem Anstifter zu verstehen ist (Unrechtspakt).

U hat A zum Verkauf der Waren angestellt und instruiert. Allein aufgrund der Vetragsvereinbarung wurde A überhaupt tätig.

U hat den A zu dessen Tat bestimmt.

2. Subjektiver Tatbestand

Man nennt den Vorsatz bei der Anstiftung einen „doppelten Anstiftervorsatz", weil er zwei Bezugspunkte hat:

Erstens muss er sich auf die Haupttat beziehen, und zwar den objektiven und subjektiven Tatbestand sowie die Rechtswidrigkeit.

Zweitens muss er sich auf das Bestimmen zu der Haupttat beziehen. Das ist nämlich die eigentliche Tathandlung des Anstifters.

Beides – die Haupttat und das Bestimmen – sind in § 26 StGB genannt. Daher reicht es für eine Fallbearbeitung grundsätzlich schon aus, sich zu merken, dass sich der Anstiftervorsatz auf die in § 26 StGB genannten Elemente beziehen muss: „vorsätzlich begangener rechtswidriger Tat" (= Haupttat des Angestifteten als dem eigentlichen Täter) und „bestimmt hat" (= Tathandlung des Anstifters).

Der subjektive Tatbestand erfordert den sogenannten „doppelten Anstiftervorsatz", der einerseits die vorsätzliche Haupttat und andererseits das Bestimmen zu dieser Tat umfassen muss.

U muss also zunächst einen Vorsatz gehabt haben, der die vorsätzliche Haupttat des A umfasst.

Es stellt sich dabei das Problem, dass U nicht um die Vorsätzlichkeit der Haupttat des A wusste, weil er ihn für gutgläubig hielt.

a) Nichtsdestoweniger geht eine Ansicht davon aus, dass der Anstiftervorsatz ein Minus zum Tätervorsatz (der bei U vorliegt, siehe oben) sei, obwohl der Hintermann nicht davon ausgeht, im Vordermann den Entschluss zur vorsätzlichen Tatbegehung hervorzurufen. Diese Ansicht würde einen Vorsatz des U bezüglich der Haupttat bejahen.

b) Die Gegenauffassung hält den Anstiftervorsatz für ein aliud gegenüber dem Tätervorsatz. Sie würde bei U keinen Anstiftervorsatz in Bezug auf die Haupttat annehmen.

c) Die Teilnahme ist gegenüber der Täterschaft materiell subsidiär. Das scheint auf den ersten Blick dafür zu sprechen, die Täterschaft als ein „plus" gegenüber der Teilnahme bzw. die Teilnahme als ein „minus" gegenüber der Täterschaft anzusehen, mit der Konsequenz, den Anstiftervorsatz als „minus" zum Täterwillen zu betrachten. Wer also Täterwillen hat, aber objektiv nur Teilnehmer ist, könnte daher dennoch wegen vollendeter Teilnahme bestraft werden. Eine solche Rechtsanwendung schlösse Strafbarkeitslücken, die anderenfalls auftreten könnten.

Und derjenige, der Täterwillen hat, würde durch die Bestrafung als Teilnehmer nicht beschwert werden.

Gleichwohl erfordert der objektive Tatbestand der Anstiftung gemäß § 26 StGB eine „vorsätzlich begangene rechtswidrige Tat“ als Haupttat und ein Bestimmen hierzu durch den Anstifter. Hierbei muss der Anstifter gemäß § 26 StGB „vorsätzlich“ gehandelt haben, also mit Wissen und Wollen den Tatentschluss im Täter zu einer vorsätzlichen rechtswidrigen Tat hervorgerufen haben. Der Vorsatz des Täters gehört damit nach dem insoweit eindeutigen Gesetzeswortlaut zum Vorsatzgegenstand des Anstifters. Handelt der Hintermann ohne das Wissen um den Vorsatz des Vordermanns, dann mangelt es am Anstiftungstatbestand, so dass nicht aus § 26 StGB bestraft werden kann. Jedes andere Ergebnis würde eine Schlechterstellung des Hintermanns bedeuten, die gemäß Art. 103 Abs. 2 GG und § 1 StGB einer gesetzlichen Grundlage bedürfte. Daher ist es nicht möglich, die Teilnahme ohne weiteres als „Auffangtatbestand“ für täterschaftliche Defizite einzusetzen. Der Anstiftervorsatz erweist sich damit als aliud zum Tätervorsatz.

Folglich handelte U ohne Anstiftervorsatz.

II. Ergebnis

U hat sich nicht wegen Anstiftung zum Betrug zum eigenen Vorteil und zum Nachteil des K gemäß §§ 263 Abs. 1, 26 StGB strafbar gemacht.

E. Strafbarkeit des A wegen Diebstahls in mittelbarer Täterschaft

Nachdem die strafrechtliche Relevanz des Mixergeschäfts erörtert wurde, kann nun die Entwendung der Silberfigur thematisiert werden.

A könnte sich wegen Diebstahls in mittelbarer Täterschaft gemäß §§ 242 Abs. 1, 25 Abs. 1 Alt. 2 StGB strafbar gemacht haben, indem er den S eine Silberfigur bei K mitnehmen ließ.

I. Tatbestand

1. Objektiver Tatbestand

a) Fremde bewegliche Sache

Der Begriff der „beweglichen Sache“ taucht auch im Zivilrecht auf, dort allerdings in einer anderen Bedeutung (Mobilien – Immobilien)! Wichtig ist,

Die Silberfigur ist als körperlicher Gegenstand, der tatsächlich fortgeschafft werden kann und nicht im

dass die „bewegliche Sache" im Strafrecht nur die tatsächlich (!) fortschaffbare Sache ist.

Alleineigentum des A steht oder herrenlos ist, eine für ihn fremde bewegliche Sache.

b) Wegnahme

Bei mittelbarer Täterschaft handelt der Täter nicht selbst, sondern „durch einen anderen" (§ 25 Abs. 1 Alt. 2 StGB). Dieser „andere" ist der sogenannte Tatmittler. Er ist der eigentliche Tatausführende und muss daher grundsätzlich zuerst geprüft werden. Der Hintermann wird dann im Anschluss unter dem Gesichtspunkt einer Beteiligung nach § 25 Abs. 1 Alt. 2 StGB geprüft. Wenn es aber ganz offensichtlich ist, dass sich der Vordermann nicht strafbar gemacht hat, oder wenn nach der Strafbarkeit des Vordermanns gar nicht gefragt ist, beginnt man direkt mit der Prüfung des Hintermanns und erwähnt den Tatmittler nur inzident als „Handlanger" bei der Tathandlung. Das ist beispielhaft in der rechten Spalte geschehen.

A könnte die Silberfigur durch den gemäß § 19 StGB schuldlos handelnden S als Tatmittler weggenommen haben.

Wegnahme ist der Bruch fremden und die Begründung neuen Gewahrsams. Gewahrsam ist die tatsächliche Sachherrschaft, soweit sie von der Verkehrsanschauung anerkannt ist.

Die Silberfigur stand ursprünglich in K's Haus und damit in dessen Gewahrsamssphäre. Sodann steckte S die Figur in seine Tasche. Der Tascheninhalt wird von der Verkehrsanschauung nicht mehr Dritten zugeordnet, sondern allein demjenigen, der die Tasche besitzt, also dem S. Der Gewahrsam des K wurde somit durch S ohne Willen des K aufgehoben. Schließlich gab S die Figur an A und begründete somit bei diesem den Gewahrsam.

Folglich hat A die Silberfigur durch S weggenommen.

2. Subjektiver Tatbestand

a) Vorsatz

A handelte bewusst und gewollt, also mit Vorsatz.

b) Zueignungsabsicht

A handelte in der Absicht, sich die Silberfigur rechtswidrig zuzueignen.

II. Rechtswidrigkeit

A handelte rechtswidrig.

III. Schuld

A handelte schuldhaft.

IV. Ergebnis

Zu denken ist ferner an einen besonders schweren Fall gemäß § 243 Abs. 1 S. 2 Nr. 3 StGB: Gewerbsmäßigkeit. Diese bestimmt sich aber nicht anders als im Falle des § 263 Abs. 3 S. 2 Nr. 1 Alt. 1 StGB. Da die Gewerbsmäßigkeit oben bereits verneint wurde, weil nur eine

A hat sich wegen Diebstahls in mittelbarer Täterschaft gemäß §§ 242 Abs. 1, 25 Abs. 1 Alt. 2 StGB strafbar gemacht.

einzige Tat vollendet wurde und keine Tatserie, erübrigt es sich, hier nochmals darauf einzugehen.

Überflüssig ist es auch, eine Unterschlagung gemäß § 246 StGB zu prüfen. Dieses Delikt ist gegenüber dem Diebstahl formell subsidiär. „Formell" subsidiär bedeutet, dass sich bereits aus dem Gesetzeswortlaut ergibt, dass das Delikt gegenüber dem schwereren Diebstahl nachrangig ist („wenn die Tat nicht in anderen Vorschriften mit schwererer Strafe bedroht ist"). Es wäre daher nutzlos, die Verwirklichung des § 246 StGB zu prüfen. Ein kurzer Hinweis auf die Vorschrift schadet freilich nicht.

2. Tatabschnitt: Das Geschehen in der Nebenstraße

A. Strafbarkeit des A wegen versuchten Betrugs

A könnte sich wegen versuchten Betrugs gemäß §§ 263 Abs. 1 und 2, 22 f. StGB zum eigenen Vorteil und zum Nachteil eines potenziellen Kunden strafbar gemacht haben, indem er in eine Nebenstraße gegangen ist, um dort weitere Kunden für die Imitatwaren des U aufzusuchen.

I. Vorprüfung

Hier braucht auf keine vorherige Deliktsprüfung, in der eine mangelnde Vollendung festgestellt wurde, zurückgegriffen werden, weil es ganz offensichtlich an einer Vollendung fehlt.

1. Es ist nicht zur Deliktsvollendung gekommen.

2. Der Betrugsversuch ist strafbar gemäß §§ 23 Abs. 1, 263 Abs. 2 StGB.

II. Tatbestand

1. Subjektiver Tatbestand

a) Täuschung über Tatsachen

Da die Betrugsmerkmale zum Geschäft bei K bereits ausführlich erörtert wurden und A nun eine gleichartige Vorgehensweise plant, kann man sich hier bei der Prüfung des subjektiven Tatbestands kurz fassen.

Ebenso wie schon bei K wollte A auch in der Nebenstraße einen Kunden für die angebliche Markenware finden, also über Tatsachen täuschen.

b) Irrtum

Der potenzielle Kunde sollte nach dem Entschluss des A in einen Irrtum über die Markenqualität fallen.

c) Vermögensverfügung

Aufgrund dieses Irrtums sollte der Kunde nach der Vorstellung des A einen Kaufpreis zahlen und somit über sein Vermögen verfügen.

d) Vermögensschaden

Diese Vermögensverfügung des Kunden sollte nicht durch ein Äquivalent – also echte Markenware – ausgeglichen werden, sondern nur durch billige Imitate und damit zu einem Vermögensschaden beim Kunden führen.

e) Bereicherungsabsicht

A handelte mit Bereicherungsabsicht.

2. Objektiver Tatbestand

Hier findet sich erneut ein Beispiel für einen Theorienstreit, der für den zu lösenden Fall zu keinen divergierenden Ergebnissen führt. Es ist daher ausreichend, den Streit nur beiläufig zu erwähnen und deutlich zu machen, dass hier selbst die weiteste Auslegung von § 22 StGB nicht dazu führt, ein unmittelbares Ansetzen zur Tatbestandsverwirklichung anzunehmen. Im Anschluss an diese Feststellung ist die Deliktsprüfung mangels objektiven Tatbestands zu beenden.

Zweifelhaft ist, ob von einem unmittelbaren Ansetzen des A im Sinne von § 22 StGB ausgegangen werden kann.

Wann ein Ansetzen zur Tatbestandsverwirklichung „unmittelbar" im Sinne von § 22 StGB ist, ist umstritten.[25] Einig ist man sich aber darin, dass Handlungen, die lediglich der Ermöglichung oder Förderung später geplanter Taten dienen, noch nicht dem Versuchs-, sondern dem Vorbereitungsstadium zugewiesen werden.

Die von A geplante Tat sollte in dem Haus eines erst noch ausfindig zu machenden Kunden stattfinden. Dazu hätte A noch ein Haus aussuchen und dort klingeln müssen. Erst diese Handlungen hätten die Tat ermöglicht. Das Aufsuchen der Nebenstraße liegt demnach weit im Vorfeld.

Von einem unmittelbaren Ansetzen zur Tatbestandsverwirklichung kann daher noch nicht ausgegangen werden.

III. Ergebnis

A hat sich nicht wegen versuchten Betrugs gemäß §§ 263 Abs. 1 und 2, 22 f. StGB strafbar gemacht.

25 Hierzu *Kindhäuser* AT § 31/10 ff.

B. Strafbarkeit des A wegen versuchten Diebstahls in mittelbarer Täterschaft

Nachdem kurz zuvor der Betrugsversuch mangels unmittelbaren Ansetzens abgelehnt wurde, mag man es auf den ersten Blick für entbehrlich halten, überhaupt noch einen Diebstahlsversuch zu prüfen. Doch geht es diesbezüglich um mittelbare Täterschaft und für diese Beteiligungsform finden sich Ansichten zum Versuchsbeginn, die § 22 StGB schon dann für erfüllt halten, wenn der Hintermann begonnen hat, auf den Vordermann einzuwirken. Ein versuchter mittelbarer Diebstahl könnte daher durchaus einschlägig sein.

A könnte sich aber wegen versuchten Diebstahls in mittelbarer Täterschaft gemäß §§ 242, 22 f., 25 Abs. 1 Alt. 2 StGB strafbar gemacht haben, indem er die Nebenstraße aufsuchte, um dort einen Haushalt zu finden, in welchem S Gegenstände entwenden sollte, während er selbst mit Kunden Verkaufsgespräche führt.

I. Vorprüfung

1. Noch kam es zu keinem Diebstahl in der Nebenstraße, die Tat wurde also nicht vollendet.
2. Der Diebstahlsversuch ist nach §§ 23 Abs. 1, 242 Abs. 2 StGB strafbar.

II. Tatbestand

1. Subjektiver Tatbestand

a) Fremde bewegliche Sache

Im Sachverhalt ist unpräzise von „Diebesgut“ und „Sachen“ die Rede. Man wird daher davon ausgehen können, dass dem A alles recht ist, was „stehlenswert“ erscheint. Das ist zwar wenig konkret, reicht aber, um einen Tatentschluss zur Wegnahme „fremder beweglicher Sachen“ annehmen zu können.

A wollte „Diebesgut“ bzw. „geeignete Sachen“ erlangen, also tatsächlich fortschaffbare körperliche Gegenstände, die nicht in seinem Alleineigentum stehen. Sein Tatentschluss richtete sich daher auf fremde bewegliche Sachen.

b) Wegnahme

A wollte ferner, dass der gemäß § 19 StGB schuldunfähige S die etwaigen Sachen einsteckt, also den Gewahrsam des jeweiligen Hausbewohners ohne dessen Willen aufhebt und letztlich eigenen Gewahrsam bei ihm selbst – A – begründet. Sein Tatentschluss war somit auf eine Wegnahme gerichtet.

Der rechts dargestellte Meinungsstreit ist für die Falllösung von Relevanz: Die Theorien gelangen zu unterschiedlichen Ergebnissen. Daher muss der Meinungsstand mitsamt den jeweiligen Ergebnissen dargestellt und im Anschluss ein Streitentscheid geführt werden.

2. Objektiver Tatbestand

Fraglich ist aber wiederum, ob A im Sinne von § 22 StGB unmittelbar zur Tatbestandsverwirklichung angesetzt hat.

Wann ein unmittelbares Ansetzen bei der mittelbaren Täterschaft vorliegt, wird unterschiedlich beurteilt.

a) Die „Gesamtlösung“ betrachtet Hinter- und Vordermann als Einheit und nimmt den Versuchsbeginn dementsprechend in dem Zeitpunkt an, in welchem der Vordermann unmittelbar zur Tat ansetzt.

Nach dieser Theorie käme es im vorliegenden Fall auf S als Vordermann an, der aber noch nicht tätig geworden ist und somit nicht unmittelbar zur Tat ansetzte. Das führt nach der Gesamtlösung zu dem Ergebnis, dass das Versuchsstadium noch nicht erreicht wurde.

b) Die „strenge Einzellösung“ legt den Versuchsbeginn bereits auf den Zeitpunkt, in welchem der Hintermann mit der Einwirkung auf den Vordermann beginnt.

Sie würde daher darauf abstellen, dass A den S bereits instruiert und somit auf ihn eingewirkt hat. Sie käme demzufolge zu dem Resultat, dass A mit seiner Einwirkung auf S unmittelbar zur Tatbestandsverwirklichung angesetzt hat.

c) Nach der „modifizierten Einzellösung“ beginnt der Versuch für den mittelbaren Täter, sobald er das Geschehen nach seiner Einwirkung auf den Tatmittler dergestalt aus der Hand gegeben hat, dass es nach seiner Vorstellung anschließend zur Tatbestandsverwirklichung kommen soll.

A und S waren in der Nebenstraße noch zusammen. A hatte also noch die Kontrolle über S, das Geschehen mithin nicht aus der Hand gegeben. Die modifizierte Einzellösung führt damit zu dem Ergebnis, dass das Versuchsstadium nicht erreicht wurde.

d) Sieht man die Tathandlung des Hintermanns in der Nutzung des Vordermanns, läge es nahe, den Beginn der Einwirkung auf den Tatmittler als unmittelbares Ansetzen des Hintermanns zu betrachten. Doch liegt dieser Zeitpunkt mitunter weit im Vorfeld der eigentlichen Rechtsgutsgefährdung. Die Tatbestandsverwirklichung droht aus Sicht des mittelbaren Täters aber frühestens dann, wenn er seine Einwirkung auf den Tatmittler beendet und das Geschehen damit aus der Hand gegeben hat bzw. wenn sein Tatmittler selbst unmittelbar zur Tat ansetzt. Die strenge Einzellösung kann daher nicht überzeugen. Die übrigen beiden Ansichten sind für den Fall ergebnisgleich:

A hat nicht unmittelbar zur Tatbestandsverwirklichung angesetzt.

III. Ergebnis

A hat sich nicht wegen versuchten Diebstahls in mittelbarer Täterschaft gemäß §§ 242, 22 f., 25 Abs. 1 Alt. 2 StGB strafbar gemacht.

IV. Konkurrenzen

Betrug und Diebstahl in mittelbarer Täterschaft des A sind durch verschiedene Handlungen begangen und stehen daher in Tatmehrheit gemäß § 53 StGB.

C. Gesamtergebnis

U hat sich wegen versuchten Betrugs in mittelbarer Täterschaft strafbar gemacht, §§ 263 Abs. 1 und 2, 22 f., 25 Abs. 1 Alt. 2 StGB.

A hat sich wegen Betrugs und Diebstahls in mittelbarer Täterschaft strafbar gemacht, §§ 263 Abs. 1; 242 Abs. 1, 25 Abs. 1 Alt. 2; 53 StGB.

S ist straflos.

StPO-Zusatzfrage

Durch die Unterrichtung seines Mandanten von der anstehenden Durchsuchungsmaßnahme könnte sich V gemäß § 258 Abs. 1 StGB strafbar machen.

Der Gang der Lösung über § 258 StGB macht es zunächst methodisch einfacher, im klassischen Gutachtenstil vorzugehen, da lediglich unter einen Tatbestand subsumiert werden muss. Allerdings setzt die Bearbeitung der Frage damit auch gute Kenntnisse hinsichtlich § 258 StGB[26] voraus, da fraglich ist, ob das rechtmäßige Verteidigerhandeln bereits im Tatbestand oder erst in der Rechtswidrigkeit Beachtung finden muss. Nach allgemeiner Ansicht stellt

26 Hierzu *Kindhäuser* BT I § 50/1 ff.

ein rechtmäßiges Verteidigerhandeln[27] aufgrund der wahrgenommenen Verfahrensrechte bereits keine tatbestandsmäßige Handlung dar.

I. Tatbestand

1. Objektiver Tatbestand

a) Vortat eines anderen

Zunächst müsste eine verfolgbare rechtswidrige Tat eines anderen vorliegen.

Eine solche ist gegeben, wenn sie den Tatbestand eines Strafgesetzes verwirklicht (§ 11 Abs. 1 Nr. 5), rechtswidrig und schuldhaft ist und keine Verfolgungshindernisse bestehen.

U hat sich, wie oben geprüft, zumindest wegen Betrugs in mittelbarer Täterschaft strafbar gemacht. Verfolgungshindernisse sind nicht ersichtlich.

Eine verfolgbare rechtswidrige Tat eines anderen ist mithin gegeben.

b) Vereitelung

V müsste mit seiner Information bezüglich der anstehenden Ermittlungsmaßnahme die Ahndung dieser Tat gänzlich oder teilweise verhindern.

Die Strafe wird gänzlich vereitelt, wenn sie für geraume Zeit unverwirklicht bleibt.

Durch die Fortschaffung der Imitatware aus seinem Haus wird dem U ermöglicht, schwer belastende Beweismittel hinsichtlich seiner Beteiligung an den Betrügereien fortzuschaffen oder zu vernichten. Dass die Überführung des U damit wesentlich erschwert wird, ist offenkundig. Jedoch stellt sich die Frage, ob die Information über die anstehende Maßnahme durch V als Verteidiger des U überhaupt tatbestandsmäßig sein kann. Dies wäre sie nicht, wenn V sich hier im Rahmen der ihm zustehenden Verfahrensrechte verhalten würde. Die Stellung des Strafverteidigers im Strafverfahren und die sich daraus ergebenden Rechte sind jedoch umstritten.[28]

27 Siehe auch *Kindhäuser* StPR § 7/7 ff.

28 Hierzu *Kindhäuser* StPR § 7/4 ff.

aa) Organtheorie

Hier wäre es in der Tat verfehlt, sich direkt auf Probleme der Grenzen des Akteneinsichtsrechts durch die Verteidigung zu stürzen. Diese Frage kommt erst dann zum Zuge, wenn Sie geklärt haben, ob ein solcher Umgang mit der Aktenkenntnis des Verteidigers überhaupt mit dessen Aufgaben im Strafverfahren in Einklang zu bringen ist.

Nach herrschender Meinung ist der Verteidiger als Organ der Rechtspflege zu betrachten und daher auch allein ihr gegenüber verpflichtet.

Die Information über anstehende Ermittlungsmaßnahmen gibt dem Beschuldigten die Möglichkeit, davor noch belastendes Material dem Zugriff der Ermittlungsbehörden zu entziehen. Der Verteidiger würde so massiv das Funktionieren einer ordnungsgemäßen Strafverfolgung als Teil der Rechtspflege stören.

Nach dieser Ansicht wäre es V damit verwehrt, U die entsprechenden Informationen zukommen zu lassen.

bb) Interessenvertretertheorie

Nach der Gegenansicht ist der Verteidiger allein Vertreter der Interessen seines Mandanten.

Die Vorabinformation über Ermittlungsmaßnahmen gibt dem Beschuldigten die Möglichkeit, rechtzeitig Belastungsmaterial verschwinden zu lassen, stärkt also seine Position als Beschuldigter in einem Strafverfahren.

Damit wäre es nach dieser Ansicht dem Verteidiger grundsätzlich nicht verwehrt, den U über die anstehende Durchsuchung zu informieren.

cc) Verfassungsrechtlich-prozessuale Theorie

Teile der Literatur halten mit Blick auf Art. 2 Abs. 1 GG in Verbindung mit dem Prinzip des fairen Verfahrens jede Prozesshandlung für statthaft, solange sie vom Verteidigungszweck getragen wird und nicht gegen ein ausdrückliches gesetzliches Verbot verstößt.

Damit wäre auch nach dieser Ansicht eine Vorabinformation des Mandanten über Ermittlungsmaßnahmen dem Verteidiger grundsätzlich, das heißt vorbehaltlich eines gesetzlichen Verbots, möglich.

dd) Streitentscheidung

Gegen die letztgenannte Ansicht spricht bereits der Umstand, dass nicht deutlich wird, wo die Grenze zwischen zulässiger Prozesshandlung und § 258

StGB liegen soll. Vielmehr läuft die Argumentation sogar auf einen Zirkel hinaus: Verboten ist nicht zulässiges Verteidigerhandeln, nicht zulässig soll es sein, wenn es verboten ist.

Auch die Interessenvertretertheorie ist abzulehnen. Die Einsetzung eines Verteidigers macht nur bei dessen ausreichender Autonomie gegenüber den Wünschen des Mandanten Sinn, da dieser in der Regel nicht über die ausreichenden Kenntnisse effektiver Verteidigung in einem Strafverfahren verfügt. Konsequenz einer reinen Interessentheorie wäre sogar die Pflicht des Verteidigers, für den Beschuldigten zu lügen oder Beweismittel zu manipulieren. Selbst wenn man die Interessentheorie nur so auffassen wollte, dass der Verteidiger in erster Linie Vertragspartner des Beschuldigten ist und daher zwar primär diesem verpflichtet sei, ihm aber kein Recht zur Lüge freistehe, begegnen dieser Ansicht Bedenken: eine Vertragstheorie ist mit der – willensunabhängigen! – Bestellung eines Pflichtverteidigers für den Beschuldigten nicht zu vereinbaren.

Die Organtheorie verdient mithin den Vorzug. V darf U also nicht über die anstehende Durchsuchung informieren. Eine tatbestandsrelevante Vereitelung läge also vor.

2. Subjektiver Tatbestand

Da nur ein hypothetisches Verhalten in Rede steht, darf hier eine einfache Feststellung der Tatbestandsvoraussetzungen ausnahmsweise genügen.

V müsste auch vorsätzlich handeln.

II. Rechtswidrigkeit

Hinsichtlich Rechtswidrigkeit und Schuld lassen sich ebenfalls für den Tatzeitpunkt keine exakten Voraussagen treffen. Dies sollten Sie getrost durch den Verweis auf den Begutachtungszeitpunkt deutlich machen.

Die Strafvereitelung müsste auch rechtswidrig sein. Das Eingreifen von Rechtfertigungsgründen ist hier zum Begutachtungszeitpunkt nicht ersichtlich.

III. Schuld

Auch gegen die Schuldhaftigkeit des von V in Erwägung gezogenen Verhaltens spricht zum gegenwärtigen Zeitpunkt nichts.

IV. Ergebnis

Durch die Weitergabe der Informationen über die anstehenden Ermittlungsmaßnahmen an U würde sich V wegen Strafvereitelung gemäß § 258 Abs. 1 StGB strafbar machen.

Fall 6: Die Teilnahme

Die Teilnahme, also die Anstiftung gemäß § 26 StGB und die Beihilfe gemäß § 27 StGB, setzt eine vorsätzliche und rechtswidrige Tatbestandsverwirklichung durch einen anderen voraus. Die Teilnahme ist insoweit abhängig (akzessorisch) von der Begehung einer sogenannten Haupttat. Da gemäß § 29 StGB jeder Beteiligte[29] „ohne Rücksicht auf die Schuld des anderen nach seiner Schuld" zu bestrafen ist, braucht die Haupttat selbst nicht schuldhaft begangen worden zu sein. Insoweit ist die Akzessorietät der Teilnahme also begrenzt (limitiert). Für das Gutachten ergeben sich daraus Konsequenzen für die Prüfungsreihenfolge. Da die Teilnahme eine vorsätzliche rechtswidrige Haupttat voraussetzt, ist die Prüfung des Verhaltens des sogenannten Tatnächsten zur Feststellung der Haupttat stets vor derjenigen der Teilnehmer durchzuführen. Ist nach dessen Strafbarkeit nicht gefragt, so muss in der Strafbarkeitsprüfung des mutmaßlichen Teilnehmers als Vorprüfung inzident das Vorliegen einer Haupttat geprüft werden.

Aufgabe:

▶ Der Ministerialrat A steckt in argen Schwierigkeiten. Ein Mitarbeiter (M) des Innenministeriums deutet im Rahmen eines gemeinsamen Abendessens an, er hege den Verdacht, dass es im Rahmen eines großen Autobahnbau-Projekts bei den Ausschreibungen „nicht mit rechten Dingen" zugegangen sei. Anders sei nicht zu erklären, dass ein auf diesem Gebiet kaum qualifiziertes Unternehmen den Zuschlag zum Straßenbau bekommen habe, noch dazu zu einem unverhältnismäßig hohen Preis. A, der in der Tat gegen eine luxuriöse Urlaubsreise und den Besuch einiger „professioneller Damen" für das in Rede stehende Unternehmen die Ausschreibung entscheidend beeinflusst hat, fragt M, ob er diesen Verdacht schon anderen gegenüber geäußert habe. Als M dies verneint, fällt A ein Stein vom Herzen, da er so noch einen Weg sieht, die Entdeckung der Korruptionsaffäre zu verhindern.
Hierzu verspricht er dem B einen Betrag von 30.000 Euro für die Tötung des M. B soll 10.000 Euro sofort bekommen, die restlichen 20.000 bei erfolgreichem Abschluss des Auftrags. Er übergibt B weiterhin eine Wegbeschreibung zum Haus des M, eine Beschreibung seines täglichen Wegs zum Ministerium sowie einige aktuelle Fotos. B solle das Ganze wie einen Raubmord aussehen lassen, da eine zu attentatsähnliche Durchführung nur weiteren Verdacht auf A lenken würde.
Zur Vorbereitung besucht B seinen Freund F, der ein Bekleidungsgeschäft führt. Er berichtet ihm von seinem Plan und bittet um eine sachgerechte Ausrüstung. F, der in der Vergangenheit mit B das eine oder andere Delikt verübt hatte, ist aus alter Verbundenheit gern behilflich. Er verkauft B ein paar Damenstrümpfe und ein Paar Lederhandschuhe, um mit einer Strumpfmaske nicht erkannt zu werden und keine Fingerabdrücke zu hinterlassen.
Am folgenden Tag macht sich M auf seinen Weg zur Arbeit. Gerade als B sich ihm mit gezogenem Revolver nähern will, winkt M ein Taxi zu sich und steigt ein. B, der nicht „vertragsbrüchig" werden will, sprintet zu dem gerade anfahrenden Taxi und feuert zweimal auf den Fahrer (T), der sofort tot in sich zusammensackt. M, der in heller Panik aus dem Taxi springt, wird mit drei Schüssen, wovon einer direkt in den Kopf trifft, niedergestreckt. B flieht mit dem Taxi, ohne sich um die Leichen auf der Straße zu kümmern. Den Wagen lässt er, nachdem einige Zeit ins Land gegangen ist, verschrotten.

29 Beteiligung ist nach der Legaldefinition in § 28 Abs. 2 StGB der Oberbegriff unter dem die Verwirklichung eines Delikts durch mehrere Personen verstanden wird. Daher fallen unter ihn sowohl die Mittäterschaft als auch die Teilnahmeformen der Anstiftung und der Beihilfe.

Prüfen Sie die Strafbarkeit von A und F nach dem StGB.
Bearbeitervermerk: Eigentums- und Vermögensdelikte sind nicht zu prüfen!

StPO-Zusatzfrage:

Ermittlungsrichter R erhält einen Antrag der Staatsanwaltschaft auf Erlass eines Haftbefehls gegen B. Begründet wird der Antrag damit, dass die Zeugin Z wenige Tage zuvor angegeben hatte, ein großer, glatzköpfiger Mann mit osteuropäischem Akzent habe auf Ihrem Schrottplatz ein gebrauchtes Taxi verschrotten lassen wollen. Ihr sei aufgefallen, dass in der Verkleidung der Tür auf der Beifahrerseite eine Pistolenkugel gesteckt habe. Daher habe Sie sich jetzt an die Polizei gewandt. Den Wagen habe allerdings ein Lehrling bereits verschrottet.
Die bisher geführten Ermittlungen konzentrierten sich auf B. B, auf den die Beschreibung der Z gut passt, ist geboren am 13.4.1965 in Slobozia, Rumänien, und alleinstehend. Gemeldet ist der rumänische Staatsbürger bei seinem Freund G, bei dem er gelegentlich auf einer Liege im Wohnzimmer schläft. B, der mit starkem Akzent spricht, weigert sich beharrlich, irgendwelche Aussagen zu machen. Einen Verteidiger will er (trotz entsprechender Belehrung) ebenfalls nicht.

Wird R Haftbefehl erlassen?
Bearbeitungshinweis: Von der Anordnungsbefugnis des R darf ausgegangen werden. ◀

Vorüberlegungen:

Gefragt ist hier nach der Strafbarkeit des A und des F nach dem StGB. Dies ist insoweit ungewöhnlich, weil nach der Strafbarkeit des die Tat eigentlich ausführenden B als Tatnächsten nicht gefragt ist. Im Gutachten wird auf ihn also nur im Rahmen der Beteiligungsrollen von A und F einzugehen sein. Eine Einteilung des Geschehens orientiert sich damit zunächst freilich an den beteiligten Personen A und F. Auch wenn B als Tatnächster hier nicht Hauptprüfungsgegenstand ist, so sollte sein Verhalten Richtschnur für das anzustellende Gutachten sein. Seine Taten nämlich stellen den Anknüpfungspunkt für eventuelle Teilnahmehandlungen der zu untersuchenden Verhaltensweisen von A und F dar. Da die Tötung des Taxifahrers zumindest unter Vorsatzgesichtspunkten sowohl bei A als auch bei F mehr als fraglich ist, sollte das Verhalten des B entsprechend nach Opfern aufgespaltet werden.

A hat zur Verdeckung der Korruptionsaffäre den B angeheuert, M gegen Entgelt zu töten, was diesem auch gelang. Hier wird wohl auch besonderes Augenmerk (Stichwort: „gekreuzte Mordmerkmale“) darauf zu richten sein, dass B gegen Entgelt (möglicherweise Habgier) und A seinerseits eventuell zur Verdeckung einer Straftat gehandelt hat.

Arbeitshypothese: Strafbarkeit des A gemäß §§ 212, 211 Abs. 1 und 2 Gruppe 1 Var. 3 (Habgier), Gruppe 3 Alt. 2 (Verdeckungsabsicht), 26 StGB (zum Nachteil des M)

B hat, zur Durchführung des „Auftrags“ des A, auch den Taxifahrer T erschossen. Dies könnte dem A als Anstifter zuzurechnen sein. Problematisch erscheint hier, ob diese eigenmächtige Erweiterung des Opferkreises durch B noch zu Lasten des A bewertet werden kann.

Arbeitshypothese: Strafbarkeit des A gemäß §§ 212, 211 Abs. 1 und 2 Gruppe 1 Var. 3 (Habgier), Gruppe 3 Alt. 2 (Verdeckungsabsicht), 26 StGB (zum Nachteil des T)

F hat B in Kenntnis seines Plans Strümpfe und Handschuhe verkauft. Darin könnte jeweils zu beiden Taten eine Beihilfe zu erkennen sein.

Arbeitshypothese: Strafbarkeit des F gemäß §§ 212, 211 Abs. 1 und 2 Gruppe 1 Var. 3 (Habgier), Gruppe 3 Alt. 2 (Verdeckungsabsicht), 27 StGB (zum Nachteil des M)

Arbeitshypothese: Strafbarkeit des F gemäß §§ 212, 211 Abs. 1 und 2 Gruppe 1 Var. 3 (Habgier), Gruppe 3 Alt. 2 (Verdeckungsabsicht), 27 StGB (zum Nachteil des T)

Als Prüfungsreihenfolge bietet sich somit an:

- **Strafbarkeit des A:**
  - A. Anstiftung des B zum Totschlag §§ 212 Abs. 1, 26 StGB zum Nachteil des M
  - B. (bei Feststellung der Strafbarkeit nach dem Grunddelikt § 212) Anstiftung zum Mord §§ 212, 211 Abs. 1 und 2 Gruppe 1 Var. 3 (Habgier), Gruppe 3 Alt. 2 (Verdeckungsabsicht), 26 StGB zum Nachteil des M
  - C. Anstiftung des B zum Totschlag als Grunddelikt §§ 212 Abs. 1, 26 StGB zum Nachteil des Taxifahrers T
  - D. (bei Feststellung der Strafbarkeit nach dem Grunddelikt § 212) Anstiftung zum Mord §§ 212, 211 Abs. 1 und 2 Gruppe 1 Var. 3 (Habgier), Gruppe 3 Alt. 2 (Verdeckungsabsicht), 26 StGB zum Nachteil des Taxifahrers T.
- **Strafbarkeit des F:**
  - A. Beihilfe zum Mord §§ 212, 211 Abs. 1 und 2 Gruppe 1 Var. 3 (Habgier), Gruppe 3 Alt. 2 (Verdeckungsabsicht), 27 StGB zum Nachteil des M
  - B. Beihilfe zum Mord §§ 212, 211 Abs. 1 und 2 Gruppe 1 Var. 3 (Habgier), Gruppe 3 Alt. 2 (Verdeckungsabsicht), 27 StGB zum Nachteil des Taxifahrers T

Die StPO-Zusatzfrage:

Hier ergeben sich für die Bearbeitung keine Besonderheiten: Die Voraussetzungen der Untersuchungshaft sind in den §§ 112 ff. StPO festgeschrieben, so dass ganz klassisch unter diese subsumiert werden kann. Da es dem Aufgabensteller ganz offensichtlich nicht auf die Zulässigkeit einer entsprechenden Anordnung ankommt (so darf die Zuständigkeit des Richters bereits unterstellt werden), dürfte eine Überprüfung der materiellen Haftvoraussetzungen nach § 112 StPO angezeigt sein, wobei hier keine weiteren Probleme liegen.

Gutachten

A. Strafbarkeit des A wegen Anstiftung zum Totschlag

A könnte sich dadurch, dass er den B gegen Entgelt zur Tötung des M brachte, wegen Anstiftung zum Totschlag gemäß §§ 212 Abs. 1, 26 StGB strafbar gemacht haben.

Hier geschieht bereits eine wichtige Weichenstellung: Steht auch eine Strafbarkeit wegen Mordes bzw. wegen Anstiftung zum Mord in Rede und Sie fassen mit der einhelligen Lehre den Mord als Qualifikation des Totschlags auf, so müssen Sie den hier gegebenen Aufbau wählen. Wollen Sie sich mit der (noch!) ständigen Rechtsprechung dafür entscheiden, den Mord als eigenständiges Delikt anzusehen, müssten Sie bereits zu Beginn Ihrer Prüfung auf den Mord eingehen.[30]

30 Vgl. dazu *Kindhäuser* BT I § 1/2 ff., § 2/47 f.

I. Tatbestand

1. Objektiver Tatbestand

Dazu müsste er B zu einem vorsätzlichen und rechtswidrigen Totschlag bestimmt haben.

a) Teilnahmefähige Haupttat

Die Tat des B stellt hier die sogenannte „Haupttat" dar, welche den Anknüpfungspunkt für die mögliche Teilnahmestrafbarkeit des A bildet.

Die Verwirklichung des Tatbestands des Totschlags ist in unserem Falle durch die Erschießung des M derart evident, dass ausnahmsweise eine knappe Prüfung der Tatbestandsverwirklichung angemessen ist.

B hat M mit drei Schüssen tödlich verletzt. Ihm kam es auf die Tötung des M nach dem Sachverhalt auch an, so dass er absichtlich handelte. B hat den Tatbestand des Totschlags gemäß § 212 StGB verwirklicht.

Da ihm keine Rechtfertigungsgründe zur Seite stehen, geschah dies auch rechtswidrig.

Eine teilnahmefähige Haupttat liegt mithin vor.

Ist in Teilnahmefällen nicht eine selbständige Prüfung der Strafbarkeit des Haupttäters erforderlich, muss nur das Vorliegen einer tatbestandsmäßigen und rechtswidrigen Haupttat geprüft werden. Dies ist dem Umstand geschuldet, dass die §§ 26, 27 StGB lediglich eine vorsätzliche und rechtswidrige, ausdrücklich aber keine schuldhaft begangene Haupttat voraussetzen. Die Prüfung nicht nach dem Ergebnis der Rechtswidrigkeit zu beenden, wäre damit eine überflüssige und zugleich fehlerhafte Mühe.

Die eigentliche Tathandlung: das Bestimmen.

b) Bestimmen

Die Definition dieses Tatbestandsmerkmals ist sehr umstritten, der Streitstand einigermaßen verwickelt.[31] Wenn Sie den Fall aber vorher durchdacht haben, wird schnell klar, dass es darauf in unserem Fall an dieser Stelle überhaupt nicht ankommt. Hier also den Streitstand sehr knapp zusammenzufassen und nach der engsten Auffassung zu subsumieren, ermöglicht Ihnen eine recht kurze und dabei doch handwerklich saubere und kenntnisreiche Prüfung.

A müsste B zu dieser Tat bestimmt haben. Bestimmen bedeutet nach herrschender Meinung das Hervorrufen des Tatentschlusses, nach engeren Ansichten die gegenseitige Verpflichtung der Beteiligten in Form eines Unrechtspakts. Hier hat B die Durchführung der Tötung von der Zahlung der 30.000 Euro abhängig gemacht und fühlte sich demgemäß auch „vertraglich" verpflichtet. Auf den Streit hinsichtlich der Auslegung des Tatbestandsmerkmals „Bestimmen" kommt es daher im vorliegenden Fall nicht an.

A hat B zur Durchführung des Totschlags bestimmt.

31 Vgl. *Kindhäuser* AT § 41/6 ff.

2. Subjektiver Tatbestand

Im subjektiven Tatbestand ergibt sich bei der Teilnahme die Besonderheit des (etwas unglücklich sogenannten) „doppelten Vorsatzes“. Dies bedeutet, dass der Vorsatz des Teilnehmers sowohl auf die Vollendung der vorsätzlichen Haupttat als auch auf den eigentlichen objektiven Tatbestand (Bestimmen) gerichtet sein muss. Diese beiden Vorsatzgegenstände sollten stets getrennt voneinander geprüft werden.

a) Vorsatz hinsichtlich der Haupttat

A müsste Vorsatz hinsichtlich der Vollendung der Haupttat gehabt haben.

Der Vorsatz setzt das Wissen um die Tatumstände und, nach weitergehenden Auffassungen, auch einen Willen zur Tatbestandsverwirklichung voraus.

A kam es gerade auf die Tötung des M an. Es liegt somit Vorsatz in Form der Absicht vor.

b) Vorsatz hinsichtlich des Bestimmens

Wie stets bei der Frage des Vorsatzes enthält der Sachverhalt keine exakten Angaben. Die hier gegebene lebensnahe Auslegung des Sachverhalts ermöglicht jedoch eine überzeugende Feststellung des Vorsatzes. Hierauf sollte immer besonderes Augenmerk gelegt werden, da Sie mit einer überzeugenden Arbeit mit dem Sachverhalt nicht nur Ihre materiellrechtlichen Kenntnisse, sondern auch Ihre Fähigkeit zur „Beweiswürdigung“ aufzeigen können.

A müsste letztlich auch Vorsatz bezüglich des Bestimmens des B gehabt haben. A kam es darauf an, dass B den M tötet, weshalb er diesem als Tatanreiz 30.000 Euro versprach. Dass dieses Verspechen geeignet war, den B zur Haupttat zu motivieren, war A augenscheinlich bewusst. Er hatte mithin einen auf das Bestimmen gerichteten Vorsatz.

II. Rechtswidrigkeit

Die Tat müsste rechtswidrig sein. Rechtswidrig ist die Tat, wenn keine Rechtfertigungsgründe eingreifen. Solche sind nicht ersichtlich, die Tat ist mithin rechtswidrig.

III. Schuld

Schließlich müsste A schuldhaft gehandelt haben. Dies ist der Fall, wenn keine Entschuldigungs- oder Schuldausschließungsgründe eingreifen und der Täter schuldfähig ist. Von der Schuldfähigkeit des A ist auszugehen. Sonstige schuldrelevante Aspekte sind nicht ersichtlich. A handelte schuldhaft.

IV. Ergebnis

A hat sich wegen Anstiftung zum Totschlag gemäß §§ 212, 26 StGB strafbar gemacht.

B. Strafbarkeit des A wegen Anstiftung zum Mord

A könnte sich durch dieselbe Handlung wegen Anstiftung zum Mord gemäß §§ 212, 211 Abs. 1 und 2 Gruppe 1 Var. 3 (Habgier), Gruppe 3 Alt. 2 (Verdeckungsabsicht), 26 StGB strafbar gemacht haben.

I. Tatbestand

1. Objektiver Tatbestand

a) Teilnahmefähige Haupttat

Hier reicht es aus, lediglich auf die qualifizierenden Merkmale des Mordes einzugehen.

Wie oben festgestellt, hat B den M vorsätzlich und rechtswidrig getötet. Diese Tötung könnte durch Habgier zum Mord gemäß § 211 Abs. 2 Gruppe 1 Var. 3 StGB qualifiziert werden.

Habgier ist rücksichtsloses Streben nach materiellen Gütern.

B kam es bei der Tötung des M allein auf den Erhalt des Lohns für die Tötung an.

Er tötete M aus Habgier.

Es liegt somit ein Mord als teilnahmefähige Haupttat vor.

b) Bestimmen

Auf den Streit über dieses Tatbestandsmerkmal muss hier mit Blick auf die hierzu bereits gemachten Ausführungen nicht mehr eingegangen werden (siehe oben).

A hätte B zu dieser Tat bestimmen müssen.

A hat B mit der Hingabe der 10.000 Euro und dem Versprechen weiterer 20.000 Euro überhaupt erst zur Tat motiviert, mithin nach allen Ansichten zur Tat bestimmt.

2. Subjektiver Tatbestand

a) Vorsatz hinsichtlich der Haupttat

A müsste Vorsatz hinsichtlich der Vollendung der Haupttat gehabt haben.

A kam es auf die Tötung des M ausdrücklich an, die Anheuerung erfolgte auch gerade durch das Versprechen von 30.000 Euro.

b) Vorsatz hinsichtlich des Bestimmens

A müsste letztlich auch Vorsatz bezüglich des Bestimmens des B haben müssen. A kam es darauf an, dass B den M tötet, weshalb er diesem als Tatanreiz 30.000 Euro versprach. Dass dieses Verspechen geeignet war, den B zur Haupttat zu motivieren, war A augenscheinlich bewusst. A hatte also auch Vorsatz bezüglich des Bestimmens zu einer Tötung aus Habgier.

c) Habgier

A selbst handelte nicht habgierig. Ob der Teilnehmer das täterbezogene Mordmerkmal selbst verwirklichen muss oder ihm die Habgier des Haupttäters zugerechnet werden kann, ist umstritten.

Achten Sie darauf, auch bekannte Streitigkeiten wie das Verhältnis von Mord und Totschlag am konkreten Fall zu entwickeln und nicht mit der Darstellung zu brechen, indem Sie unvermittelt zu einer abstrakten Streitdarstellung übergehen.

Das jeweils in Rede stehende persönliche Merkmal kann unseres Erachtens, soweit es sich wie hier um ein subjektives Tatbestandsmerkmal handelt, ohne weiteres auch im subjektiven Tatbestand angesprochen werden. Immerhin soll nach § 28 II die strafschärfende Wirkung des Merkmals nur bei demjenigen greifen, „bei dem es vorliegt".

Häufig wird auch vorgeschlagen, diese Frage als Annex hinter der eigentlichen Prüfung des subjektiven Tatbestandes unter der Überschrift „Akzessorietätslockerung" zu behandeln. (Andere Verortungen ergeben sich freilich, wenn man die besonderen persönlichen Merkmale mit einzelnen Autoren ausschließlich der Schuld zuordnet oder § 28 als Strafzumessungsregel auffasst.)

aa) Literatur

Nach einhelliger Meinung in der Literatur handelt es sich beim Mordtatbestand um eine Qualifikation zum Totschlag, so dass die Mordmerkmale strafschärfenden Charakter haben und nach § 28 Abs. 2 StGB zu behandeln sind. Danach kann dem A die Habgier des B nicht entgegengehalten werden.

bb) Rechtsprechung

Die Rechtsprechung erkennt in dem Tatbestand des Mordes ein eigenständiges Delikt mit der Folge, dass die Mordmerkmale strafbegründenden Charakter haben. Mithin wäre § 28 Abs. 1 StGB anzuwenden. A wäre wegen Anstiftung zum Mord zu bestrafen.

cc) Streitentscheidung

Bereits durch den gewählten Aufbau haben Sie sich für eine der beiden Ansichten entschieden. Bei dem von uns gewählten Aufbau wäre es ein wohl kaum wieder gut zu machender Fehler, sich an dieser Stelle für die Rechtsprechung zu entscheiden.

In der Tat spricht die Systematik der Tötungsdelikte zunächst für die Auffassung, § 211 sei ein delictum sui generis. Das Gesetz wählt regelmäßig eine Systematik der Delikte, in welcher das Grunddelikt der Qualifikation vorgelagert ist. Vieles spricht jedoch auch dafür, dass der Mord als prominentestes und schwerstes Delikt des StGB lediglich aus redaktionellen Gründen den Abschnitt der Tötungsdelikte anführt.

Für die Einstufung des Totschlags als Grundtatbestand spricht hingegen, dass zwischen § 211 StGB und § 212 StGB nur eine graduelle Unrechtsabstufung besteht. Hieran ändert auch die für § 211 StGB absolut angedrohte lebenslange Freiheitsstrafe nichts: Es ist heute anerkannt, dass bei gemindertem Unrecht entweder nur § 212 StGB anzuwenden oder das Strafmaß trotz formal erfüllter Mordmerkmale nach Maßgabe von § 49 StGB zu senken ist. Ferner wurde durch die Einfügung von § 57a StGB die Differenz zwischen zeitiger und lebenslanger Freiheitsstrafe relativiert. Auch der Umstand, dass § 211 StGB vom „Mörder“, § 212 StGB vom „Totschläger“ spricht, besagt nichts. Entsprechende Tätertypen lassen sich weder normativ noch kriminologisch unterscheiden.

Folgt man also der herrschenden Lehre, so kann das Mordmerkmal der Habgier dem A nicht zugerechnet werden.

d) Verdeckungsabsicht

Jedoch könnte A nach Maßgabe des § 28 Abs. 2 StGB wegen Anstiftung zum Mord bestraft werden, wenn er selbst ein Mordmerkmal verwirklicht hätte. Hier könnte er dadurch, dass er den B zur Tötung des M anheuerte, um seine Korruptionsgeschäfte zu vertuschen, mit Verdeckungsabsicht gemäß § 211 Abs. 2 Gruppe 3 StGB gehandelt haben.

Mit Verdeckungsabsicht handelt der Täter jedenfalls immer dann, wenn er die Tötung eines Menschen als

Mittel zur Verdeckung einer eigenen oder fremden Straftat einsetzt.

A heuert den B zur Tötung des M an, der den wohlbegründeten Verdacht hat, dass A in Korruptionsgeschäfte verwickelt war. Nach dem Sachverhalt stehen hier Straftaten gemäß §§ 331 ff. StGB in Rede.

A handelte mit Verdeckungsabsicht.

II. Rechtswidrigkeit

A handelte rechtswidrig.

III. Schuld

A handelte zudem schuldhaft.

IV. Ergebnis

A hat sich wegen Anstiftung zum Mord gemäß §§ 212, 211 Abs. 1 und 2 Gruppe 3, 26, 28 Abs. 2 StGB strafbar gemacht.

C. Strafbarkeit des A wegen Anstiftung zum Totschlag

A könnte sich dadurch, dass B in Erfüllung seines „Vertrags“ mit A auch den Taxifahrer erschoss, wegen Anstiftung zum Totschlag gemäß §§ 212 Abs. 1, 26 StGB strafbar gemacht haben.

I. Tatbestand

1. Objektiver Tatbestand

Dazu hätte er den B zu einem vorsätzlichen und rechtswidrigen Totschlag bestimmen müssen.

a) Teilnahmefähige Haupttat

B hat den Taxifahrer mit zwei Schüssen tödlich verletzt. Ihm kam es auf die Tötung des M nach dem Sachverhalt an, da er den Tod des Fahrers zur Erreichung seines eigentlichen Ziels, der Tötung des M, für notwendig erachtete. B hat den Tatbestand des Totschlags gemäß § 212 StGB verwirklicht.

Da ihm keine Rechtfertigungsgründe zur Seite stehen, geschah dies auch rechtswidrig.

Eine teilnahmefähige Haupttat liegt mithin vor.

b) Bestimmen

A müsste B zu dieser Tat bestimmt haben. Auch hinsichtlich des Taxifahrers bewegte sich B nach seinem Dafürhalten im Rahmen des mit A geschlossenen Vertrags. Zumindest objektiv hat A also mit dem „Vertragsschluss" B zur Tat bestimmt.

2. Subjektiver Tatbestand

Vorsatz hinsichtlich der Haupttat

An dieser Stelle zeigt sich, wie ungemein wichtig das argumentative Spiel mit dem Sachverhalt ist. Hier einen Exzess des Haupttäters anzunehmen ist bei entsprechend nachvollziehbarer Begründung aus dem Sachverhalt heraus sehr gut vertretbar. Ein anderes Ergebnis wäre aber auch zumindest noch gut vertretbar, falls man hier bei dem anheim gestellten Raubmord eine gewisse typische Eskalationsgefahr erkennen möchte. Die einfache Feststellung aber, dass hier ein Exzess (oder eben nicht) vorliege, würde nicht ausreichen.

A müsste Vorsatz hinsichtlich der Vollendung der Haupttat gehabt haben.

A kam es nur auf die Tötung des M an. Zwar muss sich der Vorsatz des Anstifters nicht auf alle Einzelheiten der Tat beziehen, jedoch muss sie in ihren Grundzügen und wesentlichen Merkmalen konkretisiert sein. Hier hat A dem B genaue Angaben über die Person des M sowie über Zeit und Ort des Angriffs gegeben. Auch sollte B es wie einen Raubmord aussehen lassen. Dass A dabei allerdings bereit war, weitere Opfer hinzunehmen, lässt sich nicht unterstellen. Vielmehr weicht das Geschehen so erheblich von dem Vorsatz des A ab, dass hier ein Exzess des Haupttäters, der dem Anstifter nicht zum Vorsatz zugerechnet werden kann, anzunehmen ist.

A hatte keinen Vorsatz hinsichtlich der Tötung des Taxifahrers.

II. Ergebnis

A hat sich nicht wegen Anstiftung zum Totschlag gemäß §§ 212, 26 StGB zum Nachteil des T strafbar gemacht.

D. Strafbarkeit des F wegen Beihilfe zum Totschlag

F könnte sich dadurch, dass er in seinem Geschäft dem B Damenstrümpfe und Handschuhe verkaufte, wegen Beihilfe zum Totschlag des M gemäß §§ 212, 27 Abs. 1 StGB strafbar gemacht haben.

I. Tatbestand

1. Objektiver Tatbestand

Dazu müsste er einem anderen zu dessen vorsätzlicher und rechtswidriger Tat Hilfe geleistet haben.

a) Teilnahmefähige Haupttat

Der Aufbau der Beihilfeprüfung ist in seiner Struktur derselbe wie derjenige der Anstiftung. So ist erste Voraussetzung der Teilnahme durch Beihilfe ebenfalls das Vorliegen einer teilnahmefähigen Haupttat.

Ein solch kurzer Verweis ist dringend angeraten, um störende (und zeitintensive!) Wiederholungen zu vermeiden.

Wie oben bereits festgestellt, stellt die Erschießung des M eine rechtwidrige Verwirklichung des Tatbestands des § 212 StGB dar. Eine teilnahmefähige Haupttat liegt also vor.

b) Hilfeleisten

Zu dieser Tat müsste F mit dem Verkauf und der Überlassung der Gegenstände dem B bei der Tat auch Hilfe geleistet haben. Unter einer Hilfeleistung ist das Fördern der Haupttat zu verstehen.

aa) Kausalität

Eine Auseinandersetzung mit der Gegenansicht, welche keine Kausalität für die Durchführung der Haupttat verlangt, erübrigt sich insoweit, als auch die engere Ansicht ein Hilfeleisten bejahen muss.

Nach umstrittener herrschender Lehre muss ein Verhalten, um als „Hilfeleisten" im Sinne des § 27 StGB qualifiziert werden zu können, kausal für die Durchführung der Haupttat gewesen sein. Hier hat F dem B Handschuhe und Nylonstrümpfe verkauft, die diesem die unentdeckte Tatausführung ermöglicht und abgesichert haben. Der Verkauf der Waren war damit kausal für die Haupttat.

bb) Zurechenbarkeit bei alltäglichen Handlungen

Geht man auf Fragen der objektiven Zurechnung, wie hier empfohlen, nur dann ein, wenn ein Ausschlusskriterium zu greifen scheint, ergibt sich in unserem Fall ein Problem der Zurechenbarkeit des Erfolgs zum Verhaltens des Gehilfen.

F müsste dieses für die Tat des B kausale Verhalten auch als Beihilfehandlung im Sinne des § 27 StGB objektiv zuzurechnen sein. Gegen eine objektive Zurechenbarkeit könnte der Gedanke der sozialen Adäquanz sprechen, da sich F als Ladeninhaber mit dem Verkauf der Strümpfe und der Handschuhe im Rahmen eines alltäglichen („berufsadäquaten") Verhaltens gehalten hat, das für sich genommen keinen spezifisch deliktischen Charakter hat. Wie solche sogenannten neutralen Handlungen im Rahmen der Teilnahme zu bewerten sind, ist umstritten.

Die hier gewählten Überschriften sind freilich nicht die „Namen" einzelner Theorien. Zu dem hier relevanten Problembereich hat sich noch keine griffige Terminologie entwickelt. Aus Gründen der besseren Darstellung können Sie aber durchaus Überschriften selbst gestalten, die aussagekräftig genug sind, um den Leser bereits zu orientieren. Dies stellt selbstverständlich keine Obliegenheit für Sie dar, zeigt dem Leser allerdings (bei gut gewählter Überschrift), dass Sie mit der Materie sicher umzugehen wissen.

aaa) Zweckgedanke

Die herkömmliche Ansicht schließt alltägliche Handlungen nicht per se aus dem Kreis potenzieller Hilfeleistungen aus, sondern stellt auf das *Wissen und Wollen des Unterstützers* ab. Dabei differenziert die Rechtsprechung wie folgt: Weiß der Hilfeleistende, dass der Haupttäter eine Straftat begehen will, verliert die Unterstützung stets ihren Alltagscharakter. Hält der Hilfeleistende dagegen eine Verwendung des eigenen Beitrags zur Begehung einer Straftat für möglich, ohne das Wie zu kennen, so ist dies nur dann als strafbare Beihilfe anzusehen, wenn das von ihm erkannte Risiko einer Straftat des Unterstützten derart hoch ist, dass die Hilfe als Förderung eines erkennbar tatgeneigten Täters erscheint. Wenn der von dem Hilfeleistenden Unterstützte neben strafbaren auch legale Ziele verfolgt, ist Beihilfe möglich, sofern sich der Hilfeleistende mit dem strafbaren Tun des Unterstützten solidarisiert, indem er sich gerade die Förderung der strafbaren Handlungen angelegen sein lässt. Hier weiß F um die ins Auge gefasste deliktische Verwendung der Handschuhe. Er will auch ausdrücklich seinen Freund B unterstützen. Er bringt diesen sogar auf die Idee eine Strumpfmaske zu tragen. Danach hat der Verkauf der Gegenstände seinen neutralen Charakter verloren, dem F kann sein Verhalten als Beihilfehandlung gemäß § 27 StGB zugerechnet werden.

bbb) Rollenorientierte Betrachtung

Die Gegenansicht versucht, allein nach objektiven Kriterien neutrale und berufs- oder rollentypische Handlungen aus dem Bereich strafbarer Hilfeleistungen auszuschließen. Vor allem übliche Austauschgeschäfte des täglichen Lebens sollen so straflos bleiben, sofern sie nicht unmittelbar im Zusammenhang mit einem Delikt stehen. Danach dürfte das Verhalten des F noch als professionell adäquat aufgefasst werden können, da die Übergabe von Handschuhen und Damenstrümpfen keinen unmittelbaren deliktischen Bezug aufweist.

ccc) Deliktischer Sinnbezug

Ein vermittelnder Lösungsvorschlag verlangt einen deliktischen Sinnbezug der Unterstützungshandlung, der objektive und subjektive Momente verbindet. Ein deliktischer Sinnbezug sei stets gegeben, wenn durch die betreffende Handlung unmittelbar eine Straftat bewusst gefördert werde. Ferner, wenn die unmittelbar geförderte Handlung des Täters zwar an sich legal ist, aber – für den Unterstützer erkennbar – allein den Zweck hat, eine Straftat zu ermöglichen. Ein deliktischer Sinnbezug soll dagegen fehlen, wenn sich die Unterstützung auf eine legale Handlung bezieht, die schon als solche dem Täter nutzt und deren Ergebnis der Täter erst durch einen weiteren selbständigen Entschluss zur Begehung einer Straftat verwendet. Der Verkauf der Handschuhe und der Strümpfe hat hier allein den Zweck der Sicherung der Durchführung des geplanten Mordes. Ein deliktischer Sinnbezug ist nach dieser Ansicht folglich gegeben, eine taugliche Beihilfehandlung liegt vor.

ddd) Objektiver Sinn der Unterstützungshandlung

Schließlich wird versucht nach objektiven Kriterien zwischen strafbaren und straflosen alltäglichen Handlungen zu unterscheiden. Dazu soll aber nicht isoliert auf die Unterstützungshandlung abgestellt werden, denn diese kann – als „alltägliche" Handlung – regelmäßig so beschrieben werden, dass sie – für sich gesehen – sinnvoll (und harmlos) ist. Folglich müsse für die Abgrenzung entscheidend sein, wie die alltägliche Handlung die Straftat fördert, ermöglicht oder absichert. Die Unterscheidung soll also danach getroffen werden, ob die betreffende Handlung nur „irgendwie" die Haupttat kausal beeinflusst oder ob sie – bei objektiver Betrachtung – als Mittel zu Erreichung des deliktischen Zwecks der Haupttat zu verstehen ist. Weist ein Verhalten einen solchen Sinn auf, so ist es auch dann als Beihilfehandlung anzusehen, wenn der Handelnde selbst diesen Zweckbezug nicht erkennt. Dient dagegen ein Verhalten der Unterstützung eines Zwecks, der als solcher legal ist, und verstößt der Täter nur durch die Art und Weise der Zweckerreichung gegen Normen, so ist das alltägliche Verhalten, da es kein Mittel zur deliktischen Zweckerreichung darstellt, strafrechtlich irrelevant.

Da F die dem B verkauften Gegenstände allein der Erleichterung und Absicherung der Tötung des M dienten, können sie als Mittel zur Erreichung allein des deliktischen Zwecks qualifiziert werden. Auch nach dieser Ansicht ist somit eine taugliche Beihilfehandlung gegeben.

eee) **Stellungnahme**

Der an den sozialen Rollen der Beteiligten orientierte objektive Ansatz ist wenig überzeugend, weil er nicht zu begründen vermag, warum berufstypisches Verhalten zu Unterstützungshandlungen berechtigen soll. Wer beispielsweise einen Bankräuber zum Tatort fährt, hilft dem Täter unabhängig davon, ob er dies als Privatmann oder Taxifahrer macht. Wenn die soziale Rolle ein taugliches Kriterium der Abgrenzung von erlaubten zu unerlaubten Risiken liefern soll, dann müsste sie, was ersichtlich nicht der Fall ist, Rechtsgrund einer entsprechenden Erlaubnis sein. Dieser Ansicht kann daher nicht gefolgt werden. Nach allen anderen Ansichten ist der Verkauf der Handschuhe und der Strümpfe als Beihilfehandlung aufzufassen.

2. Subjektiver Tatbestand

„Doppelvorsatz“ wie bei der Anstiftung.

Weiterhin müsste F Vorsatz hinsichtlich der Hilfeleistung gehabt haben. Der Gehilfenvorsatz umfasst die Ausführung und Vollendung einer bestimmten vorsätzlichen und rechtswidrigen Haupttat sowie die eigene Hilfeleistung. F war über die Pläne des B informiert und stand diesem bewusst mit Rat und Tat zur Seite. Der erforderliche Gehilfenvorsatz ist gegeben.

II. Rechtswidrigkeit

Rechtfertigungsgründe sind nicht ersichtlich, also handelte F rechtswidrig.

III. Schuld

F handelte auch schuldhaft.

IV. Ergebnis

F hat sich durch den Verkauf der Handschuhe und der Damenstrümpfe wegen Beihilfe zum Totschlag strafbar gemacht.

E. Strafbarkeit des F wegen Beihilfe zum Mord

Zugleich könnte sich F wegen Beihilfe zu dem durch Habgier zum Mord qualifizierten Totschlag des B gem. §§ 212, 211 Abs. 1 und 2 Gruppe 1 Var. 3, 27 StGB strafbar gemacht haben.

Ein kurzer Verweis nach oben reicht hier zur Vermeidung von Wiederholungen völlig aus.

Nach der hier vertretenen Ansicht (siehe oben) scheidet eine Strafbarkeit des F wegen Teilnahme an dem Mord allerdings aus, da dieser das strafschärfende besondere persönliche Merkmal der Habgier nicht aufweist.

F. Strafbarkeit des F wegen Beihilfe zum Totschlag (zum Nachteil des Taxifahrers)

Schließlich könnte F sich durch dieselbe Handlung auch wegen Beihilfe zum Totschlag zum Nachteil des Taxifahrers strafbar gemacht haben.

I. Tatbestand

1. Teilnahmefähige Haupttat

Die Tötung des T geschah vorsätzlich und rechtswidrig, stellt also eine teilnahmefähige Haupttat dar.

2. Hilfeleisten

Nebenstehende Prüfung kann bewusst knapp gehalten werden. Die Prüfungspunkte der Beihilfe wurden oben schon für den sehr ähnlichen Fall der Tötung des M geprüft. Zudem fehlt es dem F diesbezüglich offensichtlich an einem entsprechenden Vorsatz.

Dazu müsste er zur Tat Hilfe geleistet haben. Auch zur Tötung des Taxifahrers war das Verhalten des F kausal. Nach allen oben dargestellten und nicht abgelehnten Ansichten kann dem F sein Verhalten auch hinsichtlich des Taxifahrers als Beihilfehandlung objektiv zugerechnet werden.

3. Vorsatz

F hatte keinen Vorsatz hinsichtlich der Tötung des T. Um dies eindeutig nachvollziehbar zu begründen, bietet es sich an, sowohl die Absicht zu verneinen als auch bereits die nicht gesehene Möglichkeit der Eskalation des Geschehens herauszustreichen. So wird deutlich, dass nicht einmal nach der weitesten der Vorsatztheorien, der Möglichkeitstheorie, ein Vorsatz überhaupt in Betracht kommt.

Allerdings müsste F auch den entsprechenden Gehilfenvorsatz gehabt haben. B hat hier eigenmächtig und spontan den Opferkreis um den Taxifahrer erweitert, so dass von einem Exzess des Haupttäters gesprochen werden kann. Die Tötung eines Dritten außer M war von F weder beabsichtigt noch rechnete er auch nur mit der Möglichkeit, dass B eine weitere Person töten würde. F hatte somit bezüglich des Taxifahrers keinen Vorsatz.

II. Ergebnis

F hat sich nicht wegen Beihilfe zum Totschlag zum Nachteil des Taxifahrers strafbar gemacht.

StPO-Zusatzfrage

Der Obersatz unterscheidet sich (wie sehr häufig im Strafprozessrecht) kaum von dem eines verwaltungsrechtlichen Gutachtens.

Der Ermittlungsrichter wird gemäß § 114 Abs. 1 StPO Untersuchungshaft anordnen, soweit sie formell wie materiell rechtmäßig wäre.

I. Formelle Rechtmäßigkeit

Anordnungsbefugnis

Der Richter müsste zunächst anordnungsbefugt sein. Anordnungsbefugt ist im Vorverfahren ausschließlich der Richter auf Antrag der Staatsanwaltschaft. Der Richter ist also anordnungsbefugt.

II. Materielle Rechtmäßigkeit

1. Dringender Tatverdacht

Der Beschuldigte müsste gemäß § 112 Abs. 1 S. 1 StPO einer Tat dringend verdächtig sein. Dies ist der Fall, wenn nach dem derzeitigen Stand der Ermittlungen eine hohe Wahrscheinlichkeit besteht, dass der Beschuldigte die Tat begangen hat.

Beachten Sie bei der Prüfung der Haftvoraussetzungen, dass ein Tatverdacht sowohl eine *rechtliche* als auch *tatsächliche* Komponente hat.

a) **In rechtlicher Hinsicht** ergibt sich primär zumindest der Verdacht des Diebstahls, Raubes und Totschlags. Daneben ist auch Mord in Betracht zu ziehen.

b) **In tatsächlicher Hinsicht** ergibt sich der dringende Tatverdacht aus den Aussagen der Zeugin Z. Der Umstand, dass die von Z beschriebene Person ein Taxi mit einem Einschussloch in der Beifahrertür verschrotten lassen wollte, passt zu dem Tatgeschehen vor dem Haus des M. Zudem liegt eine auf B passende Personenbeschreibung der Zeugin vor.

2. Haftgrund

Gemäß § 112 Abs. 3 StPO bedarf es, wenn sich der Tatverdacht auf die Tötungsdelikte der §§ 211 f. StGB bezieht, keines besonderen Haftgrundes des Abs. 1.

3. Verhältnismäßigkeit

Auch der Grundsatz der Verhältnismäßigkeit müsste gewahrt werden. Der durch die Untersuchungshaft bedingte Freiheitsentzug dürfte zu dem Interesse an der Strafverfolgung im konkreten Fall nicht außer

Verhältnis stehen. Raub und Totschlag sind ein Verbrechen mit erheblicher Mindeststrafe. Hier ist mit der Verurteilung zu einer hohen, eventuell sogar lebenslänglichen Freiheitsstrafe zu rechnen. In Fällen des § 112 Abs. 3 StPO verlangt der Verhältnismäßigkeitgrundsatz darüber hinaus jedoch das Vorliegen von Umständen, die zumindest eine abstrakte Flucht- oder Verdunkelungsgefahr bedeuten. Im konkreten Fall kommt Fluchtgefahr im Sinne von § 112 Abs. 2 Nr. 2 StPO in Betracht. Der Beschuldigte ist rumänischer Staatsbürger und hat wahrscheinlich noch Beziehungen zu seiner Heimat. Ein Untertauchen dort wird ihm durch das Sprechen der Landessprache vereinfacht. Mangels eines konkreten Lebensmittelpunkts in Deutschland (keine Arbeit, keine Familie, kein etablierter Wohnsitz) ist die konkrete Fluchtgefahr gut begründbar. Die Anordnung der Untersuchungshaft wäre mithin auch verhältnismäßig.

III. Ergebnis

Der Ermittlungsrichter wird dem Antrag der Staatsanwaltschaft folgen und Untersuchungshaft anordnen.

Fall 7: Der Versuch der Beteiligung

Die §§ 30, 31 StGB bieten in Prüfungen stets die Möglichkeit, die Fähigkeit des Kandidaten zu einer klaren Gesetzesanwendung zu überprüfen. Denn in der Tat scheinen diese Regelungen viele Studenten vor große Schwierigkeiten zu stellen. Zwar sind diese vertypten Vorbereitungsdelikte sicherlich kein Ausweis größter Gesetzgebungskunst, eine klar strukturierte Prüfung im Gutachten sollte aber dennoch wenig Schwierigkeiten bereiten. Machen wir uns hierzu zunächst einmal die Struktur und den Sinn und Zweck dieser Regelungen des Allgemeinen Teils des StGB bewusst:

Generell ist die Vorbereitung eines Delikts, also die Phase, in welcher das Versuchsstadium noch nicht erreicht wurde, straflos. Der Gesetzgeber hat aber die Notwendigkeit gesehen, dieses Prinzip zumindest bei Verbrechen einzuschränken. Zwar ist die Vorbereitung eines Delikts, die der einzelne Täter für sich alleine vornimmt, weiterhin straflos. Wenn der Täter jedoch schon in dieser frühen Deliktsphase versucht, andere „mit ins Boot" zu holen, soll aufgrund der Eskalationsgefahr bereits die Schwelle zur Strafbarkeit überschritten sein. Dazu wurden mit § 30 StGB zwei selbständige Straftatbestände geschaffen, nämlich in Abs. 1 die versuchte Anstiftung und in Abs. 2 verschiedene strafbare Vorbereitungshandlungen.

Dabei sollten sich schon bei der Prüfung des Abs. 1 nur sehr wenige Schwierigkeiten ergeben, handelt es sich hierbei lediglich um ein einfaches Versuchsdelikt, nur dass die versuchte Tat eben kein Straftatbestand des Besonderen Teils, sondern die Anstiftung ist. Bei der Prüfung ergeben sich im Aufbau mithin keine besonderen Schwierigkeiten, soweit man mit der Prüfung sowohl des Versuchs als auch der Anstiftung vertraut ist.

Im Grunde noch einfacher ist die Prüfung des Abs. 2, auch wenn hier die amtliche Überschrift „Versuch der Beteiligung" verwirrender Weise darauf hindeutet, dass Abs. 2 wie ein Versuchsdelikt zu prüfen ist. Dass dies nicht der Fall ist, ergibt sich bereits aus dem Wortlaut der Vorschrift: es handelt sich um einfache Tätigkeitsdelikte.

§ 31 StGB schließlich enthält eigene Rücktrittsregeln, welche im Wesentlichen denen des § 24 StGB entsprechen und auch ebenso gehandhabt werden.

Aufgabe:

▶ S, der Sohn des A, ist in jungen Jahren auf die schiefe Bahn geraten. Er erhält von seinem (ebenfalls) 19jährigen Schulkameraden D, der sich als Dealer finanzielle Unabhängigkeit verspricht, zunächst regelmäßig Ecstasy und Haschisch, später auch Kokain und Heroin, was schließlich zu einer Abhängigkeit führt.

A, der D ebenfalls von Kindesbeinen an kennt, bittet diesen mehrfach verzweifelt, die Lieferungen an S einzustellen. D hat für die Bitten des A allerdings nur ein mildes Lächeln übrig. Eines Tages kommt es, wie von A befürchtet, zu einer akuten Vergiftung des S durch eine Überdosis Heroin, an welcher der S verstirbt. A erstattet Strafanzeige gegen D. Die Ermittlungen gegen diesen werden auch aufgenommen wegen zahlreicher Verstöße gegen das BtMG sowie Tötungsdelikten.

Der ermittelnde Kriminalbeamte K teilt während eines zufälligen Zusammentreffens in einer Kneipe seinem alten Freund A hinter vorgehaltener Hand mit, dass das Verfahren wegen der dürftigen Beweislage vor der Einstellung stehe. A bittet daher K, bei der nächsten Vernehmung D zu einem Geständnis zu bewegen: „Ein wenig Schmerz und Angst sollten den Bengel doch

zum Reden bringen!" K antwortet, dies gern freundschaftlich überhört zu haben, verbittet sich weitere solcher Vorschläge aber ausdrücklich.
Als der enttäuschte A dem davongehenden K hinterherschaut, wird er von P angesprochen. P habe nicht überhören können, dass A wohl ein Problem habe. Für eine angemessene Geldzahlung sei er aber gerne bereit, ein Geständnis aus D herauszuprügeln oder ihn, freilich gegen mehr Geld, ganz verschwinden zu lassen.
A ist in seinem Zorn begeistert von dieser Idee und bittet P, den D ganz verschwinden zu lassen. Hierzu will er am nächsten Tag dem P ein Foto und die Adresse des D sowie 5.000 Euro überreichen.
Am Abend auf dem Weg zur Bank trifft er die Mutter des D, die schluchzend um Vergebung für ihren einzigen Sohn bittet. Verstört geht A nach Hause und überlegt sich in schlafloser Nacht, dass er mit dem Tod des D nicht nur diesen bestrafen würde, sondern auch dessen Familie viel Leid antäte.
Am Morgen bringt er das Geld wieder zur Bank und unternimmt nichts mehr. D wird im späteren Prozess zu einer Freiheitsstrafe wegen Verstoßes gegen das BtMG verurteilt.

Haben sich A und P nach dem StGB strafbar gemacht?
Mordmerkmale sind nicht zu prüfen.

StPO-Zusatzfrage:

A erscheint in Ihrer Kanzlei und bittet im noch laufenden Ermittlungsverfahren um Verteidigung. A selbst ist noch nicht vernommen worden. Allerdings haben die Ermittlungen bereits ergeben, dass er wegen Anstiftung zur Körperverletzung vorbestraft ist. Er bittet Sie um Auskunft, mit welcher Entscheidung der Staatsanwaltschaft zu rechnen sei.

Stellen Sie dar, wie die Staatsanwaltschaft das Ermittlungsverfahren grundsätzlich beenden kann und welche Entscheidung im vorliegenden Fall wahrscheinlich in Betracht kommt.
Hinweis: Eine gutachterliche Stellungnahme zu den gefundenen Regelungen ist nicht angezeigt. ◀

Vorüberlegungen:

Gefragt ist hier nach der Strafbarkeit von A und P nach dem StGB. Zu einer Rechtsgutsverletzung ist es durch beide nicht gekommen: Die Beeinflussung des K blieb erfolglos; A hatte daraufhin das Angebot des P, den D verschwinden zu lassen angenommen, dieses Vorhaben in einem sehr frühen Stadium aber nicht weiterverfolgt, so dass die Angelegenheit im Sande verlief. Da augenscheinlich keines der ins Auge gefassten Delikte auch nur ins Versuchsstadium gelangt ist, wird unser Fokus auf strafbare Vorbereitungshandlungen zu richten sein.

Das Verhalten des A vor Einleitung des Ermittlungsverfahrens gegen D ist strafrechtlich unauffällig. Da er nicht schon während der Drogenabhängigkeit seines Sohnes die Behörden informiert hat, wäre hier lediglich eine Strafvereitelung zu Gunsten des D denkbar. Diese scheitert jedoch offenkundig nach § 258 Abs. 6 StGB daran, dass A damit gleichzeitig eine Bestrafung seines Sohnes wegen Verstoßes gegen das BtMG verhindert hat. Im Gutachten kann auf diese Prüfung unseres Erachtens also verzichtet werden.

Allerdings hat A später den Kriminalbeamten K zu bewegen versucht, den D durch „Schmerz und Angst" zum Reden zu bringen. Das angesonnene Verhalten stellt für den Polizeibeamten als Amtsträger eine Aussageerpressung gemäß § 343 StGB, mithin ein Verbrechen dar. Möglich ist damit eine Strafbarkeit des A wegen des Versuchs der Anstiftung des K zu dieser Aussageerpressung. Die damit einhergehende Körperverletzung im Amt gemäß § 340 StGB ist ein Vergehen und findet daher im Rahmen der versuchten Anstiftung keine Beachtung. Da A allerdings selbst kein Amtsträger ist, würde die angesonnene Haupttat, sofern er sie selbst ausführte, „nur" eine Nötigung zur Aussage sein, weshalb hier die Frage zu problematisieren sein dürfte, ob es für den Verbrechenscharakter der Haupttat auf die Person des K oder diejenige des A ankommt.

Arbeitshypothese: Strafbarkeit des A gemäß §§ 343, 30 Abs. 1 StGB

Problem: Verbrechenscharakter der Haupttat

In der Folge hat dann P dem A angeboten, D „verschwinden" zu lassen. Darin kann sicher ein Sich-Bereit-Erklären zu einem Totschlag gesehen werden.

Arbeitshypothese: Strafbarkeit des P gemäß §§ 212, 30 Abs. 2 Var. 1 StGB

Da A dieses Angebot des P auch ernsthaft angenommen hat, dürfte zugleich eine Verwirklichung des § 30 Abs. 2 StGB in Form der Annahme des Erbietens zu einem Verbrechen vorliegen. Dass A aber noch bevor er dem P Geld und die notwendigen Informationen übergeben hat, von dem Vorhaben Abstand nahm und damit P die weitere Tatausführung unmöglich wurde, könnte rücktrittsähnlich gemäß § 31 StGB zur Straffreiheit des A führen.

Arbeitshypothese: Strafbarkeit des A gemäß §§ 212, 30 Abs. 2 Var. 2 StGB, Straffreiheit nach § 31 StGB

Als **Prüfungsreihenfolge** bietet sich ein streng chronologisches Vorgehen an. Zwar dürfte auch eine Aufteilung nach Personen möglich sein, da A jedoch im zweiten Teil des Sachverhalts auf das (evtl. selbständig strafbare) Verhalten des P Bezug nimmt, sollte, um Inzidentprüfungen und Wiederholungen (welche nicht nur unschön und überflüssig, sondern auch arbeits- und zeitintensiv sind!) zu vermeiden, somit wie folgt geprüft werden:

- **1.** Versuchte Anstiftung des K zur Aussageerpressung gemäß §§ 343, 30 Abs. 1 StGB.
- **2.** Sich-Bereit-Erklären zum Totschlag zum Nachteil des D gemäß §§ 212 Abs. 1, 30 Abs. 2 Var. 1 StGB
- **3.** Annahme des Erbietens zum Totschlag zum Nachteil des D gemäß §§ 212 Abs. 1, 30 Abs. 2 Var. 2 StGB

Die StPO-Zusatzfrage:

Die StPO-Zusatzfrage gestaltet sich als eine reine Prüfung Ihrer Gesetzeskenntnis. Ein Blick ins Gesetz ergibt hier freilich viele Möglichkeiten der Beendigung des Verfahrens, wobei schon zu beachten ist, dass die Aufgabe nicht nur Einstellungen, sondern jede Art der Verfahrensbeendigung umfasst. Es sollte daher ein systematischer Überblick gegeben werden. Hier beginnt man am besten mit den staatsanwaltlichen Schlussentscheidungen (§§ 170 I, 407 I, § 170 II, 376 StPO) und arbeitet sich so zu den Opportunitätseinstellungen (§ 153 I, § 153a, 154 I, 154a I StPO) vor.

Die Einstellungen nach Opportunitätsgründen scheiden für A bereits deshalb aus, da das Verfahren eine versuchte Anstiftung zu einem Verbrechen zum Gegenstand hat, welche wie der Versuch des Verbrechens zu bestrafen ist. Die Opportunitätseinstellungen sind jedoch nur bei Vergehen möglich.

Damit erledigen sich auch die Schlussentscheidung des Strafbefehls und des Verweises auf den Privatklageweg.

Eine Anklageerhebung nach § 170 I StPO dürfte also zu erwarten sein.

Gutachten

A. Strafbarkeit des A wegen versuchter Anstiftung zur Aussageerpressung

Indem A damit scheiterte, den Kriminalbeamten K dazu zu bringen, im Rahmen einer polizeilichen Vernehmung den D durch „Schmerzen und Angst" zu einem Geständnis zu bewegen, könnte er sich wegen versuchter Anstiftung zur Aussageerpressung gemäß §§ 343, 30 Abs. 1 Alt. 1 StGB strafbar gemacht haben.

I. Tatbestand

1. Subjektiver Tatbestand

Die Prüfung beginnt – wie stets beim Versuch – mit dem subjektiven Tatbestand, dem Tatentschluss.

Zunächst müsste A einen entsprechenden Tatentschluss gefasst haben. Der Tatentschluss umfasst den Tatvorsatz sowie gegebenenfalls die weiteren subjektiven Merkmale des Tatbestands.

a) Vorsatz bezüglich der Haupttat

An dieser Stelle kann dann ohne weitere Besonderheiten der sogenannte „doppelte Anstiftervorsatz" geprüft werden.

A müsste zunächst die Vollendung eines Verbrechens durch einen anderen in seinen Vorsatz aufgenommen haben. Hier kommt eine Aussageerpressung gemäß § 343 Abs. 1 Nr. 1 StGB in Betracht.

Arbeit mit dem Gesetz zahlt sich auch hier aus: In § 11 finden sich zahlreiche Legaldefinitionen!

Dazu müsste K – nach der Vorstellung des A – zunächst die erforderliche Amtsträgereigenschaft im Sinne des § 343 StGB aufweisen. A wusste, dass K Kriminalbeamter und somit Amtsträger im Sinne des § 11 Abs. 1 Nr. 2 lit. a StGB ist. Weiterhin war ihm bekannt, dass K als Beamter im Strafverfahren gegen D ermittelnd aktiv und mithin als Amtsträger im Sinne des § 343 StGB zur Mitwirkung an einem Strafverfahren berufen war.

In diesem Strafverfahren hätte K – nach dem Willen des A – einen anderen körperlich misshandeln, gegen ihn sonst Gewalt anwenden oder zumindest androhen sollen, um ihn zu nötigen, in dem Verfahren etwas auszusagen. Eine körperliche Misshandlung ist jede üble und unangemessene Behandlung, die das körperliche Wohlbefinden des Opfers nicht unerheblich beeinträchtigt. Eine Drohung mit Gewalt ist die Inaussichtstellung von Gewalt, auf deren Anwendung sich der Drohende Einfluss zu haben zuschreibt. Nach der Vorstellung des A sollte K bei D „Schmerzen“ verursachen, um diesen zu einem Geständnis zu bringen. Zwar wird eine Gewaltanwendung oder -androhung nicht ausdrücklich konkretisiert, aber aus dem Ausdruck „Schmerzen“ ergibt sich recht eindeutig eine Gewaltanwendung. A wollte ferner auch die erforderliche vorsätzliche Tatbegehung durch K.

Schließlich müsste die Nötigung zur Aussage auch rechtswidrig sein. Dies wäre sie, wenn K keine Rechtfertigungsgründe für sein Handeln anführen könnte. Das Eingreifen von Rechtfertigungsgründen ist nicht ersichtlich.

b) Verbrechenscharakter der Haupttat

Da § 30 StGB ausschließlich die Vorbereitung von Verbrechen unter Strafe stellt, ist auf den Verbrechenscharakter der Haupttat gesondert einzugehen. Dies ist in der hier gewählten Breite der Darstellung freilich nur notwendig, wenn dieser Punkt für die Zurechnung zu einem Beteiligten problematisch ist, wie es zum Beispiel bei den Sonderdelikten der Fall ist. Ist die ins Auge gefasste Haupttat eindeutig für jeden Beteiligten ein Verbrechen, kann dieser Punkt mit einem einfachen Hinweis auf § 12 StGB abgehandelt werden. Ist die Tat für keinen der Beteiligten ein Verbrechen, sollte zur Vermeidung von Überflüssigkeiten dies bereits zu Beginn der Deliktsprüfung festgestellt werden.

Bei der ins Auge gefassten Haupttat müsste es sich um ein Verbrechen handeln. Verbrechen sind gemäß § 12 Abs. 1 StGB rechtswidrige Taten, die im Mindestmaß mit Freiheitsstrafe von einem Jahr oder darüber bedroht sind. Die Aussageerpressung gemäß § 343 StGB hat einen Strafrahmen von einem bis zu zehn Jahren. Allerdings wird dabei eine Nötigung durch die Amtsträgereigenschaft des Täters zum Verbrechen qualifiziert. Die Amtsträgereigenschaft ist ein besonderes persönliches Merkmal im Sinne des § 28 StGB,[32] so dass fraglich ist, ob der Verbrechenscharakter der Haupttat sich nach der Person des Auffordernden oder der des Anzustiftenden richtet. Hierüber herrscht Streit.

aa) Person des Anzustiftenden

Nach Ansicht der Rechtsprechung und einem Teil der Literatur kommt es auf die Person des in Aussicht genommenen Täters an. Hier ist K als potenzieller Haupttäter im Gegensatz zu A Amtsträger. Danach wäre die Haupttat als Aussageerpressung und mithin als Verbrechen zu behandeln.

bb) Person des Anstifters

Nach der überwiegenden Ansicht in der Literatur muss auf die Person des Anstifters abgestellt werden.

32 Vgl. *Kindhäuser* AT § 38/22 f.

Danach wäre die angesonnene Haupttat für A lediglich eine Nötigung, welche als Vergehen keine Strafbarkeit wegen versuchter Anstiftung begründen kann.

cc) Differenzierende Ansicht

Eine differenzierende Ansicht unterscheidet danach, ob das besondere persönliche Merkmal, das die Tat zu einem Verbrechen macht, dem Unrecht oder der Schuld zuzuordnen ist. Hiernach soll es bei Unrechtsmerkmalen stets auf die Person des Anzustiftenden ankommen. Da die Amtsträgereigenschaft ein solches unrechtserhöhendes Merkmal ist, ist auch hier der Verbrechenscharakter der angesonnenen Haupttat gegeben.

dd) Streitentscheidung

Der Wortlaut der Vorschrift lässt in der Tat alle der oben gegebenen Lesarten zu. Jedoch spricht die Entstehungsgeschichte der Norm gegen die Ansicht der Literatur, die stets auf die Person des Anstifters abstellt. § 49a alte Fassung wurde 1876 als Vorläufer des § 30 in das StGB eingefügt. Dies geschah als Reaktion auf das Anerbieten des Belgiers Duchesne, Bismarck zu ermorden. Seither wurde die Vorschrift mehrfach geändert. Eine wesentliche Veränderung erfuhr die Regelung durch die Strafrechtsangleichungsverordnung von 1943, mit welcher die angedrohte Strafe sich nunmehr nach der geplanten Tat ausrichten sollte.[33] Nimmt man daneben noch mit in den Blick, dass die versuchte Anstiftung nur bei Verbrechen strafbar ist, so wird offensichtlich, dass nicht das Unrecht der Anstiftung, sondern die Schwere der angesonnenen Rechtsgutsverletzung – also die Gefährlichkeit der Tat und nicht die Gefährlichkeit der handelnden Person – entscheidend sein kann. Damit ist die zweitgenannte Literaturansicht abzulehnen.

Die Haupttat stellt mithin ein Verbrechen dar.

c) Vorsatz bezüglich der Anstiftungshandlung

Weiter müsste A den Vorsatz gehabt haben, K zur Tat zu bestimmen. Hierunter ist das Hervorrufen des

33 Diese knappe Darstellung der Normgenese folgt *Baumann/Weber/Mitsch* AT32/39.

Tatentschlusses zu verstehen.[34] Welche Art und Intensität die Täterbeeinflussung haben muss, ist umstritten.

aa) Geistiger Kontakt

Teils wird ein geistiger Kontakt zwischen dem Veranlasser und dem zu Beeinflussenden mit dem Ziel, diesen zum Tatentschluss zu bewegen, verlangt. A nahm hier direkt Kontakt mit K auf, um diesen dazu zu bringen, aus D ein Geständnis herauszupressen. Vorsatz bezüglich der Anstiftungshandlung kann nach dieser Ansicht also bejaht werden.

bb) Gerichteter Kommunikationsakt

Nach einer restriktiveren Ansicht soll zwischen dem Veranlasser und dem zu Beeinflussenden ein erkennbar auf das Hervorrufen des Tatentschlusses gerichteter Kommunikationsakt – etwa durch Bitten, Anregen, Auffordern, Inaussichtstellen einer Belohnung und so weiter – erforderlich sein. A bat K direkt und ohne Umschweife, aus D ein Geständnis herauszupressen. Vorsatz bezüglich der Anstiftungshandlung kann nach dieser Ansicht ebenfalls bejaht werden.

cc) Planherrschaft, Unrechtspakt

Noch enger sind Auffassungen, die eine Planherrschaft des Anstifters, einen Unrechtspakt zwischen Anstifter und Täter oder zumindest eine Beeinflussung in der Weise verlangen, dass der Täter seinen Entschluss in Abhängigkeit vom Willen des Anstifters fasst. Dementsprechend genügt es für eine Anstiftung nicht, einem anderen nur das zur Ausführung einer konkreten Tat nötige Wissen zu vermitteln, auch wenn die Erlangung solcher Kenntnisse zum Fassen des Tatentschlusses führt. Eine von dieser Ansicht geforderte enge Verbindung des A zu K ist nicht auszumachen. Nach dieser Ansicht wäre mithin eine Anstiftung abzulehnen.

dd) Intellektuelle Beeinflussung

Die herrschende Meinung lässt für das Hervorrufen des Tatentschlusses jede beliebige intellektuelle Beeinflussung ausreichen. A versucht K zur Aussa-

34 Vgl. *Kindhäuser* AT § 41/5 ff.

geerpressung zu überreden. Dies reicht nach dieser Ansicht als Anstiftungshandlung aus.

ee) Streitentscheidung

Es ist aber nicht einsichtig, warum das Bestimmen gerade auf kommunikative Akte oder eine noch engere Einbindung des Anstifters in die Haupttat beschränkt sein sollte. Eine solche Beschränkung gibt schon eine grammatikalische Auslegung des § 26 StGB nicht her.

Selbstverständlich kann die hier abgelehnte Lehre vom Unrechtspakt auch mit überzeugenden Argumenten in der Klausur ohne weiteres vertreten werden. Entscheiden Sie sich allerdings für diesen Weg, sollten Sie daran denken, dass Sie dann nach Ablehnung der Anstiftung noch immer Beihilfe gemäß § 27 zu prüfen hätten.

Die Lehre vom Unrechtspakt stützt sich hauptsächlich auf die tätergleiche Bestrafung des Anstifters. Hiergegen kann aber eingewendet werden, dass der Anstifter – im Gegensatz zum Gehilfen – Urheber einer rechtswidrigen Tat ist. Es ist aufgrund dieser besonderen Qualität der Anstiftung auch ohne eine mittäterähnliche Stellung des Anstifters durchaus angemessen, ihn zwar als Teilnehmer anzusehen, den Strafrahmen gegenüber sonstigen Teilnehmern jedoch an demjenigen des Täters zu orientieren.

Darüber hinaus muss beachtet werden, dass der Anstifter nur eine *fremde* (selbständige) Tat veranlassen muss. Die Anstiftung muss zwar eine Handlung sein, die ihrem Sinn nach auf die Veranlassung einer Deliktsbegehung gerichtet ist und damit den Grund liefert, den Anstifter als Beteiligten dieser Tat haften zu lassen. Ob dies, wie die erstgenannte Ansicht fordert, allein durch jeden geistigen Kontakt erreicht werden kann, ist danach zwar zweifelhaft, kann aber im vorliegenden Fall offen bleiben, da sich hierbei kein anderes Ergebnis als das der herrschenden Meinung ergibt. A hatte den notwendigen Vorsatz hinsichtlich des Bestimmens.

2. Objektiver Tatbestand

Weiter müsste A nach seiner Vorstellung unmittelbar zur Tatbestandsverwirklichung angesetzt haben (§ 22 StGB).

Dies ist jedenfalls dann gegeben, wenn der Täter mit der Ausführungshandlung, die nach seiner Vorstellung den Taterfolg herbeiführen soll, bereits begonnen hat.

Um die Antwort auf die Frage, wann ein unmittelbares Ansetzen vorliegt, herrscht einiger Streit.[35] Jedoch kommen alle Ansichten zu demselben Ergebnis, soweit wie hier der Täter bereits

35 *Kindhäuser* AT § 31/13 ff.

mit der Ausführungshandlung begonnen hat. Dann hätte sogar die heute als zu eng verworfene formal-objektive Theorie das unmittelbare Ansetzen angenommen, weshalb bei der Definition des Merkmals von diesem Grundkonsens der Meinungen zunächst ausgegangen werden kann.

A hat mit seinem Vorschlag die vorgestellte Einwirkung auf K vollzogen, mithin unmittelbar zur Anstiftung angesetzt.

II. Rechtswidrigkeit

A müsste rechtswidrig gehandelt haben. Dies wäre nicht der Fall, wenn er sich auf Rechtfertigungsgründe berufen könnte. Solche sind nicht ersichtlich. A handelte rechtswidrig.

III. Schuld

Schließlich müsste A schuldhaft gehandelt haben. Dies wäre nicht der Fall, wenn Entschuldigungs- oder Schuldausschließungsgründe eingreifen würden. Solche Gründe sind jedoch nicht ersichtlich. A handelte schuldhaft.

IV. Ergebnis

A hat sich dadurch, dass er es vergeblich unternahm, den K dazu zu überreden, aus D ein Geständnis herauszupressen, wegen versuchter Anstiftung zur Aussageerpressung gemäß §§ 343, 30 Abs. 1 StGB strafbar gemacht.

B. Strafbarkeit des P wegen versuchter Beteiligung an einem Totschlag

Dadurch, dass P dem A angeboten hatte, den D „verschwinden" zu lassen, könnte er sich wegen versuchter Beteiligung an einem Totschlag strafbar gemacht haben.

I. Tatbestand

1. Objektiver Tatbestand

Dazu müsste er sich bereit erklärt haben, ein Verbrechen zu begehen.

Bei § 30 Abs. 2 StGB ergeben sich bei der Deliktsprüfung keine Besonderheiten.

a) Sich-Bereit-Erklären

Ein Sich-Bereit-Erklären umfasst zum einen die Annahme einer Anstiftung, zum anderen auch das Sich-Erbieten, also die Zusage einer Tatbegehung eines Tatgeneigten gegenüber einem interessierten Dritten. P hat für den Fall der Zustimmung durch A angekündigt, den D „verschwinden“ zu lassen, falls A dies wünsche. Damit hat P sich offensichtlich zu einer Tötung des D bereit erklärt.

b) Verbrechenscharakter der Haupttat

Die angesonnene Haupttat, die vorsätzliche Tötung eines Menschen, ist als Totschlag gemäß § 212 StGB als Verbrechen strafbar.

2. Subjektiver Tatbestand

P müsste vorsätzlich gehandelt haben. P bot die Delikte gegen D gerade an, um ein entsprechendes Entgelt zu erhalten. Von einem entsprechenden Vorsatz kann daher ausgegangen werden.

II. Rechtswidrigkeit

P müsste rechtswidrig gehandelt haben. Rechtfertigungsgründe sind nicht ersichtlich. P handelte rechtswidrig.

III. Schuld

Schließlich müsste er die Tat schuldhaft begangen haben. Entschuldigungsgründe greifen ebenso wenig ein wie Schuldausschließungsgründe. P handelte schuldhaft.

IV. Ergebnis

P hat sich wegen versuchter Beteiligung an einem Totschlag gemäß §§ 212, 30 Abs. 2 Var. 1 StGB strafbar gemacht.

C. Strafbarkeit des A wegen des Versuchs der Beteiligung an einem Totschlag zu Lasten des D

Dadurch, dass A das Angebot des P, den D verschwinden zu lassen, (zuerst) begeistert angenommen hat, könnte er sich wegen versuchter Beteiligung an einem Totschlag gemäß §§ 212, 30 Abs. 2 Var. 2 StGB strafbar gemacht haben.

I. Tatbestand

1. Objektiver Tatbestand

a) Annahme des Erbietens

Die Annahme des Erbietens eines anderen ist die ernst gemeinte Erklärung, mit dem Angebot eines anderen, ein Verbrechen zu begehen oder einen zu einem Verbrechen anzustiften, einverstanden zu sein.

A erklärte sich gegenüber dem Angebot des P bereit, diesem Fotos und weitere Informationen über das Tatopfer zur Verfügung zu stellen und ihm darüber hinaus noch einen Betrag von 5000 Euro zu zahlen.

A hat das Erbieten des P angenommen.

b) Verbrechenscharakter der Haupttat

Bei der angesonnenen Tat müsste es sich um ein Verbrechen handeln. Es handelt sich um einen Totschlag, mithin ein Verbrechen.

2. Subjektiver Tatbestand

A müsste vorsätzlich gehandelt haben. Dass A, der freudig auf das Angebot des P reagierte, zumindest billigend in Kauf genommen hat, das Erbieten eines Verbrechens anzunehmen, darf angenommen werden.

II. Rechtswidrigkeit

A handelte rechtswidrig.

III. Schuld

A handelte schuldhaft.

IV. Strafaufhebungsgründe

Da hier noch kein Versuch der Haupttat vorliegt und der Tatbestand des § 30 StGB bereits voll verwirklicht ist, kann bei einer Verhinderung der Durchführung der angesonnenen Haupttat nicht § 24 StGB geprüft werden; dies wäre sogar ein schwerer Fehler. Für solche

Da A jedoch am Abend nach der Begegnung mit der Mutter des D von dem verabredeten Treffen mit P Abstand nahm, so dass P weder Informationen über D noch das Geld erhielt, könnte A gemäß

Sachverhalte hält § 31 StGB einen besonderen Rücktrittstatbestand bereit.

§ 31 Abs. 1 Nr. 3 StGB strafbefreiend vom Versuch der Beteiligung zurückgetreten sein.[36]

1. Objektiver Rücktrittstatbestand

Dazu müsste er, nachdem er das Erbieten eines anderen zu einem Verbrechen angenommen hat, die Tat verhindert haben.

Hierzu genügt ein auch nur passives Verhalten, wenn der Beteiligte einen Tatbeitrag nicht erbringt, der nach seiner Vorstellung für das Gelingen der geplanten Tat unerlässlich ist. A hat auf das Treffen mit P am folgenden Tag verzichtet, so dass dieser weder das Geld, noch die notwendigen Informationen über D erhielt, die es ihm ermöglicht hätten, die Tat auszuführen. A hat also die Tat verhindert.

2. Subjektiver Rücktrittstatbestand

A müsste dies auch freiwillig getan haben.

Freiwillig ist der Rücktritt, sofern er nicht durch auf den Täter wirkende Zwänge veranlasst wird, sondern durch dessen eigene autonome Entscheidung. Die Freiwilligkeit des Rücktritts kann jedenfalls dann bejaht werden, wenn der Täter die Auswirkungen seiner Tat auf das Opfer und die ihm selbst drohenden Folgen zum Anlass nimmt, von der Tat zurückzutreten.

A hat sich aus Mitgefühl zur Mutter des D, mit der er sich indentifizieren konnte, gegen die weitere Verfolgung seines Plans entschieden. A handelte freiwillig.

V. Ergebnis

A ist strafbefreiend vom Versuch der Beteiligung gemäß § 31 StGB zurückgetreten. Er hat sich nicht gemäß §§ 212, 30 Abs. 2 Var. 2 StGB strafbar gemacht.

StPO-Zusatzfrage

I. Möglichkeiten der Verfahrensbeendigung

Hier sind lediglich Ihre Kenntnisse des Gesetzes gefragt. Besondere gutachterliche Anforderungen stellen sich – vor

Der Staatsanwaltschaft stehen nach der StPO verschiedene Wege der Verfahrensbeendigung offen. Grob unterteilen lassen sich diese Möglichkeiten in

36 Siehe auch *Kindhäuser* AT § 43/19 ff.

allem auch mit Blick auf die Aufgabenstellung – nicht.

Jedoch sollte versucht werden, die einzelnen Beendigungsalternativen systematisch sinnvoll geordnet darzustellen. Gleichzeitig sollten auch die tatbestandlichen Voraussetzungen knapp zusammengefasst werden, um den zweiten Teil der Frage (Beurteilung des wahrscheinlichen Verfahrensgangs) schneller bearbeiten zu können.

Schlussentscheidungen und Verfahrenseinstellungen.

1. Schlussentscheidungen

Als Schlussentscheidung kommt zunächst die Erhebung einer öffentlichen Anklage nach § 170 Abs. 1 StPO in Betracht.

Bei Verfahren vor dem Strafrichter und im Verfahren, das zur Zuständigkeit des Schöffengerichts gehört, kann die Staatsanwaltschaft auch den Erlass eines Strafbefehls gemäß § 407 Abs. 1 StPO beantragen.

Sollten die Ermittlungen hingegen keinen hinreichenden Tatverdacht ergeben, so wird die Staatsanwaltschaft das Verfahren gemäß § 170 Abs. 2 StPO einstellen.

Sofern es sich um eine Katalogtat des § 374 StPO (sogenannte Privatklagedelikte) handelt, wird die Staatsanwaltschaft gemäß § 376 StPO nur Anklage erheben, wenn dies auch im öffentlichen Interesse liegt. Ansonsten wird sie den Geschädigten auf den Privatklageweg verweisen.

2. Einstellungen nach dem Opportunitätsprinzip

Weiter stehen der Staatsanwaltschaft als Ausfluss des Opportunitätsprinzips mehrere Einstellungsmöglichkeiten zur Verfügung.

So kann sie gemäß § 153 Abs. 1 StPO das Verfahren (soweit es ein Vergehen zum Gegenstand hat) einstellen, wenn die Schuld des Täters als gering anzusehen wäre und kein öffentliches Interesse an der Verfolgung besteht.

Mit Zustimmung des Gerichts kann die Staatsanwaltschaft gemäß § 153a Abs. 1 StPO die Verfolgung eines Vergehens auch gegen Auflagen einstellen, falls damit das öffentliche Interesse an der Strafverfolgung beseitigt werden kann und die Schwere der Schuld des Beschuldigten nicht entgegensteht.

Schließlich kann die Staatsanwaltschaft gemäß § 154 Abs. 1 StPO von der Verfolgung von unwesentlichen Nebenstraftaten absehen, sowie gemäß § 154a Abs. 1 StPO auf einzelne Gesetzesverletzungen im Rahmen einer prozessualen Tat beschränken.

II. Wahrscheinlicher Verfahrensgang

Die Ermittlungen der Staatsanwaltschaft gegen A betreffen eine versuchte Anstiftung zu einem Verbrechen. Diese wird gemäß § 30 Abs. 1 StGB wie die Anstiftung zu dem Verbrechen bestraft. Die Beantragung eines Strafbefehls kommt daher bereits wegen des Verbrechenscharakters der Tat nicht in Betracht. Ebenso wenig wird mit einer Verweisung auf den Privatklageweg gerechnet werden dürfen, da kein Privatklagedelikt im Sinne des § 374 StPO in Rede steht.

Ferner kommen Einstellungen aus Opportunitätsgesichtspunkten nach den §§ 153 Abs. 1 f. StPO mangels Vergehenscharakters der verfolgten Tat nicht in Betracht.

Vorläufige Einstellungen nach §§ 154 Abs. 1 f. StPO sind ebenfalls nicht angezeigt, da sich die Ermittlungen nur auf eine einzige Gesetzesverletzung konzentrieren.

Je nach Beweislage zum Abschluss der Ermittlungen wird somit Anklage gemäß § 170 Abs. 1 StPO erhoben werden. Anderenfalls dürfte das Verfahren gemäß § 170 Abs. 2 StPO eingestellt werden.

Fall 8: Die actio libera in causa[37]

Auf der Ebene der Schuldprüfung ergeben sich im Gutachten selten Probleme. Mit Ausnahme des entschuldigenden Notstands, dessen Prüfung sich nach den gängigen Regeln jeder Tatbestandsprüfung richtet, sind die sich in der Schuld stellenden Schwierigkeiten jedoch nicht zu unterschätzen. Dies gilt besonders für die sog. actio libera in causa. Sie ist eine Zurechnungsfigur: In Fällen, in denen der Täter seine Schuldunfähigkeit selbst herbeiführt und dabei mit einem späteren Delikt rechnet oder ein Delikt in diesem Zustand begehen will, kann sie zur Anwendung kommen und die Strafbarkeit des Täters begründen. Dabei werden Lösungsmodelle vertreten, deren Darstellung im Gutachten herausfordernd ist.

So greift der Lösungsvorschlag des „Ausnahmemodells" im Rahmen der Schuld ein, Lösungsvorschläge nach dem „Tatbestandsmodell" hingegen sind bereits im Tatbestand zu behandeln. Die Auswirkungen dieser Vorschläge auf den Gutachtenaufbau sind also gravierend: beide Modelle gehen von jeweils unterschiedlichen Tathandlungen und Anforderungen an den Vorsatz aus.

Aufgabe:

▶ A ist verärgert über das Verhalten des B, der ihn in seiner Stammkneipe in der Vergangenheit mehrfach bloßgestellt und zum Anlass für derbe Scherze genommen hat. A beschließt, beim nächsten Besuch in der Kneipe „es dem B richtig zu zeigen". In der Kneipe verlässt A jedoch zunächst der Mut: ihm wird bewusst, dass niemand bei klarem Verstand dem körperlich überlegenen B entgegentreten würde. Um seine Hemmungen, mit B eine Schlägerei anzufangen, abzubauen, bestellt er sich mehrere Biere und Schnaps. Reichlich enthemmt kann sich A dann dazu aufraffen, dem überraschten B einen kräftigen Schlag auf die Nase (und damit einen schmerzhaften Nasenbeinbruch) zu verpassen.
Die herbeigerufene Polizei stellt bei A eine Blutalkoholkonzentration von 3,2 Promille fest, die bei dem nur mäßig alkoholgewöhnten A aus medizinischer Sicht zum Ausschluss seiner Schuldfähigkeit zum Zeitpunkt des Schlagens führte.

Hat A sich dennoch gemäß StGB strafbar gemacht?

StPO-Zusatzfrage:

A wurde von dem Strafrichter am Amtsgericht Bonn am 24.4.2009 wegen Körperverletzung zu einer Freiheitsstrafe von neun Monaten verurteilt, deren Vollzug zur Bewährung ausgesetzt wurde. Am Morgen des 2.5.2009 erscheint er bei Verteidiger V und berichtet, die Beweislage trüge die Verurteilung wegen vorsätzlicher Körperverletzung keinesfalls; dafür hätte er jetzt auch weitere Beweise. Er bittet V daher, Berufung einzulegen.

37 Vgl. *Kindhäuser* AT § 23.

a) Kann V noch zulässig Berufung einlegen?
b) In der Berufungshauptverhandlung stellt sich heraus, dass A wegen gefährlicher Körperverletzung zu einer Freiheitsstrafe von zwei Jahren verurteilt werden müsste. Darf das Berufungsgericht auf die Berufung des A eine solche Entscheidung treffen? ◄

Vorüberlegungen:

Gefragt ist hier nach der Strafbarkeit des A.

Der Tatbestand des § 223 StGB scheint hier ebenso eindeutig erfüllt zu sein wie die Schuldfähigkeit ausgeschlossen. Nach dem Koinzidenzprinzip, welches für die Schuld gerade in § 20 StGB seine positiv-rechtliche Verankerung findet, ist daher eigentlich eine Strafbarkeit des A zu verneinen. Ein Strafbarkeitsausschluss für A widerspräche bei Einhaltung des Koinzidenzprinzips allerdings dem Grundsatz, dass sich niemand auf einen Zurechnungsausschluss berufen kann, wenn er diesen Zurechnungsausschluss selbstverantwortlich herbeigeführt hat. In dem Fall des verantwortlichen Herbeiführens der Schuldunfähigkeit und der darauf folgenden Deliktsbegehung (actio libera in causa) werden zur Lösung dieser Konkurrenz der beiden Prinzipien verschiedene Lösungsansätze angeboten.

Im Ausnahmemodell wird – wie der Name schon sagt – eine Ausnahme vom Koinzidenzprinzip gemacht: dem Täter wird verwehrt, sich auf seine Schuldunfähigkeit bei der Tatbegehung zu berufen, wenn er zum Zeitpunkt der Defektherbeiführung die spätere Tatbegehung zumindest für möglich hätte halten müssen; er wird also so behandelt, als sei er zum Tatzeitpunkt schuldfähig gewesen.

Das Tatbestandsmodell, das mit verschiedenen Begründungen vorgeschlagen wird, schlägt einen anderen Weg ein, um das Koinzidenzprinzip weder umgehen noch brechen zu müssen: es wird hier bereits der Akt der Defektherbeiführung als tatbestandlich relevantes Verhalten aufgefasst. Der Vorsatz des Täters muss sich daher (beim Vorsatzdelikt) sowohl auf die Defektherbeiführung selbst als auch auf die eigentliche Tatbestandsverwirklichung beziehen.

Beide Modelle sind jeweils gewichtigen Gegenargumenten ausgesetzt, so dass im Falle der actio libera in causa die sonst geltende Regel, dass der Aufbau nicht erklärt werden muss, gerade nicht greift, da die Wahl des präferierten Lösungsmodells mit einer inhaltlichen Aussage verbunden ist.

Mit Rücksicht auf die damit unterschiedlichen Anforderungen an Tathandlung und Vorsatz bietet sich folgendes Vorgehen an:

Arbeitshypothese: Strafbarkeit des A gemäß § 223 Abs. 1 StGB (durch den Schlag auf die Nase)

Problem: Schuldvorwurf nach dem Ausnahmemodell?

Will man sich hier auf der Schuldebene gegen das Ausnahmemodell entscheiden, so kann eine Strafbarkeit wegen Körperverletzung mangels Schuld zum Zeitpunkt des Schlags auf die Nase nicht festgestellt werden. Vielmehr muss eine **neue Prüfung** des Delikts nach dem Tatbestandsmodell begonnen werden, die den zu würdigenden Sachverhalt bereits mit der Herbeiführung des Defektzustands anfangen lässt.

Arbeitshypothese: Strafbarkeit des A gemäß § 223 Abs. 1 StGB (durch das Betrinken und die anschließende Attacke auf B)

Problem: Tathandlung nach dem Tatbestandsmodell?

Hier wird nun bereits im objektiven Tatbestand die Lösung nach dem Tatbestandsmodell zu problematisieren sein. Lehnt man im Laufe der Diskussion auch dieses Modell ab, lässt sich eine Strafbarkeit nach § 223 Abs. 1 StGB nicht mehr begründen. Es bleibt jedoch die Möglichkeit einer Strafbarkeit wegen Vollrauschs gemäß § 323a StGB.

Arbeitshypothese: Strafbarkeit des A gemäß § 323a StGB

Die *Prüfungsreihenfolge* ergibt sich somit logisch aus dem oben Ausgeführten:

1) Körperverletzung durch den Schlag auf die Nase gemäß § 223 Abs. 1 StGB (actio libera in causa, Ausnahmemodell).
2) Körperverletzung durch das Betrinken und anschließende Prügeln gemäß § 223 Abs. 1 StGB (actio libera in causa, Tatbestandsmodell)
3) Vollrausch durch das Betrinken und anschließende Prügeln gemäß § 323a StGB

Die StPO-Zusatzfrage:

Die Zusatzfrage kommt mit ihrer Aufteilung in zwei Fragen a) und b) augenscheinlich umfangreich daher. Jedoch verschafft hier bereits aufmerksames Lesen wieder den ausreichenden Überblick:

In Frage a) geht es ausschließlich um die Zulässigkeit der Berufung. Es werden somit lediglich gutachterlich die Zulässigkeitsvoraussetzungen im konkreten Fall geprüft werden müssen, wobei bei der auffälligen Erwähnung der relevanten Kalenderangaben sicher ein Wort zur Einlegungsfrist verloren werden sollte.

In Frage b) geht es lediglich um eine Einschätzung, ob die Einlegung der Berufung als Rechtsmittel bei einer vom Beschuldigten befürchteten reformatio in peius ratsam erscheint. Diese Frage dürfte als reine Wissensfrage nicht einmal der gutachterlichen Form bedürfen.

Gutachten

A. Strafbarkeit des A wegen Körperverletzung

Dadurch, dass A dem B einen Schlag auf die Nase versetzte und damit B einen schmerzhaften Nasenbeinbruch zufügte, könnte A sich wegen Körperverletzung gemäß § 223 Abs. 1 StGB strafbar gemacht haben.

I. Tatbestand

1. Objektiver Tatbestand

Ein solcher „kleiner“ führender Obersatz für den objektiven Tatbestand ist zwar üblich, jedoch keinesfalls zwingend (spätestens bei der Prüfung sehr umfangreicher Delikte, z.B. § 261 StGB, wirkt die Einfügung eines solchen Satzes eher hemmend, zumal die Formulierung eine Herausforderung besonderer Art darstellt).

Dazu müsste er B körperlich misshandelt oder an der Gesundheit geschädigt haben.

a) Körperliche Misshandlung

Der Schlag auf die Nase könnte als eine körperliche Misshandlung anzusehen sein.

Eine körperliche Misshandlung ist jede üble und unangemessene Behandlung, die das körperliche Wohlbefinden nicht nur unerheblich beeinträchtigt.

A hat dem B einen kräftigen Schlag auf die Nase versetzt und ihm damit schmerzhaft die Nase gebrochen.

Mithin hat A den B körperlich misshandelt.

b) Gesundheitsschädigung

Zugleich könnte A den B an seiner Gesundheit geschädigt haben. Eine Gesundheitsschädigung ist das Hervorrufen oder Steigern eines pathologischen Zustands.

A hat B mit dem Schlag die Nase gebrochen und damit einen eine Heilung erfordernden Zustand herbeigeführt.

Eine Gesundheitsschädigung ist daher anzunehmen.

2. Subjektiver Tatbestand

Bei der Vorsatzdefinition ist die Formel verbreitet, der Vorsatz sei Wissen und Wollen um die Tatbestandsverwirklichung. Ob aber der Vorsatz ein besonderes voluntatives Element („Wollen") beinhalten muss, ist umstritten (besondere Beachtung findet der Streit bei der Abgrenzung des Eventualvorsatzes zur bewussten Fahrlässigkeit).[38] Handelt der Täter aber mit Wissen und Wollen, dann ist selbst nach den engsten Theorien Vorsatz anzunehmen. In solchen unproblematischen Fällen lässt man also den Streit dahinstehen und verwendet die übliche Formel vom Wissen und Wollen um die Tatbestandsverwirklichung.

A müsste hierbei auch vorsätzlich handeln. Der Vorsatz setzt das Wissen um die Tatumstände und, nach weitergehenden Auffassungen, auch einen Willen zur Tatbestandsverwirklichung voraus.

A kam es darauf an, den B zu schlagen. Er handelte daher vorsätzlich.

II. Rechtswidrigkeit

Die Rechtswidrigkeit kann in völlig unproblematischen Fällen bei fehlenden Anhaltspunkten im Sachverhalt einfach festgestellt werden.

Gründe, die gegen die Rechtswidrigkeit der Tat sprechen könnten, sind nicht ersichtlich, mithin handelte A rechtswidrig.

38 *Kindhäuser* AT § 14/14 ff.

III. Schuld

Hier liegt das eigentliche Problem des Falls. Achten Sie hier auf die Art der Überleitung zum Problem: Die Prüfung der Schuld beginnt mit dem üblichen Obersatz. Erst mit der Subsumtion unter die „Definition" ergibt sich, dass eine Strafbarkeit ausgeschlossen sein dürfte. Da das Ausnahmemodell unter bestimmten Voraussetzungen für dieses Problem eine Lösung anbietet, kann dieses Modell sodann angesprochen werden. Auf diese Weise verlassen Sie nicht den strengen Pfad des Subsumtionsstils, sondern können in logisch nachvollziehbarer Weise den Leser leiten.

Schließlich müsste A schuldhaft gehandelt haben. Dies wäre nicht der Fall, falls er sich auf Entschuldigungs- oder Schuldausschließungsgründe berufen könnte. A hat hier zum Zeitpunkt der Tathandlung als Schuldunfähiger gehandelt. Da er diesen Zustand allerdings selbst herbeigeführt hat, könnte hier nach den Grundsätzen der actio libera in causa dennoch ein Schuldvorwurf begründet werden. Dies ist jedoch umstritten.

1. Ausnahmemodell

Hier landen Sie wieder im Standard-Schema unter dem Obersatz „A müsste schuldhaft gehandelt haben": Definition (nach dem Ausnahmemodell), Subsumtion (ja, es liegt eine actio libera in causa vor), Ergebnis (kein Strafbarkeitsausschluss).

Nach dem sogenannten Ausnahmemodell kann der Täter sich nicht auf seine Schuldunfähigkeit berufen, wenn er den Defekt herbeiführt, obwohl er vorhergesehen hat oder hätte vorhersehen können und müssen, dass er in diesem Zustand die spätere Tat begeht.

A hat sich ganz bewusst in den Rausch versetzt, um überhaupt gegen B vorgehen zu können.

Nach dieser Ansicht wäre ein Strafbarkeitsausschluss wegen mangelnder Schuld des A zum Tatzeitpunkt ausgeschlossen.

2. Gegenansichten

Hier reicht es aus, die vertretenen Gegenansichten anonym als eine Gruppe anzuführen. Es geht schließlich hier zunächst ausschließlich darum, sich mit dem Ausnahmemodell auseinanderzusetzen. Ob man die Figur der actio libera in causa ganz ablehnt oder das Tatbestandsmodell vertreten möchte, spielt an dieser Stelle im Gutachten keine Rolle.

Nach den vertretenen Gegenansichten ist eine solche Ausnahme vom Koinzidenzprinzip unzulässig.

A war zum Zeitpunkt des Schlags schuldunfähig.

Nach dieser Ansicht handelte A mithin ohne Schuld.

3. Streitentscheidung

Dies wird auch in nebenstehender Streitentscheidung deutlich. Um an diesem Punkt des Gutachtens zu einem Ergebnis zu kommen, müssen Sie sich ausschließlich entweder für oder gegen das Ausnahmemodell entscheiden. Argu-

Gegen das Ausnahmemodell kann eingewandt werden, dass es sich auf keine gesetzliche Grundlage stützen kann. Zwar lässt sich dem wiederum das allgemeine Zurechnungsprinzip, dem zufolge sich auf das Fehlen eines Deliktsmerkmals nicht berufen

mente für das Tatbestandsmodell beispielsweise wären hier fehl am Platze.

kann, wer das Defizit zu vertreten hat, entgegengehalten. Auch hat der Gesetzgeber bei der Neufassung des § 20 StGB eine ausdrückliche Regelung des allgemein anerkannten Zurechnungskriteriums der actio libera in causa für überflüssig gehalten.

Dies vermag jedoch nicht zu überzeugen. Das Koinzidenzprinzip ist ein fundamentaler rechtsstaatlicher Grundsatz der Verbrechenslehre, so dass für jeden Fall einer Ausnahme eine gesetzliche Normierung gefordert werden muss, wie dies etwa in den entsprechenden Regelungen der §§ 17 S. 2, 35 Abs. 1 S. 2 StGB vorgesehen ist. Da diese bei § 20 StGB fehlt, kann das Ausnahmemodell nur als Verstoß gegen Art. 103 Abs. 2 GG für verfassungswidrig gehalten werden.

IV. Ergebnis

A hat sich, indem er B auf die Nase schlug und diese brach, nicht wegen Körperverletzung gemäß § 223 Abs. 1 StGB strafbar gemacht.

B. Strafbarkeit des A wegen Körperverletzung, actio libera in causa (Tatbestandsmodell)

Weisen Sie den Leser direkt in der Überschrift, spätestens aber im Obersatz darauf hin, dass Sie nun nach Maßgabe des Tatbestandsmodells prüfen, um Verwirrung zu vermeiden.

Der Hinweis darauf, dass nun nach dem Tatbestandsmodell geprüft wird, ist sicher nicht notwendig, zur Orientierung (des vielleicht sonst gar überraschten Lesers) aber ratsam.

Dadurch, dass A sich bis zur Schuldunfähigkeit betrank, um in diesem Zustand später dem B einen kräftigen Schlag auf die Nase zu versetzen, könnte er sich nach den Grundsätzen der actio libera in causa (nach Maßgabe des Tatbestandsmodells) wegen Körperverletzung strafbar gemacht haben.

I. Tatbestand

Körperliche Misshandlung / Gesundheitsschädigung

Sprechen Sie das Tatbestandsmodell nicht abstrakt vor den eigentlichen Prüfungspunkten an. Da das Tatbestandsmodell die tatbestandsrelevante Handlung in dem Zeitpunkt der Defektherbeiführung sehen will, sollte auch im Rahmen der Tathandlung auf das Modell eingegangen werden.

A hat B körperlich misshandelt und an der Gesundheit geschädigt. Zwar handelte er zum Zeitpunkt des Schlags ohne Schuld, dies wäre aber unbeachtlich, wenn er mit der Tatbestandsverwirklichung bereits im schuldfähigen Zustand begonnen hätte.

Eine solche Möglichkeit der Zurechnung in diesem Sinne sieht das sogenannte Tatbestandmodell der actio libera in causa vor.

1. Tatbestandsmodell

Die einzelnen Begründungsansätze für das Tatbestandsmodell sollten hier noch nicht genannt werden. Hierfür ist Platz in der eigentlichen Diskussion der Ansicht. An dieser Stelle der Präsentation des Modells brächte eine Vorstellung der Begründungsansätze für das Gutachten keinen Erkenntnisgewinn.

Nach dem Tatbestandsmodell gehört die Herbeiführung des Defektzustands bereits zur Deliktsbegehung.

A hat den Zustand seiner Schuldunfähigkeit selbst herbeigeführt.

Nach dieser Ansicht kann mithin bereits darin der Beginn der tatbestandsrelevanten Handlung erkannt werden.

2. Gegenansicht

Hier darf nur noch diejenige Ansicht angeführt werden, welche die actio libera in causa völlig ablehnt, denn oben haben wir uns bereits gegen das Ausnahmemodell ausgesprochen.

Nach der Gegenansicht ist ein solches Vorgehen nicht möglich, die Zurechnungsfigur der actio libera in causa ist hiernach sogar ganz abzulehnen.

A kann das Betrinken selbst noch nicht als tatbestandsrelevantes Verhalten zugerechnet werden.

3. Streitentscheidung

In der Streitentscheidung ist auf die verschiedenen Begründungsansätze für das Tatbestandsmodell einzugehen. Dies ist deshalb notwendig, da es nicht „das Tatbestandsmodell“ gibt, sondern jede seiner Begründungen dogmatische Eigenständigkeit für sich in Anspruch nehmen kann. Keine Erwähnung finden muss unseres Erachtens an dieser Stelle die bisher nur im Falle der Straßenverkehrsdelikte mit Blick auf eigenhändige und Tätigkeitsdelikte differenzierende Rechtsprechung des BGH da sie in unserem Fall keine eigenständige Rolle spielt.

Das Tatbestandsmodell kann für sich anführen, dass es einen Versuch darstellt, das Koinzidenzprinzip mit dem allgemeinen Zurechnungsprinzip des Selbstentlastungsausschlusses in Einklang zu bringen. Das Tatbestandsmodell stützt sich hierzu auf drei jeweils eigenständige Begründungsansätze:

So wird von einigen Vertretern dieses Modells der Begriff der Tat des § 20 StGB weiter verstanden als die eigentliche Tatbestandsverwirklichung. Die Tat umfasse auch ein schuldrelevantes auf die Tatbestandsverwirklichung gerichtetes Vorverhalten.

Nach einer weiteren Ansicht wird die Figur der mittelbaren Täterschaft herangezogen: Mit der Herbeiführung des Defektzustands mache sich der Täter selbst zu seinem schuldlosen Werkzeug, durch das er dann die spätere Tat ausführt.

Die vorherrschende Ansicht zieht den Beginn der Tatbestandsverwirklichung auf den Zeitpunkt der Herbeiführung des Defektzustands vor (sogenannte Vorverlagerungstheorie).

Gegen jede dieser Begründungen sprechen jedoch erhebliche Bedenken.

So ist die Ausdehnung des Begriffs der Tat in § 20 StGB auf Verhaltensweisen vor Beginn der eigentlichen Tatbestandsverwirklichung mit dem Koinzidenzprinzip nicht zu vereinbaren. Dieses will gerade sicherstellen, dass alle konstitutiven Elemente der Straftat (Tatbestandsverwirklichung, Rechtswidrigkeit und Schuld) bei der Tatbegehung auch wirklich gemeinsam vorliegen.

Hinsichtlich der Heranziehung der Kriterien mittelbarer Täterschaft ist zu sehen, dass nach § 25 Abs. 1 Alt. 2 StGB die Tatbestandsverwirklichung „durch einen anderen" vorgenommen werden muss; dies setzt also Personenverschiedenheit von Täter und Werkzeug voraus. Auch muss das Handeln des Werkzeugs einem voll verantwortlichen Hintermann zurechenbar sein. Hieran fehlt es aber, da es zum Zeitpunkt der Tatausführung durch das schuldlose „Werkzeug" keinen verantwortlichen Hintermann als Täter gibt.

Die Vorverlagerungstheorie verwischt schließlich die Grenze zwischen (strafloser) Vorbereitung und Versuch. Hiernach müsste nämlich ein Täter, der aufgrund seines übermäßigen Alkoholgenusses nicht mehr in der Lage ist, die geplante Tat noch in Angriff zu nehmen, bereits wegen Versuchs eben dieser Tat bestraft werden. Jedoch kann im Trinken alkoholischer Getränke noch kein unmittelbares Ansetzen zur Tatbestandsverwirklichung im Sinne von § 22 StGB gesehen werden, so dass dieses Modell die sprachlich zulässige Wortlautgrenze überschreitet (Art. 103 Abs. 2 GG, § 1 StGB).

II. Ergebnis

Dadurch, dass A sich bis zur Schuldunfähigkeit betrank, um in diesem Zustand später dem B einen kräftigen Schlag auf die Nase zu versetzen, hat er sich nicht wegen Körperverletzung gemäß § 223 Abs. 1 StGB strafbar gemacht.

C. Strafbarkeit des A wegen Vollrauschs

Haben Sie auch das Tatbestandsmodell abgelehnt, darf die Prüfung des § 323a keinesfalls übergangen werden, es sei denn, dies wird durch die Fallfrage ausgeschlossen.

Schließlich könnte A sich dadurch, dass er unter starkem Alkoholeinfluss dem B durch den Schlag die Nase brach, wegen Vollrauschs gemäß § 323a Alt. 1 StGB strafbar gemacht haben.

I. Tatbestand

1. Objektiver Tatbestand

A müsste sich durch alkoholische Getränke in einen Rausch versetzt haben, der seine Schuldunfähigkeit zur Folge hatte.

A hat sich mittels Bier und Schnaps bis zu einer Blutalkoholkonzentration von 3,2 Promille betrunken und war in diesem Zustand schuldunfähig.

2. Subjektiver Tatbestand

Auf die Vorsatzdefinition kann, da oben bereits gegeben, verzichtet werden.

A müsste sich vorsätzlich in diesen Rausch versetzt haben. A trank sich absichtlich Mut an. Er handelte mithin vorsätzlich.

II. Objektive Bedingung der Strafbarkeit

Da objektive Strafbarkeitsbedingungen Voraussetzung der Strafbarkeit sind, auf die sich der Vorsatz des Täters nicht beziehen muss, gehört ihre Prüfung nicht in den objektiven Tatbestand. Sie können – wie hier – nach der Prüfung des Tatbestands erfolgen. Zulässig ist die Prüfung aber auch nach Feststellung der Schuld. Prüfungsökonomisch sinnvoll ist ihre Prüfung nach dem Tatbestand, da bei ihrer Ablehnung Rechtswidrigkeit und Schuld nicht mehr geprüft werden müssen.

A müsste in dem Rauschzustand eine rechtswidrige Tat begangen haben. A hat, wie oben bereits geprüft, den Tatbestand der Körperverletzung gemäß § 223 Abs. 1 StGB rechtswidrig verwirklicht.

III. Rechtswidrigkeit

A müsste hierbei rechtswidrig gehandelt haben. Rechtfertigungsgründe sind nicht erkennbar. A handelte rechtswidrig.

IV. Schuld

Schließlich müsste A sich schuldhaft in den Rausch versetzt haben. A handelte zum Zeitpunkt des Alkoholgenusses voll verantwortlich. Die Schuldhaftigkeit des Berauschens ist mithin gegeben.

V. Ergebnis

A hat sich dadurch, dass er sich bis zur Schuldunfähigkeit Mut angetrunken hatte und danach dem B die Nase brach, wegen Vollrauschs gemäß § 323a Alt. 1 StGB strafbar gemacht.

StPO-Zusatzfrage

Frage a)

I. Statthaftigkeit

Die Berufung müsste zunächst ein statthaftes Rechtsmittel sein.

Gegen Urteile des Strafrichters und des Schöffengerichts ist die Berufung gem. § 312 StPO zulässig.

Hier wurde A vom Strafrichter verurteilt.

Die Berufung ist mithin statthaft.

II. Anfechtungsberechtigung

Der Verteidiger V müsste anfechtungsberechtigt sein.

Gemäß § 297 StPO ist die Verteidigung selbst anfechtungsberechtigt, sofern nicht der ausdrückliche Wille des Beschuldigten dagegen steht.

A hat V mit der Führung der Berufung beauftragt. V ist anfechtungsberechtigt.

III. Beschwer

Die Einlegung der Berufung setzt eine Beschwer voraus. Durch ein Urteil ist derjenige beschwert, dessen Rechte oder schutzwürdige Interessen durch die Entscheidung unmittelbar negativ beeinträchtigt wurden. Der Beschuldigte ist durch eine Verurteilung stets beschwert. Für ihn legt V als Verteidiger gem. § 297 StPO Rechtsmittel ein.

IV. Zuständigkeit

Die Berufung müsste beim zuständigen Gericht eingelegt werden. Die Berufung ist gem. § 314 StPO bei dem Gericht einzulegen, welches die angefochtene Entscheidung erlassen hat, mithin hier also beim Amtsgericht Bonn.

V. Frist

Die Berufung müsste noch fristgerecht eingelegt werden können. Gemäß § 314 StPO ist die Berufung binnen einer Woche nach Urteilsverkündung einzulegen. Hier ist das Urteil am 24.4.2006 verkündet worden, Zeitpunkt der Begutachtung ist der 2.5.2006. Damit wäre die Frist bereits abgelaufen, das Fristende fällt rechnerisch auf den 1.5.2006. Bei gesetzlichen Feiertagen wie dem 1. Mai gilt gemäß § 43 Abs. 2 StPO jedoch erst der darauf folgende Werktag als Fristende, so dass die Berufung am 2.5.2006 noch fristgerecht eingelegt werden kann.

VI. Ergebnis

Die Berufung kann damit noch zulässig eingelegt werden.

Frage b)

A hat nicht zu befürchten, seine Bewährungsstrafe wegen der möglichen Verurteilung wegen versuchten Totschlags aufs Spiel setzen zu müssen. Denn im Strafprozess gilt das Verbot der reformatio in peius. Dies allerdings nur, was die *tatsächlichen* Folgen für den Beschuldigten angeht. Zwar könnte A in der Tat der Schuldspruch selbst noch zu einer Verurteilung wegen versuchten Totschlags §§ 212, 22, 23 abgeändert werden, das Strafmaß selbst müsste aber unangetastet bleiben.

Fall 9: Irrtümer

Ein Täter kann sich in vielfältiger Weise irren: Ein Jäger kann einen Pilzsammler im Unterholz für ein Wildschwein halten, ein Gläubiger kann irrig der Ansicht sein, seinen Schuldner mit Gewalt zu Zahlungen veranlassen zu dürfen, und ein Polizeibeamter kann jemanden erschießen, weil er sich oder einen anderen vermeintlich angegriffen fühlt. Welche Auswirkungen solche Irrtümer auf die jeweilige Strafbarkeit haben, ist Kernmaterie des Allgemeinen Teils.[39] Einige Irrtümer sind auch bereits in den vorstehenden Fällen aufgetreten. Hier geht es nun darum, die „Standardirrtümer“ zu vergleichen und voneinander abzugrenzen sowie den Umgang mit dem problematischsten Irrtum anzusprechen: dem Erlaubnistatbestandsirrtum.

Im Allgemeinen Teil befinden sich zwei Vorschriften, die Irrtümer betreffen: § 16 StGB regelt den Tatbestandsirrtum, § 17 StGB den Verbotsirrtum. Diese beiden Normen betreffen verschiedene Ebenen:

Ein Tatbestandsirrtum[40] liegt immer vor, wenn der Täter einen objektiven Tatbestand verwirklicht, aber wesentliche Sachverhaltselemente verkennt und dadurch ohne Vorsatz handelt. Beispielhaft ist der oben genannte Jäger, der einen Pilzsammler für ein Wildschwein hält. Der Jäger erkennt nicht, dass er mit seinem tödlichen Schuss den Tatbestand des § 212 Abs. 1 StGB verwirklicht. Er handelt also – und das ist die Auswirkung dieses Irrtums – ohne Vorsatz (§ 16 Abs. 1 S. 1 StGB). In Betracht kommt für den Jäger daher nur eine Strafbarkeit wegen fahrlässiger Tötung aus § 222 StGB (vgl. § 16 Abs. 1 S. 2 StGB).

Im Falle eines Verbotsirrtums[41] dagegen erfasst der Täter den Sachverhalt in seinen relevanten tatsächlichen Punkten vollständig, irrt sich aber in der strafrechtlichen Bewertung. Er kennt etwa den Anwendungsbereich einer Strafnorm nicht richtig oder subsumiert falsch und kommt daher irrig zu dem Ergebnis, dass sein Handeln nicht verboten sei.

Die meisten denkbaren Irrtümer lassen sich in eine der beiden Kategorien, nämlich §§ 16 oder 17 StGB, einordnen. Für einen besonderen Problemfall gilt das aber nicht: den Erlaubnistatbestandsirrtum.[42]

Es ist zwar gesichert, unter welchen Umständen man von einem solchen Irrtum spricht, nämlich bei der irrtümlichen Annahme des Vorliegens einer Situation, die das Eingreifen eines Erlaubnissatzes (Rechtsfertigungsgrundes) begründen würde.

Unklar ist aber, wie man ihn rechtlich behandelt. Erschwerend kommt hinzu, dass sich die dazu vertretenen Ansichten schon in den Grundanschauungen des Verbrechensbegriffs unterscheiden: Manche meinen, der Erlaubnistatbestandsirrtum führe zum Vorsatzausschluss im subjektiven Deliktstatbestand, andere befürworten dasselbe für den subjektiven Rechtfertigungstatbestand und wieder andere behandeln diesen Irrtum auf der Ebene der Schuld. Die Erörterung des Erlaubnistatbestandsirrtums sollte auf der frühesten Deliktsebene ansetzen, auf der er sich auswirken kann. Je nachdem, zu welchem Ergebnis man dort kommt, ist die Deliktsprüfung entweder schon dort beendet oder setzt sich auf der nächsten Ebene fort. Setzt sie sich fort, so müssen die verbleibenden

39 Siehe zu den Grundlagen der Irrtumslehre *Kindhäuser* AT § 26.

40 Vgl. *Kindhäuser* AT § 27.

41 Vgl. *Kindhäuser* AT § 28.

42 Vgl. *Kindhäuser* AT § 29/11 ff.

Theorien auf der nächsten Deliktsebene erneut diskutiert werden. Allerdings gibt es auch abweichende Ansichten zu der Frage, wie man den Erlaubnistatbestandsirrtum im Gutachten behandelt. Letztlich hat man hier einige Freiheit, solange man sich nicht in Widersprüche verwickelt.

Aufgabe:

▶ A und B sind als Polizeibeamte auf Streife. Als sie spät nachts durch ein Gewerbegebiet fahren, bemerken sie, dass bei einem Autohändler noch ein Tor weit offen steht, obwohl das Geschäft um diese Uhrzeit nach dem außen angeschlagenen Schild mit den Öffnungszeiten geschlossen sein müsste und der Laden tatsächlich dunkel ist. Da sie aufgrund früherer Autodiebstähle wissen, dass der Autohändler sein Tor oft abzuschließen vergisst, treffen sie Vorsorge, indem sie das Tor zuziehen und mit einem Vorhängeschloss versehen. Für den Autohändler bringen sie am Tor einen entsprechenden Informationszettel an. A und B wissen dabei aber nicht, dass sich auf dem Grundstück derweil der betrunkene C umsieht, der angesichts der hohen Mauern keine Möglichkeit mehr hat, das Grundstück zu verlassen.
Eine Stunde später werden A und B zu einem Verkehrsunfall gerufen. Die betroffenen Autofahrer können sich zweifelsfrei ausweisen, dennoch erscheint die Situation den beiden Polizeibeamten verdächtig. Sie haben die – wenn auch vage – Vermutung, der Unfall sei fingiert worden, um betrügerisch Versicherungsleistungen zu kassieren. Sie sind daher der Ansicht, die beiden Autofahrer bereits aufgrund dieser Vermutung vorläufig festnehmen zu dürfen, damit sie direkt zum morgendlichen Dienstbeginn von der Kriminalpolizei vernommen werden können.
Nachdem die beiden heftig protestierenden Autofahrer in Polizeigewahrsam verbracht wurden, setzen A und B ihre Streifenfahrt fort. Da es um die Uhrzeit immer wieder zu Raubüberfällen im Stadtpark kommt, beschließen sie, zu Fuß eine Runde durch den Park zu gehen. Dort befinden sich im Halbdunkeln drei angetrunkene Jugendliche. Einer der Jugendlichen hat eine Wasserpistole, die aber einer echten Feuerwaffe täuschend ähnlich sieht. Aus Imponiergehabe machen sich die jungen Männer einen Spaß daraus, die um diese Uhrzeit wenigen Passanten gehörig zu erschrecken, indem sie untereinander Überfälle vortäuschen. Dabei hält der Jugendliche J seinem Freund F die Pistole mit den Worten „Jetzt ist es aus mit dir!" an den Kopf. Just in diesem Moment erscheinen A und B. Sofort reagiert A, indem er mit seiner Dienstpistole auf J schießt und ihn in der Bauchgegend trifft, wobei er ihn nur kampfunfähig machen, auf keinen Fall aber töten wollte. Trotz der schweren Verletzung überlebt J.

Strafbarkeit der Beteiligten gemäß StGB? ◀

Vorüberlegungen:

Der Sachverhalt besteht aus drei Abschnitten: Das Geschehen beim Autohändler, der Verkehrsunfall und die Jugendlichen im Stadtpark. Da diese drei Abschnitte in keinem inneren Zusammenhang stehen, gibt es keine zwingende Prüfungsreihenfolge. Zweckmäßig ist es aber, die Abschnitte in ihrer chronologischen Reihenfolge zu begutachten, weil dies die für den Leser übersichtlichste Variante ist.

Im ersten Abschnitt sind drei Beteiligte vorhanden: A, B und C. Hinsichtlich A und B kommt kein Delikt zum Nachteil des Autohändlers in Frage, wohl aber eines zum Nachteil des C: Dieser wird von A und B eingesperrt, so dass Freiheitsberaubung möglich erscheint. Dabei handelten A und B aber unwissentlich, also ohne Vorsatz (Tatbestandsirrtum gemäß § 16 StGB). Aber auch C könnte sich strafbar gemacht haben, nämlich wegen Hausfriedensbruchs.

Arbeitshypothesen:

1.) Strafbarkeit von A und B wegen gemeinschaftlicher Freiheitsberaubung gemäß §§ 239 Abs. 1, 25 Abs. 2 StGB

2.) Strafbarkeit des C wegen Hausfriedensbruchs gemäß § 123 Abs. 1 StGB

Im zweiten Abschnitt sind Straftaten der verunfallten Autofahrer ausgeschlossen: Der Sachverhalt berichtet insoweit lediglich von Vermutungen der Polizeibeamten. Im Gutachten ist eine Strafbarkeit der Autofahrer daher nicht anzusprechen. Wohl aber könnten sich A und B strafbar gemacht haben, und zwar wegen Freiheitsberaubung: Sie nahmen die beiden Autofahrer fest. Ob ihnen ein Festnahmerecht zustand, ist wegen der nur vagen Vermutungen der Beamten zweifelhaft und muss als möglicher Rechtfertigungsgrund erörtert werden. Greift eine Rechtfertigung nicht durch, dann irrten sich A und B insoweit über ihre Befugnisse. Das wäre ein Verbotsirrtum nach § 17 StGB, der auf Schuldebene zu prüfen wäre.

Arbeitshypothese: Strafbarkeit von A und B wegen gemeinschaftlicher Freiheitsberaubung gemäß §§ 239 Abs. 1, 25 Abs. 2 StGB

Im dritten Tatabschnitt kommt allein eine Strafbarkeit des A in Betracht. Er könnte ein (gefährliches) Körperverletzungsdelikt (im Amt) verwirklicht haben. Er handelte dabei aber in einer Situation, die sich für ihn als Notwehrlage dargestellt haben könnte. Sofern man hier zu einem Erlaubnistatbestandsirrtum gelangt und zur Lösung dieses Irrtums eine Meinung vertritt, die den Vorsatz des Täters verneint, darf man nicht vergessen, schließlich noch eine fahrlässige Körperverletzung zu prüfen (vgl. § 16 Abs. 1 S. 2 StGB).

Arbeitshypothesen:

1. Strafbarkeit des A wegen (ggf. gefährlicher) Körperverletzung (ggf. im Amt) gemäß § 223 Abs. 1 StGB (ggf. §§ 224 Abs. 1 Nr. 2 und 5, 340 StGB)

2. Ggf. Strafbarkeit des A wegen fahrlässiger Körperverletzung gemäß § 229 StGB

Aus den Vorüberlegungen ergibt sich folgender – vorläufiger – Gutachtenaufbau:

1. Tatabschnitt: Der Autohändler
   - A. Strafbarkeit von A und B wegen gemeinschaftlicher Freiheitsberaubung
   - B. Strafbarkeit des C wegen Hausfriedensbruchs
2. Tatabschnitt: Der Verkehrsunfall
   - Strafbarkeit von A und B wegen gemeinschaftlicher Freiheitsberaubung
3. Tatabschnitt: Der Stadtpark
   - A. Strafbarkeit des A wegen (ggf. gefährlicher) Körperverletzung (ggf. im Amt) Eventuell:
   - B. Strafbarkeit des A wegen fahrlässiger Körperverletzung (ggf. im Amt)

Gutachten

1. Tatabschnitt: Der Autohändler

A. Strafbarkeit von A und B wegen gemeinschaftlicher Freiheitsberaubung

Nach dem Sachverhalt kann man zwischen den Tatbeiträgen von A und B nicht differenzieren. Man prüft sie daher als „A und B" wie eine Einzelperson.

A und B könnten sich wegen gemeinschaftlicher Freiheitsberaubung gemäß §§ 239 Abs. 1, 25 Abs. 2 StGB strafbar gemacht haben, indem sie das Tor des Autohändlers abschlossen, während sich C noch auf dem dortigen Grundstück befand.

I. Tatbestand

1. Objektiver Tatbestand

a) Opfer

In der Regel wird das Tatbestandsmerkmal des „anderen" oder „anderen Menschen" nicht als eigener Unterpunkt geprüft. Bei der Freiheitsberaubung gibt es aber Ansichten, die an das Opfer in der Tatsituation bestimmte Anforderungen stellen, zum Beispiel den potenziellen Willen zu einer Ortsveränderung. Daher ist es bei der Freiheitsberaubung gängig und empfehlenswert, das Tatopfer in einem eigenen Gliederungspunkt zu prüfen.

Auf die einzelnen Meinungen[43] zur Fortbewegungsfähigkeit oder zum Fortbewegungswillen braucht hier allerdings nicht eingegangen zu werden, weil im vorliegenden Fall evident selbst die Anforderungen der strengsten Ansicht, die einen aktuellen Fortbewegungswillen des Tatopfers verlangt („Aktualitätstheorie"), erfüllt sind.

C ist als fortbewegungsfähiger und -williger Mensch taugliches Opfer einer Freiheitsberaubung.

b) Einsperren

C könnte durch A und B eingesperrt worden sein.

Unter einem Einsperren ist das Verhindern des Verlassens eines Raumes durch äußere Vorrichtungen zu verstehen.

Eine solche äußere Vorrichtung ist das von A und B eingesetzte Vorhängeschloss. Damit wurde verhindert, dass C das Grundstück verlassen kann.

C wurde also durch A und B eingesperrt.

43 Hierzu *Kindhäuser* BT I § 25/1 ff.

2. Subjektiver Tatbestand

An dieser Stelle wird der Tatbestandsirrtum relevant. Er ist im Gutachten nichts anderes als die Feststellung, dass der Täter nicht die erforderliche Kenntnis der objektiven Tatumstände aufweist. Hat man einen Tatbestandsirrtum festgestellt, so sollte man immer auch daran denken, ob nicht im Anschluss ein Fahrlässigkeitsdelikt zu prüfen wäre (vgl. § 16 Abs. 1 S. 2 StGB). Ein solches kommt im Falle der Freiheitsberaubung aber nicht in Betracht, da diese nur als Vorsatzdelikt strafbar ist.

Die Freiheitsberaubung erfordert nach § 15 StGB Vorsatz.

Vorsatz ist das Wissen und Wollen der Tatbestandsverwirklichung.

A und B wussten nicht, dass sich der C auf dem Grundstück des Autohändlers aufhielt. Sie wussten daher nicht um das Tatbestandsmerkmal „einen Menschen" in § 239 Abs. 1 StGB und befanden sich somit in einem Tatbestandsirrtum nach § 16 Abs. 1 S. 1 StGB.

A und B handelten also ohne Vorsatz (vgl. § 16 Abs. 1 S. 1 StGB).

II. Ergebnis

A und B haben sich nicht wegen gemeinschaftlicher Freiheitsberaubung gemäß §§ 239 Abs. 1, 25 Abs. 2 StGB strafbar gemacht.

B. Strafbarkeit des C wegen Hausfriedensbruchs

Die gutachterliche Prüfung des Hausfriedensbruchs ist in diesem Falle gänzlich unproblematisch und darf entsprechend knapp erfolgen. Die einzige Schwierigkeit besteht unter dem Zeitdruck einer Klausursituation darin, dieses Delikt des C nicht zu übersehen. Und wenn man es gesehen hat, sollte man nicht zuviel der wertvollen Zeit darauf verwenden.

C könnte sich wegen Hausfriedensbruchs gemäß § 123 Abs. 1 StGB strafbar gemacht haben, indem er sich auf das Grundstück des Autohändlers begab.

I. Tatbestand

1. Objektiver Tatbestand

a) Befriedetes Besitztum

Bei dem Grundstück des Autohändlers könnte es sich um befriedetes Besitztum handeln.

Befriedetes Besitztum ist ein gegen willkürliches Betreten durch Schutzwehren gesicherter Grundstücksbereich. Diese Schutzwehren müssen nicht lückenlos sein.

In diesem Sinne ist das Grundstück durch hohe Mauern vor willkürlichem Betreten gesichert. Eine Schutzlücke in Gestalt des offen gelassenen Tors ändert nichts daran, dass das Grundstück erkennbar gegen den Zutritt Unbefugter gesichert sein soll, und zwar jedenfalls spät nachts außerhalb der Geschäftszeiten.

Das Grundstück des Autohändlers ist demnach befriedetes Besitztum.

b) Eindringen

C ist möglicherweise in das befriedete Besitztum eingedrungen.

Eindringen ist das Betreten gegen den konkludenten oder ausdrücklichen Willen des Hausrechtsinhabers.

C betrat das Gelände zu einer Zeit, als das Geschäft nach dem Öffnungszeitenschild geschlossen war. Aus diesem Schild wird der entgegenstehende Wille des Autohändlers als Hausrechtsinhaber deutlich. C betrat das Gelände also gegen den Willen des Hausrechtsinhabers.

C ist damit in das befriedete Besitztum eingedrungen.

2. Subjektiver Tatbestand

C handelte bewusst und willentlich, also mit Vorsatz.

II. Rechtswidrigkeit

C handelte rechtswidrig.

III. Schuld

C handelte schuldhaft.

IV. Ergebnis

C hat sich wegen Hausfriedensbruchs gemäß § 123 Abs. 1 StGB strafbar gemacht.

2. Tatabschnitt: Der Verkehrsunfall

Strafbarkeit von A und B wegen gemeinschaftlicher Freiheitsberaubung

Hier gilt wieder dasselbe, was oben bereits zur gemeinschaftlichen Freiheitsberaubung erläutert wurde: Nach dem Sachverhalt kann zwischen den Tatbeiträgen von A und B nicht differenziert werden, so dass man sie nur wie eine Einzelperson als „A und B“ prüfen kann.

A und B könnten sich wegen gemeinschaftlicher Freiheitsberaubung gemäß §§ 239 Abs. 1, 25 Abs. 2 StGB strafbar gemacht haben, indem sie die beiden Autofahrer festnahmen.

A. Tatbestand

I. Objektiver Tatbestand

1. Opfer

Die beiden Autofahrer sind als Menschen, die willens und in der Lage sind sich fortzubewegen, taugliche Opfer einer Freiheitsberaubung.

2. Freiheitsberaubung

A und B haben den beiden Autofahrern ihre Fortbewegungsfreiheit durch die Festnahme genommen und sie damit ihrer Freiheit beraubt.

II. Subjektiver Tatbestand

A und B handelten bewusst und gewollt aufgrund eines gemeinsamen Entschlusses, also vorsätzlich und gemeinschaftlich.

B. Rechtswidrigkeit

I. Rechtfertigung nach dem Festnahmerecht des § 127 Abs. 1 StPO

Die Tat von A und B könnte nach § 127 Abs. 1 StPO gerechtfertigt sein.
§ 127 Abs. 1 StPO setzt voraus, dass jemand auf frischer Tat betroffen wurde.

Ob die Tat wirklich begangen worden sein muss oder schon der dringende Verdacht ausreicht, ist umstritten. Eine vage Vermutung ist aber in keinem Falle hinreichend.

Die Autofahrer wurden daher nicht im Sinne von § 127 Abs. 1 StPO auf frischer Tat betroffen.
Die Tat von A und B lässt sich nicht nach § 127 Abs. 1 StPO rechtfertigen.

II. Rechtfertigung nach dem Festnahmerecht des § 127 Abs. 2 StPO

Aus den gleichen Gründen kann eine Rechtfertigung auch nicht nach § 127 Abs. 2 StPO angenommen werden.
A und B handelten folglich rechtswidrig.

C. Schuld

Die Prüfung eines Verbotsirrtums erfolgt nach § 17 StGB auf Schuldebene.

Möglicherweise handelten A und B gemäß § 17 S. 1 StGB ohne Schuld.

I. Verbotsirrtum

In einem ersten Schritt erörtern Sie, ob ein Verbotsirrtum nach § 17 S. 1 StGB gegeben ist.

Der Verbotsirrtum ist ein Irrtum des Täters über die rechtliche Bewertung seines Handelns.

Abzugrenzen ist der Verbotsirrtum von einem Irrtum des Täters über den Sachverhalt. Das ist etwa bei dem Erlaubnistatbestandsirrtum der Fall, bei dem der Täter irrig von einem Sachverhalt ausgeht, der die Voraussetzungen eines Rechtfertigungsgrunds enthält. Ein solcher Irrtum liegt hier bei A und B aber nicht vor. Sie sind sich nämlich bewusst, dass sie nur aufgrund vager Vermutungen handeln. Sie irren sich nicht über die von ihnen wahrgenommenen Tatsachen, sondern über ihre Festnahmebefugnisse.

Voraussetzung dafür ist ein Verbotsirrtum.

Ein Verbotsirrtum liegt gemäß § 17 S. 1 StGB vor, wenn dem Täter bei der Tatbegehung die Einsicht fehlt, Unrecht zu tun. Das ist beispielsweise dann der Fall, wenn der Täter irrig einen Rechtfertigungsgrund für sich in Anspruch nimmt, der so nicht existiert (sogenannter indirekter Verbotsirrtum oder Erlaubnisirrtum).

A und B gingen davon aus, die beiden Autofahrer festnehmen zu dürfen, obwohl eine solche Befugnis nicht vorhanden war. Sie nahmen daher irrig einen Rechtfertigungsgrund für sich in Anspruch, den die Rechtsordnung in dieser Ausgestaltung nicht kennt. Folglich fehlte ihnen bei Tatbegehung die Einsicht, Unrecht zu tun.

A und B unterlagen also einem Verbotsirrtum.

II. Vermeidbarkeit des Verbotsirrtums

Falls Sie einen Verbotsirrtum nach § 17 S. 1 StGB feststellen, müssen Sie in einem zweiten Schritt nach § 17 S. 2 StGB fragen, ob der Verbotsirrtum vermeidbar war. Nur der unvermeidbare Verbotsirrtum führt zum Schuldausschluss, nicht aber der vermeidbare.

Für die Beurteilung der Vermeidbarkeit kann man sich für Klausuren folgende Faustformel merken: Im Bereich des Kernstrafrechts (= StGB) sind Verbotsirrtümer im Zweifel vermeidbar. Im Nebenstrafrecht hängt es sehr vom Sachgebiet ab. So wird man bei Delikten des StVG oder BtMG eine Vermeidbarkeit im Zweifel eher annehmen als bei einem

Der Verbotsirrtum führt aber nur dann zur Schuldlosigkeit nach § 17 S. 1 StGB, wenn der Irrtum unvermeidbar war (§ 17 S. 2 StGB).

Der Verbotsirrtum ist vermeidbar, wenn das Unrecht für den Täter erkennbar war, ihm also sein Verhalten unter Berücksichtigung seiner Fähigkeiten und Kenntnisse hätte Anlass geben müssen, über dessen mögliche Rechtswidrigkeit nachzudenken oder Erkundigungen einzuziehen, und er auf diesem Weg zur Unrechtseinsicht gekommen wäre.

Hierfür ist zu berücksichtigen, dass A und B als Polizeibeamte unter anderem über Festnahmebefugnis-

Delikt aus einem selten anzuwendenden Sondergesetz.

se unterrichtet wurden. Sie hätten daher auf den Gedanken kommen können, dass eine Festnahme auf Grundlage von vagen Vermutungen rechtswidrig sein könnte. Weiter kommt hinzu, dass sich die beiden Autofahrer heftig wehrten, was ebenfalls hätte Anlass geben können, über die Festnahme besonders sorgfältig nachzudenken.

Ihr Irrtum war nach alledem vermeidbar.

§ 17 S. 1 StGB greift nicht durch. Mithin handelten A und B schuldhaft.

D. Ergebnis

A und B haben sich wegen gemeinschaftlicher Freiheitsberaubung gemäß §§ 239 Abs. 1, 25 Abs. 2 StGB strafbar gemacht.

3. Tatabschnitt: Der Stadtpark

A. Strafbarkeit des A wegen Körperverletzung

A könnte sich wegen Körperverletzung gemäß § 223 Abs. 1 StGB strafbar gemacht haben, indem er auf den J schoss.

Man kann zunächst an ein versuchtes Tötungsdelikt denken. Das würde aber einen entsprechenden Tatentschluss des A voraussetzen. Dazu müsste A den Tod des J als möglich angesehen und dennoch billigend in Kauf genommen haben. Dass A den Tod des J aber keinesfalls billigte, berichtet der Sachverhalt derart eindeutig, dass es entbehrlich ist, einen versuchten Totschlag zu erwähnen. Wenn man sich dennoch dafür entscheidet, sollte man ihn sehr knapp prüfen.

Für A als Polizeibeamten kommt vorliegend eine Körperverletzung im Amt nach § 340 StGB in Betracht. Dabei handelt es sich jedoch um einen Qualifikationstatbestand zur einfachen Körperverletzung des § 223 StGB. Zunächst ist daher der Grundtatbestand des § 223 StGB zu erörtern. Erst wenn dieser gegeben ist, wäre anschließend noch § 340 StGB zu prüfen.

I. Tatbestand

1. Objektiver Tatbestand

a) Körperliche Misshandlung

A hat den J möglicherweise im Sinne von § 223 Abs. 1 Alt. 1 StGB körperlich misshandelt.

Körperliche Misshandlung ist jedes üble, unangemessene Behandeln, das die körperliche Unversehrtheit oder das körperliche Wohlbefinden in mehr als nur unerheblichem Maße beeinträchtigt.

Der Schuss des A in den Bauch des J zerstörte Körpergewebe, verursachte Schmerzen und beeinträchtigte damit dessen körperliche Unversehrtheit und das körperliche Wohlbefinden in mehr als nur unerheblichem Maße.

Folglich hat A den J körperlich misshandelt.

b) Gesundheitsschädigung

A könnte den J auch im Sinne von § 223 Abs. 1 Alt. 2 StGB an der Gesundheit geschädigt haben.

Gesundheitsschädigung ist jedes Hervorrufen oder Steigern eines pathologischen Zustands.

Der von A abgegebene Schuss machte bei J durch die Gewebezerreißung einen Heilungsprozess erforderlich, rief also einen krankhaften Zustand hervor.

Somit schädigte A den J an seiner Gesundheit.

2. Subjektiver Tatbestand

Der subjektive Tatbestand erfordert nach § 15 StGB Vorsatz, der sich zumindest auf die objektiven Merkmale des Deliktstatbestands beziehen muss.

Vorsatz ist das Wissen und Wollen der Tatbestandsverwirklichung.

A schoss bewusst und sogar beabsichtigt auf einen anderen Menschen, wobei er in dieser Situation auch die möglichen Verletzungsfolgen erkannte und wollte.

Demnach sind die Voraussetzungen vorsätzlichen Handelns hinsichtlich des objektiven Deliktstatbestands erfüllt.

Wenn Sie ein Delikt prüfen, für das der Erlaubnistatbestandsirrtum relevant ist, müssen Sie im subjektiven Tatbestand Besonderheiten beachten:

Der subjektive Deliktstatbestand ist die erste mögliche Stufe, auf der sich der Erlaubnistatbestandsirrtum auswirken kann. Das liegt daran, dass nach den sog. „Vorsatztheorien" zum Vorsatz nicht nur das Wissen und Wollen der Verwirklichung des objektiven Deliktstatbestands gehört, sondern weitergehend auch das Wissen um Unrecht bzw. Sozialschädlichkeit des Handelns. Dieses Bewusstsein fehlt aber demjenigen Täter, der im Erlaubnistatbestandsirrtum handelt, weil er meint, gerechtfertigt zu handeln. Wenn Sie Vertreter einer Vorsatztheorie sind, müssen Sie bereits an dieser Stelle – also im subjektiven Deliktstatbestand – klären, ob wirklich ein Erlaubnistatbestandsirrtum besteht und wie er rechtlich zu beurteilen ist.

Falls Sie keine Vorsatztheorie vertreten, brauchen Sie den Erlaubnistatbestandsirrtum noch nicht an dieser Stelle anzusprechen. Sie sollten dann jedoch ver meiden, einen Widerspruch in Ihr Gutachten zu schreiben, indem Sie den Vorsatz im subjektiven Deliktstatbestand bejahen, dann aber später mit der herrschenden Meinung im subjektiven Rechtfertigungstatbestand wieder verneinen. Machen Sie daher im subjektiven Deliktstatbestand deutlich, dass Sie den Vorsatz nur soweit für gegeben halten, wie er sich einzig und allein auf die Merkmale des objektiven Deliktstatbestands bezieht. Dementsprechend vorsichtig ist rechts im Gutachten die Formulierung gewählt.

II. Rechtswidrigkeit

1. Objektiver Rechtfertigungstatbestand

Die Jugendlichen J und F täuschten den Angriff nur vor, so dass objektiv keine Notwehrlage bestand und dementsprechend kein objektiver Rechtfertigungstatbestand zugunsten des A gegeben sein konnte.

Gewöhnlich prüft man Delikte im Prüfungsgutachten dreistufig nach Tatbestand, Rechtswidrigkeit und Schuld. Dabei wird zwar der Tatbestand in einen objektiven und subjektiven Tatbestand unterteilt, nicht aber die Rechtswidrigkeit. Der Grund dafür liegt schlicht darin, dass eine solche Differenzierung in der Rechtswidrigkeit zum einen umstritten und zum anderen meist entbehrlich ist. Da sich die rechtlichen Auswirkungen des Erlaubnistatbestandsirrtums aber über Theorien ergeben, die maßgeblich den Deliktsaufbau betreffen, muss die Differenzierung im Falle dieses Irrtums feinsinniger getroffen und diskutiert werden als im Normalfall. So kann man in der Rechtswidrigkeit zwischen einem objektiven und einem subjektiven Rechtfertigungstatbestand unterscheiden. Bei letzterem nämlich setzt die sogenannte „eingeschränkte Schuldtheorie“ der herrschenden Meinung an.

Ein Erlaubnistatbestandsirrtum liegt dann vor, wenn sich der Täter irrig einen Sachverhalt vorstellt, auf dessen Grundlage sein Handeln gerechtfertigt wäre, wenn dieser irrige Sachverhalt denn zuträfe. Der Erlaubnistatbestandsirrtum kann daher nur festgestellt werden, wenn auf Basis der Tätervorstellungen ein Rechtfertigungsgrund eingreift. Man legt also als Sachverhalt die Vorstellungen des Täters zugrunde und prüft regulär, ob die Voraussetzungen eines Rechtfertigungsgrunds, etwa Notwehr (§ 32 StGB) oder rechtfertigender Notstand (§ 34 StGB), vorliegen. Erst wenn diese Feststellung positiv getroffen ist, steht fest, dass der Täter in einem Erlaubnistatbestandsirrtum gehandelt hat. Und erst dann können die Theorien zu der Frage angesetzt werden, welche rechtlichen Auswirkungen der Erlaubnistatbestandsirrtum hat.

Wichtig ist, dass es an dieser Stelle des Gutachtens ganz allein um die Frage geht, ob der Täter den subjektiven Rechtfertigungstatbestand erfüllt hat. Nur unter diesem Gesichtspunkt dürfen hier die einzelnen Theorien dargestellt werden. Dass manche der Theorien den Erlaubnistatbestandsirrtum im Rahmen der Schuld behandeln, interessiert hier an dieser Stelle noch nicht. Daher muss der Streitentscheid hier auch nur soweit geführt werden, wie es die Frage des subjektiven Rechtfertigungstatbestands erfordert.

Daraus folgt zugleich: Wenn Sie die strenge oder die rechtsfolgenverweisende Schuldtheorie vertreten wollen, sollten Sie das gesamte Problem des Erlaubnistatbestandsirrtums in die Deliktsebene der Schuld verlagern. Anderenfalls müssten Sie das Problem auf mehreren Stufen aufrollen, was zwar nicht falsch wäre, aber auf Kosten von Zeit, Platz und Übersichtlichkeit geht.

Eine Sonderstellung nimmt die Lehre vom Gesamtunrechtstatbestand bzw. von den negativen Tatbestandsmerkmalen ein. Sie basiert auf dem zweistufigen Deliktsaufbau, kommt aber mit leicht anderer Begründung zu einem mit der eingeschränkten Schuldtheorie übereinstimmenden Ergebnis. Insoweit gibt es zwischen diesen beiden Lehren

2. Subjektiver Rechtfertigungstatbestand

A könnte aber nach seiner Vorstellung gerechtfertigt gehandelt haben.

Dies ist der Fall, wenn er irrig tatsächliche Umstände annahm, die ihn bei deren wirklichem Vorliegen gerechtfertigt hätten (sog. Erlaubnistatbestandsirrtum).

a) Voraussetzungen des Erlaubnistatbestandsirrtums

Ein solcher Erlaubnistatbestandsirrtum mit der möglichen Konsequenz eines Vorsatzausschlusses könnte hier gegeben sein. Auf Grundlage seiner Vorstellungen wäre A möglicherweise wegen Nothilfe nach § 32 StGB gerechtfertigt.

aa) Nothilfelage

Das setzt voraus, dass auf Grundlage der Vorstellungen des A eine Nothilfelage gemäß § 32 Abs. 2 StGB bestand.

aaa) Angriff

Das Verhalten des J gegenüber seinem Freund könnte sich aus Sicht des A als Angriff dargestellt haben.

Angriff ist jede durch menschliches Verhalten drohende Verletzung eines rechtlich geschützten Guts.

Als A sah, dass J dem F eine Pistole mit den Worten „Jetzt ist es aus mit dir!" an den Kopf hält, stellte er eine unmittelbare Lebensbedrohung fest. Diese drohende Verletzung eines Rechtguts ging auf das Verhalten des J zurück.

Demnach erfolgte aus Sicht des A ein Angriff des J auf den anderen Jugendlichen F.

bbb) Gegenwärtigkeit des Angriffs

Der Angriff muss aus Sicht des A gegenwärtig gewesen sein.

Der Angriff ist gegenwärtig, wenn die Rechtsgutsverletzung unmittelbar bevorsteht, bereits begonnen hat oder noch fortdauert.

In der Situation, die A irrig annahm, konnte der vermeintlich tödliche Schuss des J jederzeit fallen. Die

zwar formale Unterschiede, aber keinen Anlass, sich im Gutachten zwischen ihnen entscheiden zu müssen.

Rechtsgutsverletzung hinsichtlich des Lebens des F stand also unmittelbar bevor.

Aus der Perspektive des A war der Angriff gegenwärtig.

ccc) Rechtswidrigkeit des Angriffs

Der Angriff muss ferner auf Basis der Vorstellung des A rechtswidrig gewesen sein.

Der Angriff ist rechtswidrig, wenn er als Gefährdung eines fremden Guts nicht von einer Erlaubnisnorm gedeckt und vom Betroffenen daher nicht zu dulden ist.

Etwaige Duldungspflichten waren für A nicht erkennbar.

Auf Basis der Vorstellung des A war der Angriff daher rechtswidrig.

Somit bestand aus Perspektive des A eine Nothilfelage.

bb) Nothilfehandlung

Auf Grundlage seiner Vorstellung muss sein Schuss aber auch eine zulässige Notwehrhandlung gewesen sein.

aaa) Verteidigungshandlung

Sein Schuss war als Maßnahme gegen den vermeintlichen Angreifer J eine Verteidigungshandlung.

bbb) Erforderlichkeit

Diese Verteidigung muss sich auf Basis seiner Vorstellung als erforderlich darstellen.

Erforderlich ist diejenige Verteidigung, die auf Grund eines objektiven ex-ante-Urteils geeignet erscheint, den Angriff endgültig zu beenden, und dabei unter den gleichermaßen geeigneten Mitteln dasjenige ist, das den geringsten Verlust beim Angreifer bewirkt.

Aus Sicht des A war der Schuss in der akuten Lebensgefahr für F das einzig denkbare Mittel zur Abwehr. Ein gleichermaßen effektives, aber schonenderes Mittel war nicht ersichtlich.

Die Verteidigung war daher erforderlich.

ccc) Gebotenheit

Die Verteidigung war nach den Vorstellungen des A auch geboten. Sozialethische Einschränkungen kommen nicht in Betracht.

cc) Verteidigungswille

A handelte zudem mit Verteidigungswillen.

Folglich stellte sich A eine Situation vor, bei deren tatsächlichem Vorliegen er gemäß § 32 StGB gerechtfertigt gehandelt hätte.

Damit ist festgestellt, dass sich A in einem Erlaubnistatbestandsirrtum befand.

b) Folgen des Erlaubnistatbestandsirrtums

Welche rechtlichen Konsequenzen der Erlaubnistatbestandsirrtum hat, ist umstritten.

aa) Eingeschränkte Schuldtheorie

Nach der „eingeschränkten Schuldtheorie" setzt das Unrecht einer Tat einerseits die Verwirklichung eines Deliktstatbestands, andererseits aber das Fehlen eines rechtfertigenden Sachverhalts voraus. Demnach könne es keinen Unterschied machen, ob der Täter die Verwirklichung eines Deliktstatbestands verkennt oder sich irrig einen rechtfertigenden Sachverhalt vorstellt. Verkennt der Täter aber die Verwirklichung eines Deliktstatbestands, dann handelt er nach § 16 Abs. 1 S. 1 StGB vorsatzlos. Diese Vorschrift müsse analog auf den Fall einer irrigen Annahme rechtfertigender Umstände angewandt werden. Die eingeschränkte Schuldtheorie käme daher zu dem Resultat, dass A analog § 16 Abs. 1 S. 1 StGB vorsatzlos gehandelt hat.

bb) Lehre vom Gesamtunrechtstatbestand/ von den negativen Tatbestandsmerkmalen

Die Lehre vom Gesamtunrechtstatbestand hält die Trennung von Deliktstatbestand und Rechtfertigungsgrund für eine bloße Frage der Gesetzestechnik. Dementsprechend ist der Unrechtstatbestand zusammengesetzt aus den positiven Merkmalen des Deliktstatbestands und den negativen Merkmalen eines Erlaubnistatbestands: Die positiven Merkmale begründen das Unrecht, die negativen Merkmale stehen ihm entgegen. Hieraus folgt, dass § 16 Abs. 1 S. 1 unmittelbar anzuwenden ist, wenn der Täter irrig eine Rechtfertigungslage (= das Vorliegen negativer Tatbestandmerkmale) annimmt. Nach dieser Lehre handelte A in direkter Anwendung von § 16 Abs. 1 S. 1 StGB ohne Vorsatz.

cc) Strenge und rechtsfolgenverweisende Schuldtheorien

Demgegenüber rechnen die „strenge Schuldtheorie“ und die „rechtsfolgenverweisende Schuldtheorie“ das Wissen um die Tatumstände zum Vorsatz und alle übrigen subjektiven Merkmale zur Schuld. Für sie wird der Erlaubnistatbestandsirrtum an dieser Stelle des Gutachtens nicht relevant, sondern erst im Rahmen der Schuld.

dd) Strenge und modifizierte Vorsatztheorien

Die „strenge Vorsatztheorie“ und die „modifizierte Vorsatztheorie“ gehen davon aus, dass sich der Vorsatz im subjektiven Tatbestand nicht nur im Wissen und Wollen der Verwirklichung objektiver Tatbestandsmerkmale erschöpft, sondern darüber hinaus ein Unrechtsbewusstsein (so die „strenge Vorsatztheorie“) oder ein Wissen um die Sozialschädlichkeit (so die „modifizierte Vorsatztheorie“) erfordert. Im Falle eines Erlaubnistatbestandsirrtums fehle es an diesen zusätzlichen Elementen, so dass der Täter gemäß § 16 Abs. 1 S. 1 StGB vorsatzlos handelt.

ee) Streitentscheidung

Die strenge Vorsatztheorie lässt sich mit der gesetzlichen Unterscheidung zwischen Vorsatz (§ 16 StGB) und Unrechtsbewusstsein (§ 17 StGB) nicht vereinbaren und muss daher abgelehnt werden. In einem weniger augenscheinlichen Gegensatz zum Gesetz steht hingegen die modifizierte Vorsatztheorie, die aber die klare Linie zwischen Erlaubnisirrtum (§ 17 StGB) und Erlaubnistatbestandsirrtum verwischt: Derjenige, der irrig die Grenzen eines gegebenen Rechtfertigungsgrunds nur leicht überschreitet, dürfte sich der Sozialschädlichkeit seines Verhaltens kaum bewusst sein und sich damit – statt in einem Erlaubnisirrtum – ebenfalls in einem vorsatzausschließenden Tatbestandsirrtum befinden. Diese Theorie kann daher ebenfalls nicht überzeugen.

Die strengen und rechtsfolgenverweisenden Schuldtheorien engen den Tatbestandsirrtum auf die tatsächlichen Voraussetzungen des Deliktstatbestands ein. Sie führen als Argument dafür an, dass derjenige, der weiß, dass er einen Deliktstatbestand verwirkliche, allen Grund zur Nachprüfung habe, ob er denn gerechtfertigt sei. Wer hingegen die maßgeblichen Tatsachen verkenne, könne nicht dem nötigen Impuls ausgesetzt sein, über die Rechtmäßigkeit nachzudenken. Gegen diese Schuldtheorien muss man aber einwenden, dass ein von der Rechtsordnung erlaubtes Verhalten unabhängig vom Grund der Erlaubnis eben kein Unrecht ist. Ein Irrtum des Täters über die Voraussetzungen eines Deliktstatbestands führt daher ebenso wie der Irrtum über einen rechtfertigenden Sachverhalt zu dem Schluss, keine Tat zu begehen, die rechtswidrig ist. Das Urteil über die Rechtswidrigkeit einer Tat setzt kumulativ voraus, dass ein Deliktstatbestand erfüllt ist und kein Rechtfertigungsgrund eingreift. Im Falle einer Rechtfertigung ist objektiv ebenso wenig Unrecht verwirklicht wie beim Fehlen deliktstatbestandsmäßiger Umstände. Mit anderen Worten: Verbote und Erlaubnisse haben bei der Konstitution des Unrechts dasselbe logische Gewicht. Zudem verwischen die Schuldtheorien die Grenze zwischen der Zurechnung von tatsächlichen Unrechtsvoraussetzungen und der Zurechnung der Bewertung dieser Voraussetzungen, indem sie die Tatsachenzurechnung aufspalten und hinsichtlich der Rechtfertigungslage als Wertungsfrage behandeln.

Die strenge Schuldtheorie verdient daher keine Zustimmung. Die rechtsfolgenverweisende Schuldtheorie basiert auf den gleichen Grundannahmen der strengen Schuldtheorie und muss daher konsequenterweise ebenfalls abgelehnt werden. Überzeugen kann demnach nur die eingeschränkte Schuldtheorie, die § 16 Abs. 1 S. 1 StGB auf den Erlaubnistatbestandsirrtum analog anwendet. Zum selben Ergebnis kommt die Lehre vom Gesamtunrechtstatbestand, die allerdings § 16 Abs. 1 S. 1 StGB direkt anwendet, da sie in den tatsächlichen Voraussetzungen eines Rechtfertigungsgrunds negative Tatbestandsmerkmale sieht.

c) Folgerung

Demnach bleibt festzuhalten, dass A in analoger bzw. direkter Anwendung von § 16 Abs. 1 S. 1 StGB vorsatzlos handelte.

III. Ergebnis

A hat sich somit nicht wegen Körperverletzung gemäß § 223 Abs. 1 StGB strafbar gemacht.

B. Strafbarkeit des A wegen fahrlässiger Körperverletzung

A könnte sich durch den Schuss wegen fahrlässiger Körperverletzung nach § 229 StGB strafbar gemacht haben.

I. Tatbestand

1. Verursachung des Erfolgs

Der tatbestandsmäßige Erfolg einer Körperverletzung ist bei J eingetreten und geht kausal auf eine Handlung des A zurück (siehe oben).

2. Verletzung einer objektiven Sorgfaltspflicht

Für eine Fahrlässigkeitsstrafbarkeit ist erforderlich, dass A eine objektive Sorgfaltspflicht verletzt hat.

Darunter ist die Nichtbeachtung einer Regel zu verstehen, die ein gewissenhafter und einsichtiger Teilnehmer des betreffenden Verkehrskreises eingehalten hätte, um eine Tatbestandsverwirklichung zu erkennen und zu vermeiden.

In diesem Fall handelte es sich um einen angetäuschten Angriff des J auf einen anderen. Die Waffe sah wie eine „scharfe" Schusswaffe aus. Nach dem Satz des J: „Jetzt ist es aus mit dir!" musste für jeden Außenstehenden klar sein, dass akute Lebensgefahr für den vermeintlich bedrohten Jugendlichen F bestand. In einer solchen Situation hätte kein gewissenhafter und einsichtiger Polizeibeamter gezögert, einen Schuss als letztmögliche Rettungshandlung einzusetzen.

Demnach kann nicht davon ausgegangen werden, dass A eine objektive Sorgfaltspflicht verletzte.

II. Ergebnis

A hat sich nicht wegen fahrlässiger Körperverletzung gemäß § 229 StGB strafbar gemacht.

Gesamtergebnis

A und B haben sich wegen gemeinschaftlicher Freiheitsberaubung gemäß §§ 239 Abs. 1, 25 Abs. 2 StGB strafbar gemacht.

C hat sich wegen Hausfriedensbruchs gemäß § 123 Abs. 1 StGB strafbar gemacht.